CAPITALISMO ALTERNATIVO E
O FUTURO DOS NEGÓCIOS

Marjorie Kelly

Autora de *The Divine Right of Capital*

CAPITALISMO ALTERNATIVO E O FUTURO DOS NEGÓCIOS

Construindo uma Economia que Funcione para Todos

Prefácio de David C. Korten

Autor do *best-seller A Grande Virada*

Tradução
CLAUDIA GERPE DUARTE

Editora Cultrix
SÃO PAULO

Título original: *Owning Our Future.*

Copyright © 2012 Marjorie Kelly.

Copyright da edição brasileira © 2016 Editora Pensamento-Cultrix Ltda.

Texto de acordo com as novas regras ortográficas da língua portuguesa.

1ª edição 2016.

Editor: Adilson Silva Ramachandra
Editora de texto: Denise de Carvalho Rocha
Gerente editorial: Roseli de S. Ferraz
Produção editorial: Indiara Faria Kayo
Editoração eletrônica: Fama Editora
Revisão: Luciane Gomide

Dados Internacionais de Catalogação na Publicação (CIP)
(Câmara Brasileira do Livro, SP, Brasil)

Kelly, Marjorie
    Capitalismo alternativo e o futuro dos negócios : construindo uma economia que funcione para todos / Marjorie Kelly ; prefácio de David C. Korten ; tradução Claudia Gerpe Duarte. — São Paulo : Cultrix, 2016.

    Título original: Owning our future : the emerging ownership revolution
    ISBN 978-85-316-1339-5
    1. Comunidade — Aspectos sociais 2. Desenvolvimento comunitário 3. Desenvolvimento econômico — Aspectos sociais 4. Desenvolvimento sustentável 5. Plano de negócios I. Korten, David C.. II. Título.

16-02976   CDD-338.9

Índices para catálogo sistemático:
1. Desenvolvimento econômico : Aspectos sociais 338.9

Direitos de tradução para o Brasil adquiridos com exclusividade pela
EDITORA PENSAMENTO-CULTRIX LTDA., que se reserva a
propriedade literária desta tradução.
Rua Dr. Mário Vicente, 368 — 04270-000 — São Paulo, SP
Fone: (11) 2066-9000 — Fax: (11) 2066-9008
http://www.editoracultrix.com.br
E-mail: atendimento@editoracultrix.com.br
Foi feito o depósito legal.

Para Shelley

SUMÁRIO

PREFÁCIO
DE DAVID KORTEN

De todos os elementos importantes que carecem de muitas ideias e ações progressistas, talvez a questão do *design* da propriedade seja o mais fundamental. Marjorie Kelly esclarece esse tema crucial de uma maneira que pode fazer com que ele seja compreendido por todo mundo. *Capitalismo Alternativo e o Futuro dos Negócios* oferece a abordagem mais meticulosa e adequadamente matizada que eu já vi.

A maioria dos grandes conflitos políticos dos últimos 5 mil anos pode ser reduzida a uma simples pergunta: quem terá a posse da terra, da água e dos outros recursos fundamentais da vida – e com que finalidade? Nas mais antigas sociedades humanas, a propriedade dos recursos fundamentais da vida era de uso comum pelos membros de uma tribo e incluíam responsabilidades de supervisão sagrada. Poderíamos descrever essa modalidade como uma forma de propriedade compartilhada que confere responsabilidade compartilhada.

À medida que as sociedades passaram por uma transição e se tornaram estruturas de poder centralizado, a propriedade da terra, da água e de outros meios essenciais de produção foi monopolizada por poucos. Até mesmo no movimento em direção à democracia, a propriedade da riqueza permaneceu, em grande medida, nas mãos de uma elite. Hoje em dia, o débito debilitante, as falências e as execuções de hipotecas são um lembrete de como as coisas mudaram pouco e de como muitos entre nós – inclusive os jovens oprimidos pelos empréstimos estudantis – vivem à mercê do poder daqueles que controlam a emissão do crédito.

Por trás do funcionamento da nossa economia reside uma questão invisível na qual poucos de nós nos concentramos – a questão da propriedade. Durante os anos que trabalhei na África, na Ásia e na América Latina, compreendi que o que chamamos de "desenvolvimento" é, na verdade, um processo que transfere o controle sobre os recursos essenciais básicos para a vida do dia a dia das pessoas que dependem deles para corporações estrangeiras, cujo principal interesse é o ganho financeiro. A propriedade das corporações está, em grande parte, nas mãos dos 10% mais ricos.

O nosso bem-estar, na realidade, o nosso futuro enquanto espécie, depende de restaurarmos os nossos relacionamentos uns com os outros e com a terra, a água, o céu e os outros recursos generativos da natureza que os povos indígenas tradicionalmente consideravam sua obrigação conservar e administrar com responsabilidade sagrada. A arquitetura da propriedade é primordial.

Os debates definidores do século XX foram rudemente estruturados como uma escolha entre dois modelos econômicos definidos de um modo simplista: a propriedade privada (capitalismo) e a propriedade pública (socialismo/comunismo). Nem o capitalismo nem o socialismo jamais alcançaram o seu ideal, mas cada um deles chegou suficientemente perto de revelar que ambos fracassaram. Ambos respaldam a concentração do poder da propriedade nas mãos de uma oligarquia.

Neste livro, Marjorie mostra que um novo modelo de propriedade está surgindo e se espalhando na nossa época, modelo que ela chama de *propriedade generativa*. A propriedade é na maioria das vezes privada, mas com o propósito de servir o bem comum. Entre os modelos de propriedade generativa estão as cooperativas, as empresas de propriedade dos funcionários, os trustes de terras comunitárias, bancos comunitários, as uniões de crédito, as empresas controladas por fundações, e muitos outros modelos que fixam o controle nas mãos de pessoas que têm um interesse natural na saúde das suas comunidades e de seus ecossistemas locais. Eles contrastam com os modelos de propriedade dominantes do capitalismo, que Marjorie chama de *extrativos*.

Ela oferece uma linguagem de padrões simples para descrever o que faz com que esses dois diferentes modelos de propriedade funcionem. A propriedade extrativa se caracteriza pela Afiliação Absenteísta e a rápida negociação especulativa de Finanças de Cassino, construídas em torno do propósito de maximizar a extração da riqueza financeira. Isso cria uma separação entre o bem comum e os bancos internacionais, as corporações e os mercados financeiros que controlam os meios de vida. A propriedade extrativa encontra-se na origem da maioria dos males sociais e ecológicos que enfrentamos hoje.

Nas palavras proféticas de Marjorie: "A propriedade é o campo gravitacional que mantém a nossa economia na sua órbita, travando todos nós em comportamentos que conduzem ao excesso financeiro e ao *overshoot* ecológico".

A propriedade generativa, em contrapartida, tem o objetivo de criar as condições para o florescimento da vida. Ela se caracteriza pela Afiliação Interna, nas mãos vivas de funcionários, famílias, comunidades e outras pessoas ligadas à economia real de empregos, lares e da vida humana. Ela ostenta a Governança Controlada pela Missão, que mantém as empresas concentradas na missão social, as Finanças dos *Stakeholders*, que possibilita que o capital seja um amigo, e Redes Éticas, que proporcionam um apoio coletivo para normas sociais e ecológicas. Quase todas essas empresas têm uma atividade lucrativa, mas não visam a maximização do lucro.

Desde a publicação do seu livro pioneiro *The Divine Right of Capital*, Marjorie vem concentrando a sua atenção como autora em como resolver a questão fundamental da propriedade, e, em *Capitalismo Alternativo e o Futuro dos Negócios*, ela conta a história da sua jornada pessoal de descoberta. O livro é escrito como uma narrativa de viagem, com relatos detalhados das suas visitas a cada um dos principais empreendimentos cujo perfil ela traça. Marjorie combina a perspectiva de uma repórter obstinada, as habilidades de redação de uma romancista consumada e a mente aberta e curiosa de uma teórica econômica cuidadosa e crítica. O seu tema central é que a arquitetura da propriedade define o objetivo comercial da empresa e determina em grande medida se ela irá operar em um modo generativo ou extrativo. É o *design* da propriedade que cria a estrutura essencial para a economia capitalista que está começando a entrar em colapso — e para uma economia generativa potencialmente nova que podemos criar.

Este é um dos livros mais importantes da nossa época. Eu o achei tão informativo e inspirador que a leitura dele trouxe literalmente lágrimas de alegria aos meus olhos. Eu o recomendo com veemência.

PRÓLOGO
A JORNADA À FRENTE

Há alguns anos, perdemos algumas árvores velhas no nosso jardim, grandes pereiras ornamentais derrubadas não por raios ou pelo vento, mas pela sua própria fraqueza estrutural. Essas árvores têm uma estrutura em Y na qual dois galhos centrais fazem força um contra o outro, e com o tempo as árvores solaparam a si mesmas, acabando por rachar em duas partes. Ficamos tristes por causa das árvores e nos perguntamos o que iríamos colocar no lugar delas. No entanto, poucos meses depois, a pequena magnólia que parecia tão pequena debaixo de uma delas cresceu rápido. Agora ela preencheu magnificamente o espaço vazio. No lugar onde estavam as outras árvores, agora podemos cultivar flores onde antes não podíamos. Às vezes, quando perdemos uma coisa que achamos necessária, a vida nos surpreende. O que acontece em seguida acaba por ser inesperadamente bom. Este pode ser o caso da nossa economia. Muita coisa está se fragmentando agora, muitos distúrbios financeiros e ecológicos estão ocorrendo — não porque crises estejam surgindo do nada e nos atingindo, mas porque a estrutura do capitalismo da era industrial as está causando. É uma boa hora para abrirmos a mente para coisas novas que estão brotando.

Eis uma delas. Em Cleveland, Ohio, uma cidade que está vivendo uma forma extremamente sombria de decadência econômica, um novo modelo de empresa controlada por trabalhadores está tomando forma, começando com a Evergreen Cooperative Laundry. Nessa lavanderia verde — respaldada por contratos estáveis com instituições âncora como hospitais e universidades — os funcionários compram ações da empresa por meio do desconto em folha e podem formar uma participação acionária de 65 mil dólares ao longo de oito ou nove anos. Como diz o supervisor de trabalho Medrick Addison: "Talvez por intermédio da Evergreen coisas que eu sempre achei que estavam fora de alcance para mim possam se tornar possíveis". Entre outras empresas no projeto de Cleveland estão a Ohio Cooperative Solar, que deverá empregar cem pessoas, e a Green City Growers, que provavelmente se tornará a maior estufa produtora de alimentos do país. Os organizadores preveem um grupo de dez empresas criando 500 empregos em cinco anos — em uma cidade onde a taxa de pobreza está acima de 30%. Iniciativas estão em andamento para espalhar esse modelo para outras cidades.[1]

É difícil falar a respeito de esperança nesses tempos turbulentos, mas é para a esperança que somos chamados. O meu sentimento é de que um novo tipo de economia — um tipo que serve os muitos ao invés dos poucos, um tipo que é ecologicamente benéfico ao invés de prejudicial — está brotando em pequenas (e não tão pequenas) experiências aqui e ali, de maneiras que não eram possíveis antes. Muitos de nós não enxergamos isso, porque não acreditamos que boas coisas possam surgir da bagunça em que nos encontramos. Na economia capitalista mundial, muitos de nós somos implacáveis adeptos da escola de pensamento NEA: Não Existe Alternativa.

Sinto que existe uma alternativa, e que a realidade dela pode estar mais adiantada do que nós imaginamos. Quando não conseguimos enxergar essa alternativa, é porque não deixamos espaço para ela na imaginação. Se é difícil falar a respeito dela, é porque ela ainda não tem nome. Sugiro que a chamemos de *economia generativa*. É um canto da economia (esperançosamente, será muito mais um dia) que não foi projetado para a extração da máxima riqueza financeira. O propósito dessa economia é criar as condições para a vida. Ela faz isso por meio do seu funcionamento normal, devido à maneira como é projetada, à maneira como é possuída — como uma empresa solar controlada pelos empregados.

Algumas pessoas podem acreditar que esse tipo de economia só seja possível como uma atividade marginal. No entanto, neste livro, não peço para você acreditar em nada. Em vez disso, eu o convido para vir comigo e olhar por si mesmo.

Enquanto o avião no qual me encontro entra no Aeroporto de Copenhagen, voando baixo sobre o porto, avisto sete turbinas de vento ao largo da costa, as suas pás brancas brilhando ao sol, girando sincopadamente. Essa é a Fazenda de Vento Lynneten, que tem uma arquitetura de propriedade tão inovadora e auspiciosa quanto a sua arquitetura física. Três dessas turbinas são de propriedade de uma empresa de serviço público local e quatro pertencem a uma *guilda eólica*. As guildas eólicas da Dinamarca foram criadas por pequenos investidores que se uniram para fundar e ser proprietários de instalações eólicas, sem nenhum intermediário corporativo. A Dinamarca gera hoje um quinto da sua energia elétrica a partir do vento, mais do que qualquer outra nação do mundo. Muitos observadores atribuem esse sucesso ao movimento de base das guildas eólicas.[2] Trata-se de uma história de sucesso ecológico que se tornou possível por meio dos *designs* de propriedade por trás dela.

No final de 2008, acordei certa manhã ouvindo no rádio a notícia de que as bolsas de valores no mundo inteiro estavam em queda livre, e o emocionante mergulho de 42% que os mercados viram naquele ano ainda não tinha chegado ao fundo. O medo no qual a economia internacional permanece hoje está descendo como um baixo-astral, como o choque latejante de abrir a fatura de um cartão de crédito depois de esbanjar muito dinheiro. Esse é o dia em que eu pego o ônibus para o Seaport World Trade Center em Boston para ir ao encontro anual da National Community Land Trust Network. Os *trustes de terras comunitárias* (CLTs – Community Land Trusts) são *designs* de propriedade nos quais famílias individuais são donas das suas casas e uma organização comunitária sem fins lucrativos é proprietária das terras debaixo de um grupo de casas. Esse *design* reduz e estabiliza o preço das casas ao mesmo tempo que impede a propriedade especulativa. As CLTs, como fiquei sabendo, têm taxas de execução de hipoteca que equivalem a *um décimo* das taxas das casas de propriedade tradicional.[3] Como o advogado David Abromowitz diz na reunião: "É como se uma bomba tivesse detonado e todas as casas tivessem sido derrubadas, mas uma casa bem construída permanece em pé". A casa metafórica que permanece em pé é a casa do *truste de terra comunitária*. O motivo é o seu *design* de propriedade.

Em um dia fresco de novembro, vou de carro de Madison para a minúscula cidade vizinha de La Farge, em Wisconsin, para visitar a sede do Organic Valley e me encontrar com o seu CEO com rabo de cavalo, George Siemon. Com uma receita de mais de 700 milhões de dólares, essa empresa de laticínios orgânicos foi criada para salvar a fazenda familiar. Ela é de propriedade de cerca de 1.700 famílias. Entre elas está a família Forgues, que em certa ocasião lutava para conseguir subsistir. Hoje, a sua fazenda sustenta duas famílias com relativa facilidade por causa do preço elevado e estável que a Organic Valley paga aos seus fazendeiros pelo leite, queijo e ovos. Enquanto outras empresas têm como meta pagar o mínimo possível aos fornecedores, essa companhia planeja pagar o máximo possível aos seus fornecedores. A razão é que os fazendeiros são donos da empresa.

Leslie Christian me fala da sua ideia de um novo tipo de corporação – que mais tarde será chamada de *corporação de benefícios* (Corporação B)* – em uma longa caminhada que fazemos juntas no sopé das Montanhas Rochosas. Leslie é uma ex-operadora de títulos de Wall Street que assumiu o cargo de presidente de uma empresa de investimentos socialmente responsáveis, a Portfolio 21 Investments, em Portland, Oregon, esperando usar as finanças como uma ferramenta na construção de uma economia mais benevolente. Como parte do seu trabalho, ela cria uma subsidiária com um novo propósito inserido nos seus estatutos e regulamentos. O objetivo da empresa é servir muitos *stakeholders*, entre eles os funcionários, a comunidade, o ambiente e os acionistas. Inspirados por ela, alguns jovens empresários fundam a B Lab para promover aspectos do modelo. Em poucos anos, cerca de 500 empresas se tornam Corporações B, e uma dúzia de estados aprovam leis ou estão examinando leis para permitir a formação de corporações de benefícios. Embora o modelo não esteja desprovido de críticos, muitos observadores de negócios falam a respeito da corporação de benefícios como uma abordagem potencialmente transformativa da propriedade.[4]

Em 2011, advogados em todos os estados americanos começam a mover ações judiciais com o objetivo de que a atmosfera seja declarada um *truste público* – algo comum que pertence a todos nós e que merece uma proteção especial. As

---

* B Corporation, em inglês. (N.T.)

ações são movidas no interesse de jovens que argumentam que o seu futuro está ameaçado pela mudança do clima. Se eles conseguirem a vitória em pelo menos um caso, isso poderia criar um efeito propagador como o que aconteceu no caso do casamento *gay*, o qual estado após estado vem aceitando. Isso poderia criar uma margem de manobra para que as leis refreassem as emissões de gases de efeito estufa. É uma nova abordagem para que resgatemos a nossa economia para o bem comum, usando o poder da propriedade.[5]

Essas jornadas têm um ponto em comum: a propriedade. De uma maneira que muitos de nós raramente percebemos, a propriedade é a arquitetura da nossa economia. É o alicerce do nosso mundo. A maneira como a propriedade é estruturada é mais básica do que a configuração da democracia. As relações econômicas definem a tendência geral dos nossos dias: onde trabalhamos durante 40 horas (ou mais) por semana ou mesmo se trabalhamos. A maneira como os proprietários usam o seu poder sobre as empresas determina se somos fortalecidos ou depreciados pelo nosso trabalho, quanta ansiedade nós sofremos por causa das nossas dívidas, se somos capazes de ter uma casa própria ou ter segurança na aposentadoria. As perguntas a respeito de quem é dono da infraestrutura produtora de riqueza de uma economia, quem a controla, a que interesses ela atende estão entre as questões mais importantes que qualquer sociedade pode enfrentar. As questões sobre quem é dono do céu sob o aspecto dos direitos de emissões de carbono, quem é dono da água, quem tem os direitos de construção e urbanização têm um escopo planetário.

As crises que se multiplicam e que estamos enfrentando hoje têm as suas raízes entrelaçadas com uma forma particular de propriedade que domina o nosso mundo — a corporação de capital aberto, na qual as ações de propriedade são negociadas em bolsas de valores públicas. A receita das mil maiores dessas corporações representa aproximadamente 80% da produção industrial mundial.[6] Desprovidas de uma cobertura regulatória, o *design* dessas corporações é o puro *design* do capitalismo.

Como uma maneira de organizar uma economia, esse modelo fazia certo sentido quando a era industrial estava se desenvolvendo. A idade moderna talvez não tivesse chegado a existir sem o surgimento de corporações e mercados de capitais. Mas, à medida que entramos dolorosamente em uma nova era — caracterizada pela mudança do clima, escassez de água, extinção de espécies, um vasto desemprego, salários estagnados, diferenças desconcertantes na riqueza e uma inflada acumulação de débitos —, o modelo de propriedade da era industrial está começando a fazer menos sentido. Entender realmente essa grande questão pode parecer difícil. Incapazes de até mesmo abordá-la, os políticos se fixam, então, em como revitalizar a economia e acionar novamente o crescimento. Mas está na hora de avançar além do crescimento, de admitir que a economia que um dia conhecemos jamais voltará. E nem deveria voltar.

Enquanto a forma dominante de propriedade continua a causar crise após crise na nossa época, formas alternativas estão surgindo ao mesmo tempo que experiências em grande medida desconhecidas e separadas no mundo inteiro. Estamos no início de uma revolução de propriedade desapercebida. Neste livro, visito lugares onde esse futuro auspicioso está jorrando como fontes de água fria. É uma jornada no território do possível, uma espécie de expedição de reconhecimento avançado para a jornada coletiva da nossa cultura global.

É um livro sobre uma profunda mudança. Sobre a esperança. Sobre a verdadeira possibilidade de que um tipo fundamentalmente novo de economia possa ser construído, que esse trabalho esteja mais avançado do que imaginamos, e que ele se aprofunde mais do que ousaríamos sonhar. É um livro sobre a mudança econômica que é fundamental e duradoura: não uma maquiagem verde ou todas as outras falsas esperanças lançadas na nossa cara por tempo demais. As experiências sobre as quais estou falando não são soluções milagrosas que irão resolver todos os nossos problemas. Elas têm falhas e limitações. No entanto, mesmo assim, representam uma mudança fundamental e duradoura porque envolve a propriedade. Em outras palavras, o que está em ação não são os caprichos legislativos ou presidenciais de uma hora particular, mas uma mudança permanente na arquitetura fundamental do nosso poder econômico.

Uma odisseia pessoal

Por mais importantes que sejam os padrões de propriedade, é difícil enxergá-los, porque eles são estruturas profundas que estão debaixo da superfície das coisas. Foi o meu pai que me ensinou a importância da propriedade, e não foi uma lição que ele tenha transmitido com palavras mas com a curva da sua própria vida.

Cresci em uma família de oito filhos, criados com relativo conforto com o salário que o meu pai retirava do pequeno negócio que tinha em Columbia, Missouri. O meu avô materno tinha a sua própria empresa, assim como muitos dos meus tios. Quando eu era criança, ninguém na minha família estendida era rico, mas tínhamos o que todas as famílias merecem ter e poucas desfrutam hoje em dia, que é a segurança econômica. O motivo era o fato de os meus pais serem donos de coisas. Eles nunca economizaram muito dinheiro, mas eram proprietários do negócio do meu pai, da nossa casa e de alguns outros imóveis. Quando o meu pai morreu, com apenas 62 anos, o que ele deixou foi suficiente para que a minha mãe pudesse viver confortavelmente durante décadas sem trabalhar fora de casa. Não havia escassez de disfunções emocionais na nossa família (cujos membros, honrando o sangue católico irlandês, bebiam bastante e exibiam com frequência um temperamento violento). Mas a segurança econômica que desfrutávamos ajudou a mim e os meus irmãos a amadurecer com estabilidade. De uma maneira instintiva, eu vivenciava a segurança financeira como uma forma de cuidado, tão vital quanto comida e abrigo — uma coisa que me sustentava e possibilitava que eu vicejasse.

Assim como eu via o lado positivo da propriedade quando criança, eu vi o seu lado negativo na *Business Ethics*, uma revista da qual fui um dos fundadores em 1987 e na qual atuei como presidente durante vinte anos. Nesse período, vi corporações reescreverem o contrato social. Vi as demissões em massa deixarem de ser algo que as empresas faziam em situações desesperadoras e se tornarem uma prática comum. Observei companhias que eu um dia admirara contratarem consultores que atuavam contra os sindicatos. Em apenas cinco anos, vi duplicar o número de lobistas em Washington.[7] Presenciei o achatamento dos salários e a queda da proporção dos impostos pagos pelas corporações. Quando irromperam os escândalos da Enron, WorldCom, Adelphia, Parmalat e outras empresas, ficou claro que a manipulação da contabilidade tinha se tornado perturbadoramente difundida.

Em todos os casos, as empresas afirmavam estar agindo no interesse dos seus proprietários, os seus acionistas. De forma irônica, os proprietários que supostamente exigiram esses atos éramos nós, todos nós que tínhamos portfólios de investimento com ações de corporações, todos nós que temos filhos que frequentam faculdades com subsídios, todos nós que ajudamos igrejas, museus e organizações sem fins lucrativos que contam com as doações pagas pelos investimentos financeiros.

Estamos todos enredados nos *designs* de propriedade do nosso sistema. E estamos todos enredados na bagunça que eles deixaram na economia e na biosfera. Como ainda temos que compreender como as crises que enfrentamos são sintomas de profundos problemas estruturais, o que está à frente pode ser ainda pior.

Desejosa de ajudar na busca de alternativas, vendi há alguns anos a *Business Ethics* e fui para o Tellus Institute em Boston. Lá, meu colega Allen White e eu fundamos em conjunto o empreendimento Corporation 20/20, reunindo centenas de líderes das áreas de negócios, finanças, direito, governo, trabalhista e da sociedade civil para explorar alternativas para a forma corporativa dominante.[8] Esse trabalho confirmou a minha crescente convicção de que a propriedade é a questão básica. Lembro-me de um momento particular em que essa ideia foi repentinamente colocada em foco para o grupo inteiro.

Eram 3 horas da tarde de uma sexta-feira, e a energia no nosso grupo estava esmorecendo. Sentados ao redor da mesa de reuniões estavam 30 dos pensadores mais inovadores que eu conhecia, todos se esforçando para permanecer acordados. Embora o tema que havíamos nos reunido para discutir, a redefinição do capitalismo, fosse um assunto importante, no final da tarde de sexta-feira ele se tornara monótono. Era o terceiro dia do período que estávamos passando juntos, e a terceira dessas reuniões. Estava começando a parecer que éramos sobreviventes amalucados que nos arrastávamos através de uma selva de conceitos impenetráveis que se sucediam: opções de compra de ações, lei Delaware, dever fiduciário e outros. Olhei em volta da mesa, pensando, essas pessoas precisam de um intervalo. Elas têm que tomar café, rápido.

Alguém então proferiu uma simples declaração. Gostaria de me lembrar quem foi a pessoa. Mas nunca me esquecerei do que ela disse: "A propriedade é a condição original do sistema".

Houve uma pausa, com muitas cabeças acenando. Uma conversa rápida de concordância. Em seguida, o facilitador estabeleceu um intervalo. No entanto, ninguém saiu da sala. Ninguém nem mesmo tocou nos biscoitos que tinham sido colocados sobre a mesa situada na parte de trás da sala. Parecia que o café tinha sido administrado por via intravenosa. A sala estava tão animada com as conversas que era como se estivéssemos imprensados em um porão escuro e alguém tivesse aberto a porta e acendido as luzes.

A energia do grupo voltara porque tínhamos tocado na questão fundamental que define as corporações e os mercados de capitais hoje em dia. É a propriedade.

A propriedade é o campo gravitacional que mantém a nossa economia em órbita, travando todos nós em comportamentos que conduzem ao excesso financeiro e ao overshoot *ecológico.*

Durante o meu trabalho com a Corporation 20/20, a minha premissa era de que as respostas envolviam a reestruturação das corporações. Mas então o meu trabalho no Tellus se deslocou para um novo projeto com a Ford Foundation envolvendo comunidades rurais, e comecei a contemplar formas de propriedade que não envolviam nem um pouco as corporações.[9] Estudei a propriedade compartilhada e a governança de lares, fazendas, florestas, fazendas de vento, direitos e outras coisas.

À medida que eu ia descobrindo um número cada vez maior de *designs*, compreendi que tinha encontrado o meu caminho em direção à margem de um movimento muito maior do que a reestruturação corporativa. Está emergindo algo que se encaminha para a questão fundamental, a instituição com a qual a vida econômica civilizada começou, que recua além da era da indústria até a era da agricultura. Essa questão fundamental é a propriedade. Estamos testemunhando a sua evolução espontânea.

Precursores do novo

Novos modelos estão surgindo hoje, não da cabeça de um novo Adam Smith ou Karl Marx, mas do anseio existente em muitos corações, o gênio de muitas mentes, o esforço de muitas mãos de construir o que sabemos instintivamente que precisamos.

Tanto nos Estados Unidos quanto no Reino Unido, existe um interesse florescente nas *empresas sociais*, que atendem a uma missão social primária enquanto funcionam como negócios — como a Greyston Bakery em Yonkers, Nova York, uma empresa com um lucro de 8 milhões de dólares fundada por monges zen com o objetivo de criar empregos para os desabrigados.[10] As *instituições financeiras de desenvolvimento comunitário* (CDFIs — Community Development Financial Institutions) — que nos Estados Unidos fornece serviços financeiros para comunidades mal atendidas de baixa renda estão crescendo rapidamente. Em pouco mais de uma década, os ativos aumentaram de 5 bilhões de dólares para 42 bilhões, com novos recursos financeiros oriundos de depositantes, investidores e subvenções do governo.[11]

Foi constatado que as experiências emergentes com as *cotas de pesca*, os direitos de propriedade nas áreas de pesca marinhas, interrompem ou revertem declínios catastróficos nas populações de peixes.[12] As *Servidões de Conservação* cobrem hoje dezenas de milhões de acres, possibilitando que a terra seja usada e cultivada, ao mesmo tempo que fica protegida da construção e da urbanização, o que a preserva para as gerações futuras, tanto humanas quanto selvagens.[13] Existe um crescente movimento para proteger as *áreas comuns*, respeitando áreas da nossa vida comum que precisam ser protegidas das forças de mercado. E há ainda o *mundo viral* de entidades como a Wikipédia, que não pertencem a ninguém e são geridas coletivamente.

Advogados revolucionários estão ocupados elaborando novos modelos por intermédio da lei — como a *corporação de interesse comunitário*, criada na legislação do Reino Unido.[14] E a *empresa de responsabilidade limitada com baixo lucro* (L3C) nos Estados Unidos, destinada a facilitar mais investimentos sociais pelas fundações. No intervalo de apenas alguns anos, esse modelo foi posto em prática ou levado em consideração por quase 20 estados.[15] E há ainda o notável sucesso do Bank of North Dakota, o único *banco de propriedade do Estado* nos Estados

Unidos, o qual na crise financeira inicial obteve um lucro recorde enquanto os bancos do setor privado perdiam bilhões. A sua inesperada resiliência fez com que cerca de 14 estados começassem a pensar em leis que permitam que eles criem os seus próprios bancos.[16] (Os bancos estatais não são de propriedade privada, mas representam uma propriedade alternativa concentrada no bem comum e não na maximização dos lucros.)

Em Quebec e na América Latina, entre outros lugares, há um crescente movimento a favor da *economia solidária* – que consiste em cooperativas e organizações sem fins lucrativos – que em Quebec obteve um reconhecimento formal e financiamento do governo como um setor distinto da economia.[17] E um número surpreendente de grandes corporações adotou *designs controlados pela missão*. Entre elas estão as corporações de propriedade de fundações comuns em toda a Europa setentrional, como a Novo Nordisk, uma empresa farmacêutica dinamarquesa com uma receita de 11 bilhões de dólares, bem com a Ikea, a Bertelsmann, e outras grandes companhias. Também incluídas nos *designs* controlados pela missão estão empresas controladas por uma família com uma forte missão social, como a S. C. Johnson e o jornal *New York Times*.[18]

Designs mais exóticos também estão surgindo, como o Grameen Danone, um *empreendimento social* no qual aldeias em Bangladesh vendem iogurte por intermédio de um empreendimento conjunto entre o fabricante multinacional de iogurte, o Groupe Danone, e o Grameen Bank, o primeiro banco a conceder empréstimos de microfinanças. O empreendimento foi concebido para melhorar a nutrição dos pobres enquanto planeja pagar aos investidores um modesto dividendo de 1%.[19]

Dois pioneiros na área das arquiteturas econômicas emergentes receberam prêmios Nobel – Muhammad Yunus, que fundou o Grameen Bank e ajudou a criar a Grameen Danone, e Elinor Ostrom da Universidade Indiana, que estuda governança econômica das áreas comuns. Ela e os seus colegas encontraram comunidades no mundo inteiro que conceberam maneiras eficazes de administrar populações de peixes, pastos, florestas, lagos e bacias de lençóis freáticos de maneiras que preservam em vez de danificar esses ecossistemas.[20]

Os modelos de propriedade emergentes são novos membros de uma família mais antiga de *designs* que incluem *cooperativas, firmas de propriedade de funcioná-*

rios e empreendimentos patrocinados pelo governo. No Reino Unido, eles incluem a John Lewis Partnership — a maior cadeia de lojas de departamentos no país —, que é 100% de propriedade dos seus funcionários e tem uma câmara de representantes dos funcionários além de uma diretoria tradicional.

Como classe, essas alternativas representam uma família de *design* emergente. Enquanto a propriedade da era industrial se baseia em um modelo de monocultura, os *designs* emergentes são tão ricos em biodiversidade quanto uma floresta tropical. Por meio do estudo desses designs, unindo partes deles para criar ainda mais modelos, talvez possamos criar a estufa de experimentação de *designs* na qual o futuro da nossa economia poderá ser cultivado.

Essas arquiteturas sociais são precursoras de algo profundamente novo. Elas ainda não estão completamente formadas, ainda não estão prontas para funcionar como a estrutura de uma nova ordem social. Mas a sua crescente profusão é um sinal que nos diz que estamos entrando em um dos períodos mais criativos de inovação econômica desde a Revolução Industrial. Digo isso porque o que está em ação não é a inovação econômica no seu significado habitual, que consiste em maneiras cada vez melhores de ganhar cada vez mais dinheiro. Essa inovação é quase inimaginavelmente mais profunda. É uma reinvenção no nível do propósito e estrutura organizacional. Ela envolve criar arquiteturas econômicas que estão auto-organizadas em torno de atender às necessidades da vida.

A propriedade generativa *versus* a extrativa

Esses modelos personificam uma escola coerente de *design* — uma forma comum de organização que leva as preocupações da vida das comunidades humanas e ecológicas para o mundo dos direitos de propriedade e do poder econômico. É um arquétipo emergente que ainda não foi reconhecido como um fenômeno individual porque ainda não tem um nome específico. Hannah Arendt observou que um cachorro de rua tem uma chance maior de sobreviver se receber um nome. Poderíamos tentar chamar isso de uma família de *designs* de *propriedade generativa*. Juntos, eles formam a base de uma *economia generativa*.

Com a sua intenção inspiradora e impacto estimulante, esses *designs* de propriedade estão voltados para gerar as condições com base nas quais toda a vida pode vicejar. Procedente do grego *ge*, *generativo* usa o mesmo radical encontrado no termo para Terra, Gaia, e nas palavras *gênese* e *genética*. Ele conota vida. *Generativo* significa a continuidade da vida, e o *design* generativo trata da estrutura institucional para fazer isso. A arquitetura fundamental da economia generativa tende a criar resultados benéficos em vez de nocivos. Ela é uma economia viva que possui a tendência inerente de ser socialmente justa e ecologicamente sustentável.[21]

Os *designs* de propriedade generativa consistem em gerar e preservar a verdadeira riqueza, a riqueza vital, em vez da riqueza ilusória que pode se evaporar no trimestre seguinte.[22] Eles consistem em ajudar famílias a desfrutar casas seguras. Criar empregos. Preservar a floresta. Gerar nutrição a partir dos resíduos. Gerar um amplo bem-estar.

Esses *designs* contrastam com o *design* de propriedade dominante dos nossos dias. Para tornar a distinção clara, esse *design* também precisa de um nome. Poderíamos chamá-lo de *extrativo*, pois o seu foco é a máxima extração física e financeira. A nossa civilização da era industrial foi alimentada por processos gêmeos de extração: a extração de combustíveis fósseis da terra e a extração de riqueza financeira da economia. Mas esses dois processos não são paralelos, já que as finanças são a força principal. O dano biofísico pode frequentemente ser o *efeito* da ação do sistema, mas a extração da riqueza financeira é o *objetivo* dele.

À medida que começamos a criar o que o economista E. F. Schumacher chamou de "economia de permanência" no nosso frágil planeta, o máximo crescimento financeiro será inadequado como propósito norteador. No *design* generativo, vemos, em detalhes práticos, como uma meta diferente pode estar no âmago da atividade econômica. O *design* generativo nos mostra que uma mudança transformadora já começou e sugere como ela pode ser amplificada.

A propriedade como força revolucionária

"Há um movimento em andamento que não sabe que é um movimento", disse-me o advogado Todd Johnson (ele é um desses advogados revolucionários que estão concebendo novos *designs*). O que está em andamento é uma revolução de propriedade. Ela consiste em estender o poder econômico dos poucos para os muitos e em mudar a mentalidade da indiferença social para o benefício social. Fomos treinados para temer essa mudança, para pensar que só existem duas escolhas para o *design* de uma economia: capitalismo e comunismo, propriedade privada e propriedade estatal. Mas as alternativas que estão sendo desenvolvidas hoje desafiam essas poeirentas categorias do século XIX. Elas representam uma nova opção de propriedade privada para o bem comum. Essa revolução econômica é diferente de uma revolução política. Ela não consiste em derrubar e sim em construir. Ela envolve a reconstrução da base da propriedade sobre a qual repousa a economia.

Durante séculos, os momentos de crise foram ocasiões em que as pessoas se voltaram para *designs* de propriedade alternativos para se proteger. A primeira cooperativa moderna, a Rochdale Society, foi formada na Inglaterra na década de 1840, quando a Revolução Industrial estava levando à pobreza muitos trabalhadores especializados. Os Pioneiros Rochdale eram tecelões e artesãos que se uniram para fundar a primeira cooperativa de propriedade do consumidor, vendendo comida para trabalhadores que normalmente não teriam condições de comprá-la. O modelo de cooperativa que eles criaram se propagou para mais de 90 nações e hoje conta com cerca de 1 bilhão de membros.[23]

Durante a Grande Depressão nos Estados Unidos, a lei Federal Credit Union — garantindo que o crédito estaria disponível para as pessoas com poucos recursos — foi concebida para ajudar a estabilizar um sistema financeiro desequilibrado. Hoje em dia, os ativos das uniões de crédito totalizam mais de 700 bilhões de dólares. Desde a crise financeira de 2008, os bancos de propriedade dos clientes receberam mais de 1,5 milhão de membros. Uma das principais razões é que, na crise inicial, os juros de mora desses bancos eram a metade daqueles dos bancos tradicionais.[24] Na Argentina, em 2001, quando um colapso financeiro causou milhares de falências e milhões de donos de empresas fugiram, os trabalhadores continuaram a ir trabalhar. Com a ajuda do governo, eles assumiram o controle de mais de 200 empresas e administraram eles próprios essas *empresas recuperadas*.[25]

Na nossa época, a necessidade de tipos alternativos de propriedade é mais crucial do que nunca, pois o caminho à frente se bifurca. O caminho dos negócios como de costume aponta para um mundo fortificado, um lugar onde os poucos ricos se recolhem em enclaves de luxo e segurança enquanto a maioria das pessoas se debate no medo e na escassez. O caminho da transformação aponta em direção a uma nova economia, uma economia potencialmente gerativa que gera prosperidade, tanto sustentável quanto compartilhada.[26] Independentemente do mundo que escolhermos, será a propriedade e as arquiteturas financeiras que irão conferir a ele a sua forma essencial.

Quando dou palestras a respeito do *design* da propriedade generativa, as pessoas às vezes perguntam: "Isso seria legal, mas como podemos chegar lá?". A resposta, acho eu, seria dupla. Vamos precisar de um movimento que funcione como uma pinça, cuja uma das hastes se move para refrear os excessos corporativos e corrigir a governança corporativa nas corporações existentes, e a outra se move para desenvolver alternativas generativas.[27] Os dois tipos de iniciativas são necessários. Mas é a segunda estratégia — a promoção de alternativas — que hoje carece de coerência e ímpeto. É difícil nos unirmos para trabalhar em prol de uma mudança profunda quando carecemos de uma visão clara e compartilhada do tipo de economia que realmente queremos e de um simples entendimento dos *designs* que fazem com que ela funcione.

O desenvolvimento de alternativas recorre, inicialmente, à *emergência*. Como escreveu a teórica da mudança organizacional Margaret J. Wheatley, a emergência consiste em estabelecer uma conexão com pessoas que compartilham uma visão comum. É assim que as ações locais surgem, conectam-se por meio de redes e se fortalecem em comunidades de prática. Os fenômenos emergentes podem aparecer praticamente sem avisar — como o crescimento dos movimentos de alimentos orgânicos e locais. Em última análise, um novo sistema pode emergir em maior escala: não de uma maneira mágica, mas por intermédio de uma combinação de atividades emergentes não planejadas e, mais tarde, de iniciativas mais concentradas.[28]

Examino a emergência no Capítulo 8, "A Geração de um Mundo", e ofereço mais ideias sobre as estratégias de mudança ao longo do livro — particularmente no epílogo. No entanto, a minha intenção não é criar um roteiro de como ir daqui para lá. O meu foco é no *lá*. A minha busca é por uma visão e uma linguagem, ao mesmo tempo práticas e profundas, que possam nos guiar nos dias tumultuosos que temos à frente.

Os padrões da vida

Embora quase todos nós compreendamos o *design* do poder democrático, não entendemos o poder econômico. Não entendemos o *design* da propriedade. E precisamos entendê-lo. O que ainda há para ser feito — e o que tento fazer aqui — é conceber uma linguagem de padrões simples para descrever os *designs* que formam a base de modelos aparentemente distintos e os unificam. Como declarou o arquiteto Christopher Alexander, precisamos descobrir como falar a respeito de padrões de uma maneira que possa ser compartilhada. Isso significa dar nome a eles. "Precisamos tornar cada padrão algo para que a mente humana possa usá-lo com facilidade", escreveu ele em *The Timeless Way of Building*.[29] (Volto a falar do trabalho de Alexander na Parte III.)

Descobri cinco padrões essenciais que atuam juntos para criar diferentes tipos de propriedade: propósito, afiliação, governança, capital e redes. Eles podem ser usados de maneiras *extrativas* — voltadas para extrair a máxima riqueza financeira a curto prazo. Ou eles podem ser usados de maneiras *generativas* — voltados para criar um mundo no qual todos os seres vivos possam vicejar por gerações a fio. Embora novos modelos ainda precisem ser criados, muitos dos padrões de *design* subjacentes já estão aqui e podem ser combinados de maneiras originais.

A propriedade extrativa tem um *Propósito Financeiro*: maximizar os lucros. A propriedade generativa tem um *Propósito Vivo*: criar as condições para a vida. Enquanto as corporações têm hoje a *Afiliação Absenteísta*, com donos desligados da vida da empresa, a propriedade generativa tem uma *Afiliação Interna*, com a propriedade mantida em mãos humanas. Enquanto a propriedade extrativa envolve a *Governança por Mercados*, com o controle feito por mercados de capitais mantidos no piloto automático, os *designs* generativos têm uma *Governança Controlada pela Missão*, com o controle feito por pessoas concentradas na missão social. Enquanto os investimentos extrativos envolvem as *Finanças de Cassino*, as abordagens alternativas envolvem as *Finanças dos Stakeholders*, na qual o capital se torna um amigo em vez de patrão. Em vez de *Redes de Commodities*, nas quais as mercadorias são negociadas com base apenas no preço, as relações econômicas generativas são amparadas por *Redes Éticas*, que oferecem apoio coletivo para normas sociais e ecológicas. Nem todo modelo de propriedade tem todos esses padrões de *design*, mas, quanto mais padrões generativos são empregados, mais eficaz é o *design*.

De uma maneira fundamental, este livro é uma continuação do meu livro anterior, *The Divine Right of Capital*, que examinou os mitos que sustentam os direitos do capital, particularmente o mito de que os detentores da riqueza têm necessidades que têm primazia sobre as necessidades de todas as outras pessoas. Ele também examinou princípios de democracia econômica. Na década que se seguiu à sua publicação, as estruturas de propriedade da nossa economia — as instituições entrelaçadas de corporações e mercados de capitais, e o perpétuo crescimento e lucros crescentes que elas requerem — contribuíram para novas crises sem precedente, como a da mudança do clima. Já não parece suficiente falar sobre a democracia econômica como a solução.

Uma estrutura de referência mais apropriada talvez seja o sistema vivo do planeta. Os supremos padrões que todos os sistemas precisam empregar são *padrões vivos* — os padrões de organização que a natureza desenvolveu para sustentar a vida. O pensamento sistêmico, que surgiu na física e está se propagando para outras disciplinas, oferece uma sólida linguagem para falar a respeito de padrões e processos vitais. É uma linguagem que se aplica igualmente a sistemas biológicos e sociais. Por meio do pensamento sistêmico, podemos ver que a tarefa de redefinir a propriedade faz parte da tarefa mais ampla de colocar a civilização humana em harmonia com a Terra.

Sabemos que a próxima economia exigirá itens como turbinas de vento, limites sobre as emissões de carbono e florestas administradas de uma maneira sustentável. As perguntas que permanecem em grande medida sem resposta são a respeito de quem será o dono dessas coisas, quem irá controlá-las e quem irá prosperar no mundo que elas criarem. Precisamos de inovação não apenas nas tecnologias físicas mas também nas *arquiteturas sociais*.[30] Enquanto as tecnologias físicas dizem respeito ao *o quê* da economia, as arquiteturas sociais dizem respeito ao *quem*: quem tomará decisões econômicas, e como, usando que tipos de estruturas de organização? As arquiteturas sociais são os projetos das relações humanas, como nos organizamos para fazer as coisas. Vamos continuar a nos apoiar em arquiteturas econômicas organizadas em torno do crescimento e da máxima renda para os poucos? Ou podemos mudar para novas arquiteturas organizadas em torno de manter vicejantes este planeta e todos os seus habitantes? Este livro é uma jornada em busca de respostas.

Planejando a jornada à frente

Na Parte I, descrevo como o *design* extrativo em uma indústria, a indústria das hipotecas, avançou em direção ao *overshoot* e ao colapso financeiro. Começo com a casa, cuja hipoteca fora executada, que um amigo meu estava tentando comprar. No entanto, ele não conseguiu encontrar um dono para quem pudesse apresentar uma proposta. Sigo essa trajetória até a Bolsa de Valores de Nova York, e até outros mundos de engenharia financeira, para identificar o que deu errado na arquitetura social da propriedade. Por fim, eu me coloco em campo para tentar encontrar o casal a quem a casa um dia pertenceu, para ver como a hipoteca subprime afetou a vida de uma família.

Na Parte II, procuro as sementes de um novo sistema de valores que poderá dar origem a uma nova economia. Visito experiências com a propriedade de áreas comuns: a indústria da lagosta do Maine, as florestas comunitárias, a energia eólica comunitária, uma comunidade *cohousing** e outras. Incorporados a esses modelos de propriedade estão valores de sustentabilidade, comunidade e suficiência (a ideia de que depois da busca de "mais" vem o reconhecimento do "suficiente"). Esses podem ser os valores que um dia irão substituir a irrestrita riqueza financeira, o foco no individualismo e a insistência no máximo crescimento, que permanece entranhada nos *designs* de propriedade atuais.

Enquanto a Parte I trata do colapso da propriedade e a Parte II trata da base da sua evolução, a Parte III examina padrões de *design* que estão dando vida à propriedade generativa em grande escala. Cada capítulo se dedica a um padrão essencial do *design* generativo, examinando como eles se combinam para manter viva a missão social ao longo do tempo. Vi muitas empresas que um dia

---

* *Cohousing* é um grupo habitacional que consiste em um aglomerado de casas particulares e um espaço comunitário compartilhado. (N.T.)

foram generativas perderem a sua missão social quando cresceram ou quando o fundador foi embora. Na Parte III, busco empresas importantes bem-sucedidas que resolveram o "problema do legado" — mantendo o legado social vivo muito depois de o fundador ter partido. Visito a John Lewis Partnership de proprie-dade dos funcionários em Londres e a Novo Nordisk, de propriedade de uma fundação na Dinamarca, uma empresa farmacêutica com a produção estabele-cida em Kalundborg, sede de um famoso exemplo de "simbiose industrial" no qual os resíduos dessa companhia se tornam alimento para o ecossistema. Entre outras expedições, revisito as finanças, conversando com alguns consultores de investimento para verificar como posso usar o meu pequeno portfólio de inves-timento para ajudar na transformação.

A minha esperança é de que essas jornadas sejam do interesse tanto dos es-pecialistas quanto do leitor genérico atento. No caso daqueles que estão profun-damente envolvidos com o *design* da propriedade, os padrões de *design* simples que vejo em funcionamento poderão ajudar a levar coerência ao que tem sido um campo incoerente. No caso de outros, essas jornadas talvez ajudem a respon-der às perguntas que nos atormentam: como uma civilização tão avançada e ex-tremamente inteligente como a nossa conseguiu fazer com que as coisas saíssem tão catastroficamente erradas? Em outras palavras, como chegamos aqui? E para onde poderíamos estar nos dirigindo no cenário mais auspicioso, ou até mesmo o mais provável? Que tipo de economia poderíamos criar se transformássemos a revolução da propriedade emergente em uma força social conjunta e organi-zada?

Se a conversa sobre propriedade parece estranha, foi exatamente o que eu senti quando comecei a sonhar em lançar a *Business Ethics* há um quarto de século. Eu estava na ocasião no início da casa dos 30 anos, e ter a minha própria empre-sa parecia algo muito adulto, muito além de mim. Era algo na esfera dos pais, não na minha esfera de mulher jovem. Lembro-me de um sonho que tive certa noite no qual eu entrei em um prédio — uma igreja, um banco, ou, na lógica do sonho, de algum modo em ambos — onde vi homens de pé atrás de uma balaustrada, murmurando entre si. Uma barreira me separava deles, como o gradil da comunhão que separa a congregação do padre, marcando o território onde somente os banqueiros-padres poderiam entrar. Eu passei pelo gradil e, para minha surpresa, ninguém se importou. Eles agiram como se o meu lugar fosse ali. E era. Movendo-me com mais audácia, comecei a sonhar em reformar o espaço, derrubando uma parede, alargando a sala, removendo a barreira, deixando que mais pessoas entrassem. Acordei muito bem disposta.

Agora, depois de perambular pela arquitetura da propriedade há muito tempo, eu quero convidar outras pessoas para entrar. A propriedade é a suprema esfera do poder econômico. Nos todos somos bem-vindos lá — da mesma maneira como somos todos bem-vindos nos grandes salões da democracia. Está na hora de sermos donos desse lugar que chamamos de economia e parar de deixá-lo para os banqueiros-padres. Quando um número cada vez maior de nós nos sentirmos à vontade ao entrar no espaço aparentemente proibido da propriedade — ousando sonhar juntos em reformá-lo —, será o momento em que realmente tomaremos posse do nosso futuro.

O *DESIGN* DO PODER ECONÔMICO
A Arquitetura da Propriedade

PROPRIEDADE EXTRATIVA	PROPRIEDADE GENERATIVA
1. *Propósito Financeiro*: maximizar os lucros a curto prazo	1. *Propósito Vivo*: criar as condições para a vida a longo prazo
2. *Afiliação Absenteísta*: propriedade desligada da vida da empresa	2. *Afiliação Interna*: a propriedade em mãos humanas
3. *Governança pelos Mercados*: controle pelos mercados de capitais em piloto automático	3. *Governança Controlada pela Missão*: controle por aqueles dedicados à missão social
4. *Finanças de Cassino*: o capital como patrão	4. *Finanças dos Stakeholders*: o capital como amigo
5. *Redes de Commodities*: negociações concentradas exclusivamente no preço e nos lucros	5. *Redes Éticas*: apoio coletivo para normas ecológicas e sociais

I

A sobrecarregada casa de direitos

A propriedade extrativa como a causa do colapso financeiro

A economia moderna se baseia em grande medida na estrutura de um único tipo de propriedade: a empresa de capital aberto, com as ações de propriedade sendo negociadas nos mercados de ações. Esse é um modelo de propriedade da era industrial. O seu propósito é fabricar a riqueza financeira em quantidades infinitamente crescentes. Como a riqueza financeira é um direito sobre a verdadeira riqueza – um direito sobre rendimentos futuros, valores imobiliários ou lucros empresariais – essa forma de propriedade funciona por extração. Podemos chamá-la de propriedade extrativa. Um setor no qual esse modelo tem sido particularmente pernicioso é o da indústria de hipotecas e operações bancárias. Uma quantidade razoável de riqueza fluindo para a indústria financeira é normal e saudável. No entanto, quando um excesso de riqueza segue em direção à esfera financeira – a área de atuação dos grandes bancos, dos fundos hedge e dos hiperabastados –, essa extração enfraquece a vitalidade da economia real de empregos, famílias e comunidades. O sistema fica sobrecarregado de direitos e propenso ao colapso. A maneira como esse sistema afeta uma família, uma casa perdida devido à execução de uma hipoteca, é o foco das jornadas da Parte I.

Dívida S.A.

O *design* extrativo

Quando o meu amigo Orion Kriegman e eu subimos a áspera escada de cimento na calçada, que conferia a James Court um charme especial, ele me contou a história da sua jornada para comprar a casa que iríamos ver. Era uma pequena casa de dois andares na James Court 56[*] no bairro de Jamaica Plain em Boston. Depois que a família que morou ali durante 13 anos perdeu a casa para a empresa hipotecária, ela ficou vazia durante anos. Orion tinha conseguido um financiamento no banco para comprá-la. Mas, quando o seu corretor tentou fazer uma proposta, não conseguiu encontrar ninguém do outro lado com quem pudesse conversar. Nenhum dono. Ou pelo menos nenhum dono que alguém conseguisse localizar. Uma entidade em algum ponto da cadeia de financiamento fora à falência, e a empresa deixada no comando estava *in absentia*. Orion localizou a firma por meio do cartório de registro de títulos e documentos, mas, quando telefonou para a empresa — não uma única vez, e sim repetidas vezes —, ele sentiu que tinha entrado naquele círculo especial do inferno de Dante reservado para os que estão em compasso de espera.

---

[*] O endereço dessa casa e os nomes dos seus ex-proprietários foram modificados para proteger a sua privacidade. Os detalhes apresentados são autênticos.

Nos meses que levou tentando comprar a casa, Orion chegou a descobrir que o "proprietário registrado" era a Ocwen Financial Services. Mas aí a pista ficava fria. "O serviço telefônico deles é um verdadeiro pesadelo", declarou Orion. "O meu caso não se encaixa em nenhuma categoria, de modo que eles me transferem para um lugar onde não posso deixar uma mensagem." Quando finalmente conseguiu falar com alguém, ele achou que estava falando com uma central de atendimento na Índia, porque a pessoa falava com um sotaque indiano e parecia estar trabalhando a partir de um roteiro sem nenhum preparo para o seu problema particular.

"Ele me deu um número 0800, mas eu disse que um número 0800 não é uma linha direta. 'É sim, senhor, garanto que é', disse-me ele. Desse modo, liguei para o número, e este me levou de volta para a estaca zero." Orion entrou novamente em contato com o seu corretor e conseguiu o nome da pessoa na Ocwen responsável pelas propriedades cuja hipoteca tinha sido executada e telefonou para ela. Em determinado momento, ele até mesmo chegou a receber uma mensagem na sua secretária eletrônica de alguém para quem tinha deixado um recado. Mas, depois de telefonar três vezes para a pessoa, Orion se viu diante de um silêncio final e permanente.

Estranho. Como uma pessoa perde a propriedade de uma coisa? Para onde ela foi? Isso me deixou intrigada. De alguma maneira, o fato aparentemente simples da propriedade tinha se desconstruído, se tornado irreconhecível e evaporado. Esse processo havia desencadeado crises econômicas em muitos países — algo como a cisão do átomo que desencadeia uma explosão nuclear. Como o casal que tinha ficado sem a casa parecia praticamente perdido com relação à coisa toda, achei que a história dessa família poderia ajudar a deslindar como as coisas tinham dado tão errado.

Através das ervas daninhas

Orion acabou de contar a sua história quando chegamos a casa, e ficamos parados diante dela por alguns instantes. "Eu nem mesmo sei se a tubulação está no lugar", comentou ele. Muitas casas abandonadas estavam sem a tubulação. Sabe-se que catadores de lixo roubam os canos de cobre, arrancam as pias da parede e retiram *boilers* dos porões. Como essa casa tinha tábuas de compensado cobrindo as janelas, não pudemos ver o estado de seu interior. Abrimos caminho através do mato que crescera e fomos até o quintal para ver se conseguíamos enxergar alguma coisa.

Um saco de dormir azul, manchado, projetava-se da parte inferior da varanda lateral. "Decididamente alguém está morando ali embaixo; eu o vejo o tempo todo", declarou um rapaz (que não parecia ter tomado banho naquela manhã) enquanto caminhava na nossa direção. Ele também nos disse que tinha sonhado em invadir a casa e ocupá-la. Assim como Orion, ele disse que tinha visitado o *website* do cartório de registro de títulos e documentos para acompanhar o desenrolar da propriedade da casa. "É como ver a história das pessoas em um punhado de documentos", disse ele. Espiar por trás das janelas fechadas com tábuas se revelou impossível naquele dia. Se algum dia eu fosse capaz de descobrir a história dessa casa, compreendi que teria de ser a terceira pessoa no nosso trio a examinar os documentos públicos divulgados pelo cartório de registro de títulos e documentos.

A história começou em 1992, quando Helen Haroldson comprou a casa de 195 metros quadrados por 140 mil dólares, com uma hipoteca da Shawmut Mortgage Co. Cinco anos depois, ela pareceu estar começando um pequeno negócio, porque um empréstimo de 23.500 dólares da Small Business Administration (SBA) foi adicionado, garantido pelo valor da casa. Nos documentos da SBA, o nome de um marido, Michael, apareceu pela primeira vez — possivelmente indicando um casamento recente. Com uma casa, um marido e um negócio, a vida de Helen parecia estar se organizando. Durante mais de dois anos, tudo pareceu correr bem. Depois, em 1999, o casal pegou um empréstimo inofensivamente pequeno, 16 mil dólares, em uma união de crédito. Em menos de dois anos, eles tinham atrasado os pagamentos, e a cooperativa concedeu a eles alguns meses para ficar em dia.

O crescente valor excedente à hipoteca permitiu que esse problema desaparecesse. O casal Haroldson contratou uma hipoteca de 233.200 dólares com a Aegis Mortgage Co., que equivaleu a 50 mil dólares a mais do que todos os empréstimos anteriores combinados. Isso provavelmente significou que eles adicionaram algum dinheiro para si mesmos no refinanciamento (bem como dinheiro para as elevadas taxas sem dúvida cobradas pela Aegis). Foi fácil imaginar o alívio deles. No entanto, se isso fosse uma peça shakespeariana, este teria sido o momento em que a trama se modificava. A Aegis (uma empresa constituída no estado de Oklahoma, com uma caixa postal na Louisiana e um endereço fixo no Texas) iria reaparecer na vida do casal Haroldson, assim como uma segunda corporação mencionada nessa hipoteca: a MERS — Mortgage Electronic Registration Systems, Inc. A MERS era um serviço de monitoramento de empréstimos de propriedade privada criado para facilitar a negociação de hipotecas. A presença dela na escritura significava que a hipoteca dessa casa poderia ser vendida um sem-número de vezes, com poucas alusões a essas transações nos registros de imóveis dos condados. Poderíamos dizer que a MERS era a representante legal do turbilhão financeiro.

Nove meses depois, o casal Haroldson estava de volta com uma nova hipoteca, desta feita da Ameriquest Mortgage. Reconheci o nome, porque, quando aconteceu o colapso financeiro, a empresa foi manchete de jornais como alvo de múltiplas ações do governo por práticas predatórias — como pressionar os mutuários a fazer refinanciamentos quando não era do interesse deles. Talvez, em parte, por causa das taxas e multas do credor, a hipoteca agora estava 50 mil dólares mais cara. Parece que o casal Haroldson começara a pagar as antigas dívidas com novas dívidas. A partir daí, a leitura tornou-se dolorosa.

Seis meses depois, uma nova hipoteca adicional — uma vez mais, a Aegis. Esta, 71 mil dólares mais cara. Mais seis meses, outra nova hipoteca, esta de um credor inapropriadamente chamado de Community First Bank, adicionando 44 mil dólares. Em seguida, o Órgão de Arrecadação de Impostos entrou com uma ação de penhora, ameaçando tomar a casa pela falta de pagamento dos impostos. A notificação chegou 12 dias antes do Natal. Cinco dias depois, o casal Haroldson estava de volta com mais uma nova hipoteca — novamente a Aegis (não mais no estado de Oklahoma, agora reconstituída no estado de Delaware). Essa hipoteca totalizou esmagadores 462.500 dólares. O casal Haroldson aguentou outros dezoito meses, e depois a MERS entrou com uma ação de execução da hipoteca.

Até mesmo na prosa fria das escrituras registradas, essas transações encerravam alguma coisa afrontosa. O casal Haroldson era claramente simplório no que dizia respeito às finanças, possivelmente negligente, ou, mais caridosamente, estava desesperado ao tomar as decisões. Seja qual for o motivo, eles percorreram um ciclo de cinco hipotecas em cinco anos. Por que nenhum banco os aconselhou? Se a tomada imprudente de empréstimos estava claramente em evidência, a história mais ampla — a estrutura capacitadora — tinha a ver com a concessão imprudente de empréstimos.

Uma mistura intricada de propriedade

Anos depois de a casa ser tomada, o direito de venda que a MERS tinha reivindicado não tinha sido exercido. Qualquer banco comum teria desejado que essa casa fosse colocada imediatamente no mercado. Mas esse não era um banco comum. A MERS não era a proprietária e sim uma agência intermediária agindo em nome de outra parte não mencionada. Imaginei que a Aegis tampouco fosse a proprietária, porque empresas como ela frequentemente vendiam as hipotecas em poucos dias. A Aegis também falira, encerrando as suas operações oito meses depois da execução da hipoteca do casal Haroldson.

Achei que os "donos" mais prováveis — e a palavra claramente precisa estar entre aspas nesse contexto — eram os investidores em valores mobiliários respaldados por hipotecas. Esses investidores geralmente não investiam em hipotecas individuais, ou mesmo em *pools* de hipotecas, e sim em *características* de *pools* de hipotecas, acondicionadas em obrigações de dívidas colateralizadas (CDOs). Muitos desses veículos de investimento faliram no colapso imobiliário, tornando-os possíveis candidatos para o dono ausente da casa. Devido à presença da MERS, a coisa toda permaneceu obscura.

Enquanto a casa do casal Haroldson se encontrava em uma das extremidades desse emaranhado de esquemas financeiros, na outra extremidade estavam os investidores. Não raro, estes últimos não eram indivíduos e sim instituições — como os bancos da Islândia, que foram destruídos no colapso das CDOs, ou o fundo de pensão de King County, Seattle, que perdeu uma fortuna em veículos de investimento estruturados. Foi assim então que, digamos, entre um policial de Seattle, cuja aposentadoria dependia do desempenho de um empréstimo hipotecário, e os pagamentos da hipoteca efetuados (ou não efetuados) pelo casal Haroldson, estendia-se um complexo de conexões tão densamente entrelaçadas, que foi impossível desenredá-las quando surgiu a necessidade.

Supostamente responsável por essa intricada mistura estava a Ocwen Financial Services, que por si só era uma história. Quando inseri o nome dela no Google, eu poderia muito ter feito uma busca com a frase "fraude em hipotecas", de tão numerosas que eram as ações judiciais e acusações de irregularidades contra ela. De acordo com um relatório do Órgão de Responsabilização do Governo* (GAO), a empresa havia cobrado da Veterans Administration reparos que nunca foram feitos, deixando casas em mau estado de conservação e cobertas de entulho. O Better Business Bureau da área central da Flórida, onde a Ocwen estava localizada, atribuíra à empresa a sua pior classificação, F, depois de receber 520 reclamações em três anos. Em um levantamento do atendimento ao cliente, a J. D. Power and Associates classificou a Ocwen em último lugar, em grande parte devido ao que o jornal *Palm Beach Post* chamou de "serviços telefônicos tortuosos e inúteis". As suspeitas de Orion a respeito da central de atendimento na Índia eram bem fundadas. Encontrei uma notícia que dizia que a Ocwen tinha contratado 5 mil pessoas para os seus centros de operação em Bangalore e Mumbai.[1]

As práticas da Ocwen talvez não estivessem muito distantes do padrão da indústria. As práticas abusivas eram, de muitas maneiras, a consequência lógica dos incentivos que a propriedade financializada cria. As *mortgage servicers*** habitavam um universo absurdo no qual as taxas aumentavam à medida que os empréstimos deslizavam em direção a problemas. Quanto mais tempo os empréstimos permaneciam no limbo, maior a oportunidade de serem cobradas *junk fees*.*** Quando as *mortgage servicers* se apossavam de uma propriedade e se

---

preparavam para revendê-la, elas podiam canalizar para empresas com as quais eram afiliadas pedidos de buscas de títulos, avaliações e documentos oficiais registrados. A Ocwen tinha criado a sua própria empresa de busca de títulos,* a Premium Title Services, em parte para embolsar uma quantidade maior dessa receita. Por causa dessas taxas que se multiplicavam, as *mortgage servicers* tinham pouco incentivo para se desfazer rapidamente das propriedades com problemas. Tinham pouco incentivo para se importar com o valor pelo qual as casas acabavam sendo vendidas, já que as casas não eram delas.[2]

Como a Ocwen era uma agência de cobrança, interessada nas suas próprias taxas, ela provavelmente tinha a tendência de encarar os mutuários e as suas casas em grande medida como unidades de produção: itens em bancos de dados computadorizados com quem a empresa não tinha nenhum relacionamento duradouro. Os protagonistas que tinham sido parte de um relacionamento humano — aqueles que promoveram o empréstimo — já não estavam mais presentes. Eles tinham vendido os empréstimos para financistas, os quais compilaram os empréstimos e os transformaram em produtos, vendendo-os para investidores.

Além de ser um processo mecânico, ele também era lucrativo. Como um último toque à história da Ocwen, puxei o seu gráfico de desempenho. Ele parecia um gráfico de febre subindo verticalmente. Depois de um período instável, a empresa encontrou uma posição segura no ambiente pós-crise e, em um período de 52 semanas, vi as suas ações subirem 140%. O motivo foi que a Ocwen conseguiu novos contratos para administrar empréstimos com problemas. Depois de provavelmente ter desempenhando algum papel na bagunça subprime enquanto ela acontecia, a Ocwen também estava ganhando uma fortuna arrumando a casa.[3]

Quando pensei na dilapidação da James Court 56, a lógica do *design* que conduziu àquilo pareceu clara. O colapso na arquitetura física da casa remontava diretamente (ou melhor, sinuosamente) à sua arquitetura de propriedade. Quando a propriedade foi desconstruída e rearrumada, os seus átomos distri-

---

* *Title company* no original. É uma empresa que realiza uma busca de títulos, que é uma pesquisa feita para fazer o levantamento de um título até o seu proprietário original ou até uma data estatutária. Uma pesquisa de título é feita antes da venda de uma propriedade para garantir que não existem pretensões conflitantes à mesma propriedade. A contratação de uma *title company* faz parte dos custos necessários para o fechamento da venda de um imóvel. (N.T.).

buídos por todo lado, o objetivo de todo o processo não era ajudar as pessoas a ficar nas suas casas. Quando não era mais possível extrair as taxas crescentes de famílias como o casal Haroldson, elas eram jogadas para o lado como entulho, e as casas eram abandonadas e se deterioravam. Quando um empréstimo imobiliário passava de uma instituição financeira para outra, havia um único propósito em ação: extrair o máximo possível de riqueza financeira e evitar a responsabilidade caso as coisas dessem errado. A extração financeira da parte de empresas e a extração física feita pelos vândalos caminhavam de mãos dadas. No entanto, elas não eram processos paralelos. As finanças eram a força principal.

As regras do *design* extrativo

As simples regras no âmago dessa história começaram a se resolver sozinhas na minha mente como uma fotografia que estava começando a ficar em foco. As motivações compartilhadas dos agentes que criavam as hipotecas, das instituições financeiras que as rearrumavam e de intermediários como a Ocwen que as acompanhavam equivaliam a uma dinâmica de sistema unificada. As regras eram tão amplamente compreendidas que poucas vezes precisavam ser enunciadas:

> *Maximizar os ganhos financeiros e minimizar*
> *os riscos financeiros.*

No empenho em se distinguir nesse jogo, os jogadores, em determinados momentos, atravessavam a linha em direção à fraude. No entanto, o problema não era nem mesmo o fato de as pessoas terem infringido as regras e sim de as terem seguido.

> *Para entender o comportamento de um sistema inteiro,*
> *é importante olhar além dos jogadores*
> *e examinar as regras do jogo.*

Esse ponto foi enfatizado pela teórica de sistemas Donella Meadows, a professora da Dartmouth College mais conhecida como a autora principal do livro

The Limits of Growth publicado em 1972, um dos primeiros a defender a ideia de que o crescimento não pode continuar indefinidamente em um planeta finito. Ela ajudou a desenvolver o pensamento sistêmico, que descreve o funcionamento comum de todos os sistemas, seja de bactérias, organismos, ecossistemas, seja de economias.

No seu último livro, *Thinking in Systems: A Primer*, Meadows observou que, debaixo do detalhe e da complexidade do mundo, regras simples estão geralmente em ação. Quando essas regras são repetidas várias vezes, elas se estendem de maneiras complicadas, criando estruturas sistêmicas complexas. Ela deu o exemplo de como um floco de neve pode ser gerado a partir de um simples conjunto de princípios organizadores. "Imagine um triângulo com os três lados iguais", escreveu ela. "Adicione ao meio de cada um dos lados outro triângulo equilátero, com um terço do tamanho do primeiro. Adicione a cada um dos novos lados outro triângulo, um terço menor. E assim sucessivamente. O resultado é a chamada curva de Koch, ou curva de floco de neve."[4]

A maneira como uma única célula se transforma em um ser humano provavelmente segue um conjunto semelhante de regras. Meadows disse o seguinte: "Toda vida, dos vírus às sequoias, das amebas aos elefantes", escreveu ela, "se baseia nas regras básicas de organização encapsuladas nas propriedades químicas do RNA, do DNA e das moléculas de proteína".[5]

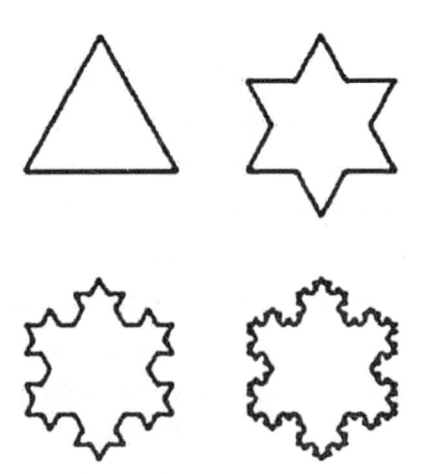

O FLOCO DE NEVE DE KOCH

Sistemas inteiros de organização podem crescer de forma semelhante a partir de simples regras de auto-organização — como as regras de maximizar os ganhos financeiros e minimizar os riscos financeiros. Essas regras se baseiam em valores mais profundos, entre eles o individualismo, a ideia de que a única unidade de interesse relevante é o eu individual. O que as regras dizem é que é preciso maximizar ganhos para o *eu* e evitar a responsabilidade se *outros* forem prejudicados no processo. O sistema não tem a intenção de causar dano aos outros. Isso é algo que o sistema desconsidera. O que a regra diz é o seguinte: cuide de si mesmo e esqueça todas as outras pessoas.

Essas são as regras que habitam o âmago do *design* criativo. Este é o *design* que está em ação nas miríades de formas das finanças da hipoteca convencional e no comportamento da maioria das empresas de capital aberto. Quando regras comuns estão no âmago das estruturas, elas tendem a produzir comportamentos característicos. Essas estruturas podem ser chamadas de *arquétipos*. Os arquétipos são os padrões simples e profundos de organização que repousam debaixo da complexidade da vida do dia a dia.[6]

As regras de maximizar os ganhos e minimizar o risco têm origem no coração humano. Mas elas se tornam uma força coletiva, moldando o comportamento de um sem-número de pessoas que trabalham em harmonia, quando estão incorporadas no *design* institucional. As organizações são mais do que coleções aleatórias de pessoas que fazem o que têm vontade de fazer em determinado dia. Por trás do complexo comportamento de uma instituição como um banco — por trás das ofertas de empréstimos, das suas políticas, do comportamento dos seus funcionários —, existe uma estrutura sistêmica que une tudo, conferindo coerência e ímpeto a esse sistema.

Os sistemas sociais estão organizados em torno de um *propósito* da mesma maneira que os sistemas naturais estão organizados em torno de uma *função*. A função de uma bolota de carvalho é se tornar um carvalho. A função de um rio é fluir. A diferença entre a função e o propósito é o elemento da escolha humana. O propósito de uma instituição é escolhido por aqueles com a capacidade de fazer essa escolha, os donos da empresa. Eles expressam o seu propósito por meio do *design* da organização.

A estrutura é o propósito expresso por meio do design.

Esta é a principal lição que o pensamento sistêmico nos ensina a respeito da crise econômica: que os eventos desencadeadores atrás dela foram resultado não apenas de passos errados dados por uns poucos e sim de uma dinâmica sistêmica mais ampla que incentivou esses passos. O Propósito Financeiro estava na essência dela. A ruína financeira de pessoas como o casal Haroldson não era o objetivo de ninguém. Isso estava fora da tela do radar. Os problemas que ocorriam com os empréstimos não incomodavam os intermediários ou os financistas desde que os seus próprios interesses financeiros não estivessem correndo risco.

Aqui, estamos examinando de perto as graves falhas de *design* codificadas profundamente na arquitetura da propriedade extrativa. O que as suas regras individualistas deixam de abarcar são as realidades mais amplas do comportamento sistêmico — como o fato de que todo mundo no sistema pode estar agindo de maneiras aparentemente racionais, mas as suas ações podem resultar em uma terrível consequência. Ou a realidade de que um sistema pode, sem nenhum aviso, ter um comportamento que nunca exibiu antes.[7] Para criar um *design* sistêmico construído para esses tipos de consequências inesperadas — que parecem estar aparecendo com maior frequência no século XXI —, será necessário um conjunto diferente de princípios operacionais.

O banco comunitário

O *design* generativo

Além de eu ter achado a história da James Court 56 uma narrativa depri-
mente, ela também me fez refletir sobre uma anomalia oculta: o Community First Bank.[1] Nas cinco hipotecas que o casal Haroldson contratou em
cinco anos, o banco que supostamente colocava "a comunidade em primeiro
lugar" firmou o contrato número quatro. Foi um empréstimo problemático que
durou menos de um ano. Ele substituiu um empréstimo anterior que só tinha
seis meses, e nesse processo quase *duplicou* a dívida acumulada da família. Um
banco comunitário não deveria ter aconselhado o casal Haroldson a *não* assinar
o nome no contrato desse empréstimo? No entanto, em vez disso, o Community First Bank foi aquele que assinou os documentos.

O que estava acontecendo? Nesses anos de prosperidade, até mesmo os
bancos comunitários tinham se tornado pouco mais do que lobos em pele de
cordeiro? Se o nome desse banco indicava que ele era um financiador generativo, por que ele estava se comportando como extrativo? Toda a minha ideia de
propriedade generativa era uma bobagem? Decidi que era melhor pôr mãos à
obra e tentar descobrir.

Quando me pus em campo para saber mais coisas a respeito do *design* de
propriedade do Community First Bank, percebi que a questão era escorregadia.
O primeiro problema era o nome. Havia um Community First Bank em Butler,

Missouri; outro em New Iberia, Louisiana; outros ainda em Harrison, Arkansas e Kokomo, Indiana — mencionando apenas alguns. Todos eram entidades jurídicas separadas, não eram sucursais da mesma empresa controladora. Finalmente localizei o banco com o qual o casal Haroldson tinha feito negócio, no *website* da Federal Deposit Insurance Corporation (FDIC). A sua sede ficava em Baltimore County, Maryland.

Havia outros problemas. O banco era aparentemente pequeno e os seus donos eram do local (isso não significava que ele fazia parte do grupo dos bonzinhos?). E a sua estrutura jurídica não me disse muita coisa. Ele não era uma empresa de capital aberto, na qual a propriedade mudava de mão a cada momento. Em vez disso, era uma Corporação S* de capital fechado — provavelmente de propriedade de um pequeno punhado de pessoas, com os principais donos morando em Baltimore ou nas proximidades. Ela também era uma empresa de *responsabilidade limitada* (LLC). Isso significava que os seus donos evitavam a responsabilidade de dívidas não saldadas da empresa ou por danos que ela causasse. No entanto, para fins de tributação, os lucros e as perdas passavam para os donos. Eles recebiam os ganhos e evitavam as responsabilidades.

Essa estrutura jurídica era neutra. Era uma casca dentro da qual muitas coisas diferentes poderiam estar acontecendo. Eu vira a estrutura de LLC ser usada por uma empresa do sul de Minnesotta chamada Minwind, que criava fazendas de vento concebidas com base em princípios cooperativos como uma maneira de beneficiar os agricultores e manter a riqueza no local. (Voltarei a esta história no Capítulo 12.) Era um excelente modelo, e, devido à maneira como os incentivos fiscais eram redigidos, ele precisava desse repasse de impostos. Os padrões de *design* das LLCs e da Corporação S eram práticos, não sinistros. Para encontrar o verdadeiro propósito embutido no *design* de propriedade desse banco, eu precisava procurar em outro lugar.

Em seguida, descobri que esse banco tinha um alvará federal em vez de estadual. E, no ambiente pós-crise que se seguiu ao colapso financeiro de 2008, ele

---

* Uma S Corporation, para fins do imposto de renda federal dos Estados Unidos, é uma corporação que opta por ser tributada sob o Subcapítulo S do Capítulo 1 do código da receita. Em geral, as corporações S não pagam impostos federais. Em vez disso, os rendimentos ou as perdas da corporação são divididos entre os seus acionistas e repassados para eles. Os acionistas precisam, então, informar a renda ou a perda nas duas declarações de renda individuais. (N.T.)

estivera "agressivamente procurando abrir novas sucursais hipotecárias para o público em todo o país", dizia seu *website*. Naquela ocasião, ele tinha uma dúzia de sucursais em meia dúzia de estados. Esbarrei em um anúncio de emprego procurando um recrutador de venda de franquias, que iria trabalhar em tempo integral recrutando gerentes de sucursais, cada um com a promessa de receber "100% dos lucros da sucursal".

Mas ainda havia mais. Paradoxalmente, esse era um banco pequeno — naquela ocasião com ativos de apenas 70 milhões de dólares — que, no entanto, estava produzindo um volume enlouquecedor de empréstimos: 1,3 *bilhão* de dólares nos cinco anos que antecederam 2008. Em comparação com outros bancos chamados Community First Bank (mais de uma dúzia no total), ele estava processando quase *cinco vezes* mais requerimentos de hipoteca do que o segundo maior.[2] Até onde eu pude perceber, os outros provavelmente eram bancos que visavam servir as suas comunidades locais. Esse banco era uma máquina de hipotecas. Devido ao pequeno tamanho do seu ativo, ele não poderia de jeito nenhum manter todos os empréstimos que criava no seu próprio portfólio. Isso significava que ele os estava vendendo por um preço reduzido em um ritmo acelerado.

Em resumo, esse era um banco que estava de pé sobre a cabeça de um alfinete, produzindo continuamente empréstimos como se fossem unidades de um produto em uma linha de montagem de alta velocidade. E ele também estava vendendo minimáquinas de fabricar unidades do produto na forma de franquias bancárias.[3]

Esse não era um banco que estaria propenso a pensar se o casal Haroldson poderia arcar com uma hipoteca a longo prazo. O seu "objetivo comercial básico", como dizia o seu site de funcionários na intranet, era "originar empréstimos hipotecários através de sucursais utilizando um sistema sem papel de ponta a ponta baseado na *web*". E se um empréstimo tivesse problemas em menos de um ano, como no caso do casal Haroldson? Quem quer que comprasse essa hipoteca poderia se apossar da casa e depois vendê-la para extrair o valor excedente. E foi o que aconteceu com a última hipoteca do casal Haroldson.

Há alguma notícia boa por aí?

Então, tudo bem. Era bastante provável que esse banco não fosse um credor generativo. Mas eu também esperava que ele fosse uma anomalia. Comecei a matutar a respeito de outros bancos comunitários. O que dizer dos bancos que o casal Haroldson *não* encontrou — os bancos genuinamente radicados na comunidade? Eles se comportavam de uma maneira diferente? Nos meses que se seguiram à crise financeira de 2008, pesquisei a enxurrada de e-mails que chegava ao meu computador, tentando separar fragmentos de esperança do fluxo de más notícias. Encontrei algumas coisinhas interessantes.

A primeira que eu capturei na minha rede mental foi a Self-Help Credit Union na Carolina do Norte, por longo tempo uma das líderes entre as mil instituições financeiras de desenvolvimento comunitário (CDFIs).[4] Por ser uma CDFI, a Self-Help era uma instituição bancária com um alvará especial do Departamento do Tesouro dos Estados Unidos para servir a comunidades de baixa renda não atendidas adequadamente pelos bancos convencionais. Ela fazia negócio com os mesmos tomadores de empréstimos de baixa renda com os quais as financeiras subprime lidavam. Mas a missão da Self-Help era servir essas pessoas, e não extrair riqueza delas. Isso significava ter o cuidado de escolher para essas famílias empréstimos que poderiam quitar. O resultado — com uma surpresa — foi que os seus empréstimos, naqueles primeiros meses cruciais, se mantiveram enquanto outros estavam se desintegrando. Como o jornal *Durham News* noticiou no final de 2008, "Credor prudente é bem-sucedido durante a crise".

Muitas pessoas podem ter dito que o Self-Help era um banco responsável porque ele era "pequeno e local". No entanto, ele não era particularmente local. Ao longo de uma década e meia, ele processou perto de 6 bilhões de dólares em empréstimos hipotecários. Tampouco era inteiramente local. Além da sua matriz na Carolina do Norte, ele tinha sucursais na Califórnia e um escritório em Washington, DC, e administrava um programa cujo propósito era ajudar os tomadores de empréstimos nos 48 estados.[6]

O que distinguia o Self-Help era a sua arquitetura de propriedade. Os seus donos eram membros de uma união de crédito fundada por uma organização sem fins lucrativos. Esse *design* foi formado no âmago do Propósito Vivo, a missão de ajudar pessoas mal atendidas pelos mercados tradicionais. Entre aqueles que ele procurava ajudar estavam famílias de baixa renda, mulheres, negros e residentes de áreas rurais. Ele tinha a intenção de usar o poder das finanças para melhorar a vida de pessoas comuns.

Isso incluía atender a pessoas como Brenda e Silvio Granados, que compraram pela primeira vez uma casa, por um preço acessível, restaurada pelo Self-Help em Charlotte, na Carolina do Norte, onde a união de crédito comprou duas dúzias de casas abandonadas, na esperança de revigorar uma comunidade devastada pela execução de hipotecas. O Self-Help também ajudou Darnella Warthen a inaugurar uma creche, A New Beginning, em Durham, na Carolina do Norte, na qual algumas crianças tinham problemas mentais e de comportamento. Criar resultados generativos estava na essência do motivo pelo qual o Self-Help existia. A notícia de que organização se revelou resiliente durante uma crise foi bem recebida. Logo descobri que essa não era uma história excepcional.

Histórias desconhecidas de resiliência durante a crise

Descobri uma história semelhante a respeito da CDFI Clearinghouse, uma financeira em Orange County, na Califórnia — o lar da financeira hipotecária falida Ameriquest, com quem o casal Haroldson tinha contratado a hipoteca número três. A CDFI Clearinghouse nunca tinha feito negócio com o casal Haroldson. Mas ela concedia empréstimos a outras pessoas de risco: basicamente pessoas que estavam comprando uma casa pela primeira vez, 50% delas membros das minorias. Entre os empréstimos que a Clearinghouse tinha em andamento no final de 2008, menos de 1% deles tinham sido executados.[7]

Isso era relativamente típico de muitas CDFIs naquela ocasião. Um estudo feito pela Opportunity Finance Network (uma associação comercial CDFI) mostrou que, no primeiro trimestre de 2010, as perdas dos fundos para empréstimos CDFI foram *a metade* daquelas sofridas pelos bancos de um modo geral.[8] E isso apesar do fato de que os fundos para empréstimos CDFI lidavam principalmente com tomadores de empréstimos desprivilegiados.[9]

A história da resiliência que eu estava descobrindo era muito diferente da narrativa desfiada pelo âncora no noticiário econômico, Neil Cavuto, na Fox News. Ele disse: "Conceder empréstimos para minorias e pessoas de risco é um desastre".[10] Mas isso, aparentemente, não é verdade, quando as instituições financeiras têm como objetivo servir as pessoas de risco em vez de se aproveitar delas.

À medida que a recessão se arrastava, essa história ficou mais sombria quando as CDFIs começaram a sentir o impacto de operar em áreas de renda baixa e moderada onde o valor das casas estava diminuindo e um número cada vez maior de pessoas estava perdendo o emprego. Embora, em sua maioria, não estivessem envolvidos na causa do "lixo tóxico" dos empréstimos subprime", declarou o relatório anual do National Community Investment Fund (NCIF) de 2009, os bancos CDFI estavam sendo duramente atingidos pelo aumento da inadimplência e provisões para perdas com empréstimos.[11] Como Saurabh Nairan do NCIF me explicou, os bancos CDFI estavam sofrendo porque trabalhavam em mercados vulneráveis duramente atingidos por financeiras inescrupulosas. "Portanto, embora eles não tenha originado empréstimos incobráveis, eles sofrem porque as pessoas nesses mercados estão sofrendo", afirmou ele.[12]

Olhando além das CDFIs, examino o que estava acontecendo com as 8 mil uniões de créditos de propriedade de clientes do país. Descobri que em uma ocasião em que os megabancos estavam recebendo bilhões de dólares de socorro financeiro, a grande maioria das uniões de crédito não precisava de nenhuma ajuda. Esses bancos de propriedade de clientes permaneceram moderados na concessão de empréstimos, geralmente continuando com eles em vez de vendê-los por um preço baixo. Isso era um incentivo para que eles se preocupassem com o pagamento dos empréstimos. Por outro lado, um pequeno número das suas irmãs maiores — as uniões de créditos "atacadistas", que forneciam serviços para uniões de crédito varejistas menores — perdeu bilhões de dólares. Elas tinham abandonado a sua posição segura baseada na comunidade e se envolveram com papéis mais exóticos respaldados por hipotecas.[13]

Ao examinar ainda outra categoria de líderes voltados para a comunidade — os 7.600 bancos comunitários do país —, descobri que a maioria desses bancos pequenos, de propriedade local, também pareciam concessores de empréstimos responsáveis. Um estudo da FDIC realizado em 2009 descobriu que, no ambiente pós-crise, os bancos com menos de 1 bilhão de dólares em ativos foram os que permaneceram mais bem capitalizados, porque a sua base de capital não fora desgastada pelo risco excessivo. De acordo com os Independent Community Bankers of America, os pequenos bancos foram a única parte do setor a exibir um aumento nos empréstimos no início do período pós-colapso.

Os bancos comunitários não eram imunes ao fracasso, e ocorreram alguns socorros financeiros. No entanto, de um modo geral, eles permaneceram em boa forma. Ao apregoar os seus pontos fortes, eles captaram uma fatia do mercado. O First Bank of Colorado contratou um monomotor para sobrevoar uma partida de beisebol dos Rockies com um cartaz, que dizia: "Isto é o que temos que mais se aproxima de um jato particular". Em Fort Worth, o Worthington National Bank colocou *outdoors* exortando as pessoas a "Simplesmente dizer não aos bancos que receberam socorro financeiro". E, em um prazo relativamente curto, ele se viu com 10 milhões de dólares em novos depósitos.[14]

O fenômeno que eu estava acompanhando não estava restrito aos Estados Unidos. Naquele período de atordoamento em que o colapso das hipotecas subprime americanas se transformaram em uma crise bancária internacional, os bancos estatais da India foram amplamente vistos como refúgios de segurança porque a sua estrutura de propriedade os manteve no caminho apropriado. O State Bank of India — 60% de propriedade do governo, com a missão de erguer o povo da Índia — viu a sua base de depósitos aumentar 40%.[15] Ele não era de propriedade privada, mas tinha um Propósito Vivo. Nos Países Baixos, o Triodos Bank — cuja missão era só conceder empréstimos a negócios sustentáveis — também viu os seus depósitos aumentarem substancialmente depois da crise.

Já no Reino Unido uma intrigante guinada ocorreu nessa narrativa. Foi uma história contada pela New Economics Foundation (NEF) em um relatório oficial, *The Ecology of Finance*. Essa história teve a ver com um grupo de instituições financeiras alternativas no Reino Unido conhecidas como *sociedades de crédito*,[*] que são organizações bancárias de propriedade dos membros. O seu propósito não é maximizar os lucros para os investidores e, sim, servir os seus

---

[*] *Building societies*, no original. (N.T.)

clientes, que são os seus donos. A partir de 1986, as *sociedades de crédito* aderiram ao frenesi da conversão para a propriedade tradicional dos bancos, um processo conhecido como desmutualização — deixando para trás a propriedade mútua para se tornar propriedade dos investidores. O resultado, informou a NEF, foi que, *depois da crise bancária, nem uma única dessas instituições convertidas permaneceu em pé como um banco independente.* Elas tinham sido todas absorvidas por bancos maiores, ou se metido em apuros e tiveram que ser resgatadas.

O exemplo mais espetacular foi o da Northern Rock, uma poderosa financeira que foi de tal maneira afetada, que precisou ser nacionalizada e mantida à tona por dezenas de bilhões de dólares de dinheiro público. "Apenas um ano antes da sua queda", declarou o documento da NEF, "a Rock atestou diante de um grupo parlamentar de todos os partidos que 'o *status* mútuo não estimula a eficiência... [O nosso] sucesso ao longo de oito anos não teria sido possível no antigo modelo mútuo'." No entanto, na época da crise, o inverso se revelou verdadeiro. As supostas eficiências do modelo de maximizar os lucros levou a Northern Rock a se espatifar nas rochas da retração financeira.[16]

Trazendo à tona o que está submerso

À medida que eu atirava a minha rede cada vez mais longe, comecei a encontrar uma narrativa cada vez mais coerente do *design* generativo. Essa história estivera se desenvolvendo paralelamente à do casal Haroldson e da James Court 56, mas com um fim muito diferente. Era a narrativa de empréstimos hipotecários concedidos a famílias por bancos para quem os empréstimos permaneciam um processo vital: bancos comunitários, uniões de crédito, CDFIs e outras instituições financeiras radicadas na comunidade. Em um momento crítico, os empréstimos dessas instituições tinham deixado de ser pagos, porém em números substancialmente menores. No entanto, essa era uma história que não foi amplamente compreendida.

A mais extraordinária narrativa da sua invisibilidade foi relatada por Jean-Louis Bancel, presidente da International Co-operative Banking Association, uma associação de bancos cooperativos, que são instituições financeiras de propriedade dos seus membros, encontradas no mundo inteiro, que são geridas democraticamente no interesse nos seus clientes. Durante a crise, declarou Bancel, o setor bancário cooperativo "mostrou os seus benefícios como um fator de estabilidade e segurança financeira para milhões de pessoas".[17] Em comentários feitos em 2010 para a Organization for Economic Development and Cooperation, ele mencionou o tamanho surpreendente do setor bancário cooperativo, o qual, na Europa, detém 21% de todos os depósitos. Nos Países Baixos, o enorme Rabobank detém 43% de todos os depósitos do país. No entanto, os bancos cooperativos continuam a ser a "parte submersa do mundo dos bancos", afirmou Bancel.[18]

Eles se deparam com um "relativo silêncio da parte dos acadêmicos e das agências reguladoras", disse ele. E ele observou "uma falta relativamente difundida de conhecimento" a respeito desse setor, até mesmo em instituições como o Banco Mundial e o Fundo Monetário Internacional (FMI). Nas estatísticas mantidas pelo FMI, ele não encontrou nenhum título dedicado a bancos cooperativos. E quando as agências reguladoras internacionais começaram a elaborar respostas para a crise, prosseguiu ele, elas propuseram novas exigências de capital que causariam dano a esse setor. "Muitos bancos cooperativos podem se ver obrigados a abandonar o seu *status* cooperativo", disse ele, "com um custo anormalmente elevado", para satisfazer às novas exigências propostas.[19]

As sociedades de crédito, os bancos comunitários, as uniões de crédito, as CDFIs, os bancos estatais e os bancos cooperativos contam individualmente uma história de sucesso durante uma crise. Coletivamente, é uma narrativa de como o *design* generativo cria a estabilidade evitando o excesso.

Os resultados comuns gerados por esses modelos indicam que eles contêm regras comuns na sua essência.

Um arquétipo genuinamente diferente está em ação. Em um momento no qual o arquétipo extrativo estava gerando o caos, esse arquétipo estava gerando o bem-estar comunitário. Proprietários estavam permanecendo nas suas casas. Investidores estavam encontrando um rendimento estável. Bairros inteiros estavam evitando a devastação da execução de hipotecas. Esses modelos voltados para a comunidade estavam gerando esses resultados benéficos por um longo tempo. No entanto, foi no momento do colapso que o contraste se tornou incisivamente visível.

Um novo arquétipo toma forma

Esse é o *design* generativo em ação. Em vez de não fazer caso do dano causado aos outros, esse *design* consiste em ser útil aos outros. Em vez de propor maximizar ganhos financeiros, ele se propõe ser financeiramente autossuficiente a longo prazo. Trata-se de um fenômeno que desafia as antigas categorias de organizações lucrativas *versus* as sem fins lucrativos. De fato, algumas dessas instituições ocasionalmente recebem doações. Algumas têm benefícios fiscais que os bancos tradicionais não têm. No entanto, em sua maior parte, elas são instituições financeiras autossuficientes.

Elas visam o lucro porém não a maximização do lucro.

Este é um modelo de propriedade que não consiste em extrair o máximo de riqueza possível e depois distribuir algumas gotas com uma mão benevolente. Em vez disso, para início de conversa, esses *designs* evitam que a riqueza se concentre em poucas mãos. Eles mantêm a atividade econômica radicada no seu propósito original de satisfazer necessidades humanas. O Propósito Vivo se encontra no âmago desse arquétipo, no sentido de ajudar pessoas a comprar casas, abrir negócios, administrar creches. Esse arquétipo diz respeito a gerar as condições para que a vida floresça.

Essa é a "verdadeira economia" que o economista Herman Daly e o teólogo John Cobb Jr. descrevem no livro *For the Common Good*. É uma economia que "se preocupa com o bem-estar a longo prazo de toda a comunidade". Ela não se concentra no *homo economicus*, aquele indivíduo solitário determinado a maximizar a sua própria renda. Em vez disso, o que está em ação é um novo tipo de pessoa econômica, que eles chamam de *pessoa em comunidade*. Ela consiste em encarar o nosso próprio bem-estar como integralmente relacionado com o bem-estar dos outros.[20]

Ao mesmo tempo que a pessoa em comunidade é uma nova concepção do indivíduo econômico, o *design* de propriedade generativa é o seu correspondente lógico: uma nova concepção da organização econômica. Ele incorpora um conjunto de regras. Em vez de *maximizar os ganhos financeiros e minimizar o risco financeiro*, a nova fórmula é mais ou menos assim:

Servir a comunidade como uma maneira de alimentar o eu.

Pensando bem, isso não é nenhuma novidade. É no que consistiam as economias desde tempos imemoriais. É o que o açougueiro, o padeiro e o fabricante de castiçais sempre fizeram — servir a comunidade como uma maneira de ganhar a vida. A corporação que maximiza os lucros é o verdadeiro desvio e, além disso, historicamente um desvio recente.

Enquanto a grande corporação de capital aberto, que maximiza os lucros, é hoje um único modelo dominante, o *design* generativo envolve uma variedade de modelos. As uniões de crédito de propriedade dos membros são diferentes das CDFIs com alvarás federais, que por sua vez são diferentes dos bancos estatais da Índia ou dos bancos comunitários de propriedade privada dos Estados Unidos. O que os torna um único genótipo são os resultados comuns que eles geram e os propósitos comuns na sua essência.

Parecia improvável que os diferentes comportamentos que eu vi nessas instituições fossem apenas o resultado de boas pessoas se agrupando em um conjunto de organizações e pessoas más se agregando em outro conjunto de organizações. Talvez tenha havido uma boa dose disso, mas, de algum modo, um dos conjuntos de instituições tornava o mau comportamento *mais provável*, enquanto o outro conjunto tornava o bom comportamento mais provável. De que maneira?

O banqueiro perto da gente

Para identificar a resposta, decido examinar o banco comunitário com o qual trabalho pessoalmente há anos, o Beverly Cooperative Bank. Ele está realmente radicado em uma comunidade, já que, em uma única tarde, eu poderia visitar as suas quatro agências fazendo o percurso na minha bicicleta. Certo dia, então, peço ao CEO do banco, Bill Howard, que vá até a minha agência — o prédio de tijolos de dois andares na New Derby Street em Salem, Massachusetts —, que fica a algumas quadras da minha casa, para conversar comigo.

Com o seu terno cinza e queixo quadrado, Bill é o protótipo do banqueiro firme e eficiente. No entanto, existe uma inconfundível benevolência debaixo da sua reserva. Ele está no banco há mais de doze anos, me diz ele, e ao longo desse período presenciou menos de dez execuções de hipotecas. "Não tivemos nenhuma execução este ano e nenhuma no ano passado, e temos mil empréstimos em andamento", afirma. "Se você examinar outros bancos comunitários, encontrará um comportamento semelhante. Eles entendem a comunidade e têm bons padrões de concessão de crédito."[21]

Sendo um banco pequeno com ativos no valor de 300 milhões de dólares, o Beverly Cooperative Bank não foi poupado no período de retração econômica. Alguns dos seus mutuários perderam o emprego, e o banco trabalhou com eles enquanto se esforçavam para pagar os empréstimos. "Às vezes cobrávamos apenas os juros sobre a hipoteca durante determinado período", declara Bill. Se as pessoas precisavam conversar, conseguiam encontrá-lo com relativa facilidade, diz ele, acrescentando, "Desejo boa sorte a quem tentar encontrar alguém no Bank of America ou no Citibank".

Há 120 anos, consta do alvará desse banco que ele é um "banco mútuo".[22] Característicos da Nova Inglaterra e do meio-oeste dos Estados Unidos, os bancos mútuos são clássicos bancos de cidades pequenas, dos quais o mais famoso é o fictício Bailey Building and Loan de Jimmy Stewart no filme *It's a Wonderful Life.** Os bancos mútuos são bancos com um alvará estadual que não têm investidores externos e são geridos no interesse dos seus depositantes. Historicamente administrados de uma maneira conservadora, esses bancos permaneceram relativamente estáveis durante a Grande Depressão e também na recente recessão. Mas os bancos mútuos estão se tornando uma raridade. Na década e meia que antecedeu à retração, mais de 300 deles abandonaram a propriedade do depositante para vender ações nos mercados públicos de ações — em um

---

* Exibido no Brasil com o título *A Felicidade não se Compra.* (N.T.)

processo semelhante ao das sociedades de crédito do Reino Unido. Descobri que restaram nos Estados Unidos menos de 800 bancos mútuos.[23]

Pergunto a Bill se ele pensaria na possibilidade de abrir o capital. "Eu preferiria não fazer isso", me diz ele. "Quando a nossa empresa é de capital aberto, temos um grupo de interesse diferente", afirma, porque os analistas financeiros pressionam as empresas de capital aberto a aumentar os lucros e criar retornos mais elevados para os acionistas. "A cultura de um banco é diferente se ele for um banco mútuo", prossegue. Na ausência de acionistas exigindo retornos mais elevados, ele não precisa se preocupar tanto com os lucros a curto prazo. Ele pode se concentrar na sua missão de servir a comunidade.

Embora o Beverly Cooperative Bank quase não tenha desempenhado nenhum papel no colapso das hipotecas, mesmo assim ele está se debatendo nas consequências dele — em parte porque a FDIC está cobrando taxas mais elevadas para cobrir os passos errados de outros bancos. Alguns anos antes, o banco pagava à FDIC taxas de 26 mil dólares. Howard diz que acredita que, em breve, as taxas cheguem a 600 mil dólares. "Isso é 30% do nosso resultado final", afirma Bill. "Temos um auditor interno. Temos um auditor externo. Temos um auditor de empréstimos comerciais. Temos um auditor de TI [tecnologia da informação]. O estado e a FDIC fazem auditoria em nós. É raro não termos um auditor presente, e isso está aumentando a cada ano. Como os bancos pequenos podem fazer tudo isso e conseguir sobreviver?"

Embora muitos outros presidentes de bancos tivessem levado as suas instituições à desmutualização, Bill evitou esse caminho. No entanto, o que o motivou não pareceu ser nem a benevolência nem o autossacrifício, mas sim um sentimento profundamente arraigado de como o seu próprio bem-estar estava ligado ao da sua comunidade. O *design* de propriedade do banco encoraja esse sentimento. Sim, a liderança também é fundamental. Entretanto, o maior elemento no comportamento do Beverly Cooperative parecer ser o seu *próprio design*. Esse é um sistema auto-organizador, com a sua própria ideia inata do que constitui um comportamento apropriado.

Ciclos de *feedback*: a estrutura dirigente

O comportamento do banco tem a ver com o que o pensamento sistêmico chama de *estrutura*. A sua estrutura molda o seu comportamento da mesma maneira, como diz Donella Meadows, que a estrutura de um Ondamania configura como ele desce aos solavancos uma escada. O Beverly Cooperative Bank é um sistema auto-organizado em torno dos próprios propósitos. É a auto-organização que faz com que uma empresa seja um sistema e não um ajuntamento aleatório de pessoas. Meadows enfatizou isso na sua definição de sistema: "Um sistema é um conjunto de coisas — pessoas, células, moléculas ou o que quer que seja — interconectadas de uma maneira tal que, com o tempo, passam a produzir o próprio padrão de comportamento".

Isso é mais profundo do que parece. Em nove simples palavras, Meadows enunciou uma verdade que levei vinte anos para enxergar na *Business Ethics*:

A estrutura sistêmica é a origem do comportamento sistêmico.

Todas as exigências de auditoria impostas ao Beverly Cooperative Bank sugerem uma suposição diferente: que a origem do comportamento sistêmico são as regras externas que o estão confinando. Esse pequeno banco tem um auditor interno, um auditor externo e um auditor da FDIC porque os órgãos regulatórios pressupõem — como uma premissa implícita — que os bancos só podem ser controlados por mecanismos de controle externos. É por esse motivo que as agências reguladoras reagiram à crise bancária adicionando regras, as quais ameaçaram esmagar os pequenos bancos comunitários e os bancos cooperativos, que, em sua maior parte, não contribuíram para a crise.

A questão do *design* frequentemente passa desapercebida: a ideia de que os *sistemas fazem o que são projetados para fazer*. O Beverly Cooperative Bank tem como objetivo servir a sua comunidade, em vez de aproveitar dela, porque esse propósito está traçado dentro da sua estrutura. Assim como as vacas comem grama porque o seu estômago está estruturado para digerir grama, e as minhocas fazem buracos na terra porque o seu corpo é concebido para escavar, o Beverly Cooperative Bank faz bons empréstimos porque está estruturado para servir a sua comunidade.[24]

O Community First Bank de Maryland se comportou de uma maneira diferente porque era estruturado de uma maneira diferente. Mas a sua estrutura não poderia ser reduzida à sua forma legal. A sua condição legal como uma LLC e uma Corporação S não governavam esse sistema.

A verdadeira estrutura é encontrada nas regras do jogo
segundo as quais o sistema opera.

Enquanto as regras do jogo se originam do propósito, elas se incorporam a uma organização por meio dos ciclos de *feedback que governam o comportamento*. No pensamento sistêmico, o *feedback* é um ciclo no qual as informações são realimentadas em um sistema para dirigir o seu comportamento. Os ciclos de *feedback reforçadores* amplificam o comportamento. Os ciclos de *feedback estabilizadores* moderam o comportamento. Um sistema administrado apenas por meio do *feedback* reforçador ficará rapidamente fora de controle. O *feedback* estabilizador — como o termostato em um *boiler* — mantém o equilíbrio que os sistemas vivos necessitam.[25]

Os padrões de *design* que controlavam o comportamento do Community First Bank — planos para uma expansão agressiva, um alvará nacional que facilitava esses planos e uma remuneração que gratificava a agressividade — se juntaram para criar um ciclo de *feedback* reforçador. Independentemente do nome do banco e do fato de que ele era pequeno e de propriedade local, esse ciclo de *feedback* governou o seu comportamento.

O propósito e a governança criaram o ciclo de feedback *reforçador que*
levou esse banco a se comportar como uma financeira extrativa.

O Beverly Cooperative Bank, por outro lado, tinha influências estabilizadoras que moderavam o seu comportamento. Ele não era um banco concentrado em maximizar os lucros. Para ele, a definição de sucesso era servir a sua comunidade. Ele não era induzido por ninguém a maximizar a sua própria receita, porque, se Bill Howard estivesse determinado a fazer isso, ele teria aberto o capital do banco. O alvará do seu banco mútuo, a sua definição de sucesso e a sua liderança humanitária trabalhavam juntos para criar um ciclo de *feedback* equi-

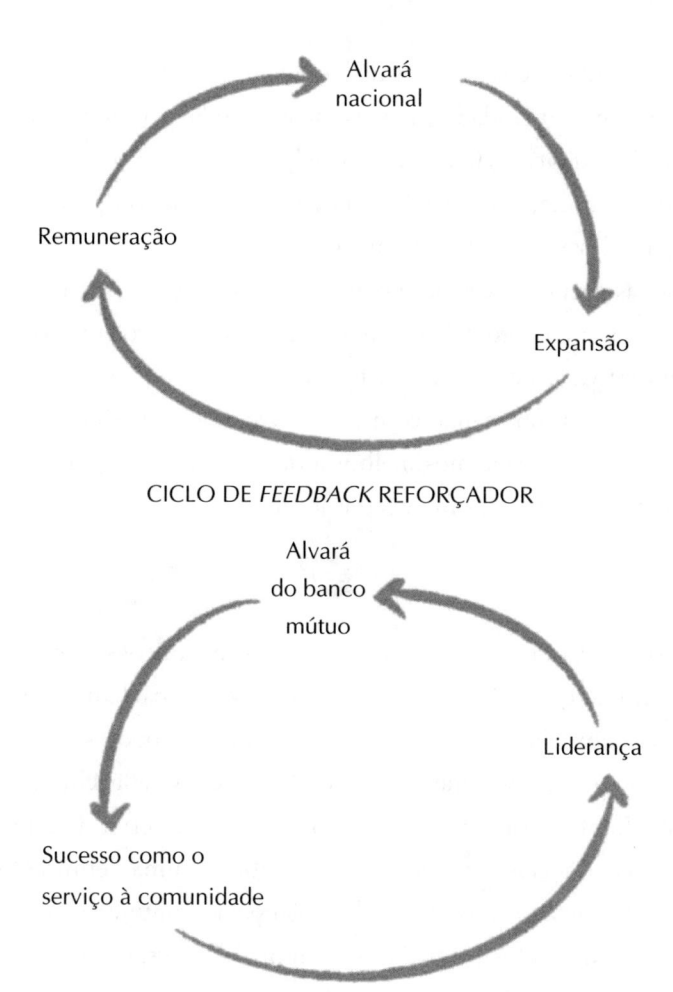

CICLO DE *FEEDBACK* REFORÇADOR

CICLO DE *FEEDBACK* EQUILIBRADOR

librador, tornando o banco uma instituição financeira generativa. Esse ciclo de *feedback* estava inseparavelmente ligado ao propósito e à governança do banco.

Se os legisladores reconhecessem o papel do *design* da propriedade, eles poderiam ter tratado os bancos generativos como parte da solução para a crise. As agências reguladoras poderiam ter usado o dinheiro do socorro financeiro não para apoiar os megabancos em crise e sim para deslocar ativos hipotecários para os bancos comunitários, as CDFIs e as uniões de crédito. Ao fazer isso, elas poderiam ter contado com a ajuda de banqueiros compassivos para reprocessar empréstimos com dificuldades, possivelmente ajudando milhões de pessoas a permanecer nas suas casas (o que o Self-Help aparentemente fez com sucesso).[26] Ao longo do caminho, a nossa cultura poderia ter usado a crise como uma oportunidade para desenvolver a economia generativa.

Embora as agências reguladoras não tenham seguido esse caminho, os cidadãos começaram a segui-lo, com iniciativas como o projeto Move Your Money, que incentiva as pessoas a transferir os seus ativos para financeiras locais, ajudando-as a encontrar as mais confiáveis.[27] Quando a próxima crise financeira nos atingir, talvez aproveitemos melhor a oportunidade de transferir ativos de Wall Street para instituições financeiras locais.

No entanto, até agora, o caráter divergente das instituições econômicas não é algo a respeito do qual nós, enquanto cultura, pensemos de uma maneira muito eficaz. Não enxergamos que o caráter institucional pode ser simples assim: instituições financeiras generativas como a Self-Help Credit Union e o Beverly Cooperative Bank consideram que o seu propósito é servir a comunidade. E por meio de laços locais, uma liderança equilibrada, uma definição de sucesso concentrada no serviço à comunidade e planos de remuneração responsáveis, eles permanecem ligados a um local de moradia e responsáveis perante ele. Outro grupo de instituições, entre elas a Aegis, a Ocwen e aquele banco de Baltimore que se expande agressivamente, considerava que o seu propósito era maximizar os lucros, o que os levou a se concentrar muito menos no impacto sobre a comunidade. A casa abandonada da James Court 56 se postou como um símbolo de onde aquele *design* extrativo conduziu.

Ainda assim, o *design* da empresa individual não é toda a história. Essas instituições financeiras alimentam algo maior do que elas. Bill Howard do Beverly Cooperative Bank deixou entrever o que era. O risco para os credores hipotecários que faziam empréstimos abusivos era pequeno, disse-me ele, "porque a tinta nem mesmo estava seca quando esses empréstimos eram passados adiante; se não houvesse nenhum mercado para esses empréstimos, eles não teriam sido feitos". Foram os compradores dos empréstimos — os megabancos localizados principalmente no distrito financeiro de Manhattan, aqueles que decompunham, analisavam e rearrumavam os empréstimos hipotecários para a venda futura — que ditavam o ritmo conforme o qual as pequenas financeiras dançavam. Para seguir o fio dessa história, eu precisava fazer uma viagem a Wall Street.

Wall Street

Os mercados de capitais em piloto automático

Essa era uma viagem que eu pretendia fazer havia muito tempo. O meu irmão trabalhara em Wall Street havia mais de duas décadas, primeiro na Salomon Brothers e depois como especialista no pregão da Bolsa de Valores de Nova York. Lá, ele fora um dos leiloeiros no sistema viva voz aberto por meio do qual, nos dias pré-históricos das décadas de 1980 e 1990, cerca de 80% dos negócios de ações eram feitos. Muitas vezes tive a intenção de visitar Michael e vê-lo trabalhando, e muitas vezes eu adiara a minha ida. Hoje, Michael está aposentado. O cargo de especialista praticamente desapareceu. A galeria de visitantes da Bolsa está fechada. Quando lhe perguntei, há relativamente pouco tempo, se ele conseguiria arranjar para mim uma visita à Bolsa, ele perguntou aqui e ali e recebi a resposta — em resumo, o que eu queria não era possível.

Bem, eu ainda não tinha desistido. Sendo assim, em uma manhã cinzenta em que eu tinha ido a Nova York a trabalho, peguei o metrô até a estação Broadway-Nassau e percorri a pé, na direção sul, as quatro quadras até a esquina da Wall Street com a Broadway, puxando o meu *laptop* em uma bolsa com rodinhas — planejando pelo menos visitar a Bolsa de Valores do lado de fora. Isso aconteceu meses antes dos protestos Ocupar Wall Street que mais tarde dominariam o cenário no local. Mas, mesmo então, enquanto eu me aproximava da Bolsa, pude detectar a apreensão no ar, a sensação de um lugar que está se sentindo sitiado.

Barricadas na rua ao longo das quadras circundantes tornavam a vizinhança acessível apenas para o tráfego de pedestres. No prédio da Bolsa propriamente dito, um equipamento de segurança mais elaborado se tornava visível. As principais entradas do prédio — sete delas, cada uma elegantemente arqueada, com a aparência magnificente de portas de caixa-forte — não estavam mais sendo usadas. Em vez disso, havia um único e estreito corredor na lateral, atabalhoadamente marcado por barricadas de concreto, onde pessoas estavam sendo desviadas para dentro do prédio sob o olhar de guardas de segurança. Outro grupo de guardas examinava o esparso tráfego dos pedestres que passavam devagar pelo local, como se o prédio fosse um estádio de futebol onde a violência pudesse irromper, em vez da "interseção financeira do mundo", como estava escrito em faixas nos postes de luz na rua. Vários pastores-alemães permaneciam atrelados e prontos para entrar em ação.

Parei diante da Bolsa e contemplei esse Partenon na área sul de Manhattan. A sua fachada neoclássica, marcada por seis colunas coríntias, conferia a ele a aparência de um tempo greco-romano, uma espécie de híbrido entre uma casa de culto e uma casa de governo. O prédio transmitia a sensação de um espaço público — o mercado aberto para compradores e vendedores que a teoria econômica postulava. Houve um momento em que a Bolsa efetivamente fora uma instituição semipública, porque constava de seu alvará que não possuía fins lucrativos. No entanto, como fui informada por uma pequena placa afixada no prédio, a Bolsa era de propriedade da Euronext.[1] Ela fora vendida para uma empresa de capital aberto. Em um enigma do tipo que o artista M. C. Escher poderia ter concebido, a bolsa de valores onde as ações eram negociadas se transformara em ações que eram negociadas dentro dessa própria bolsa.

O ar que o lugar exalava, ali na esquina da Wall Street com a Broadway, era o de um império que ultrapassara o seu zênite. Enquanto eu ficava ali me perguntando como poderia exprimir esses pensamentos na página, senti o olhar de um guarda de segurança pairar sobre mim e depois sobre a bolsa com o *laptop* aos meus pés, o que de repente me pareceu exagerado e sinistro. Compreendi que a visita à Bolsa de Valores tinha terminado ali.

Achando melhor cair fora, perambulei até o número 23 da Wall Street, o prédio do J. P. Morgan — "luxuoso porém discreto, como um prestigioso clube privado", dizia a placa. Um pouco mais adiante, encontrei o local onde a Cidade de Nova Amsterdã tinha erigido em 1653 um muro de tábuas — que ia do Hudson River ao East River — para proteger os habitantes brancos dos ataques dos índios (é possível que estes últimos tivessem ficado enfurecidos quando a United West India Company "comprou" deles a Ilha de Manhattan). Com o tempo, o muro fora derrubado, mas a via de terra na frente dele manteve o nome de Wall Street. Foi ao longo dessa via que os comerciantes e negociadores se encontravam para comprar e vender as ações das companhias americanas emergentes. Quando o atual prédio da Bolsa de Valores foi inaugurado ali em 1903, ele ostentava uma escultura que eu ainda conseguia divisar, ornando o frontão triangular em cima das seis colunas coríntias. A sua figura central é uma presença feminina com uma capa, de pé com os braços estendidos sobre outras figuras que laboram. Ela veste o capacete alado de Mercúrio, deus do comércio.[2]

A vida invisível do capital

Dessa rua emana uma força magnética que é fundamental para a lógica sistêmica que estou identificando. Acontecem coisas aqui que transformam completamente a natureza da propriedade. Essa mudança começa com a formação do capital.

O processo da formação de capital foi encantadoramente descrito no livro pequeno e bizarro, *The Mystery of Capital*, de autoria do autor peruano Hernando de Soto. Quando Helen Haroldson contratou aquela primeira hipoteca de 140 mil dólares, a sua casa, nas palavras de De Soto, passou a "levar uma vida paralela invisível" ao lado da sua existência material. Ela assumiu uma segunda identidade como ativo financeiro. Por meio dessa transformação alquímica, o valor da propriedade foi extraído e transformado em capital. O dinheiro apareceu aparentemente do nada — embora, na realidade, ele fosse o valor liquefeito de um ativo tangível, a casa na James Court.

Estamos todos "cercados por ativos que protegem invisivelmente o capital", escreveu De Soto. "Mas somente o Ocidente possui o processo de conversão requerido para transformar o invisível no visível." Em muitos países, segundo ele descobriu, os pobres têm casas construídas em terras cuja propriedade não é clara, ou eles operam negócios que não estão constituídos em uma pessoa jurídica, e essa ausência de uma propriedade claramente definida os impede de transformar os seus ativos em capital. "Em contrapartida, no Ocidente", escreveu De Soto, "cada pedaço de terra, cada prédio, cada peça de equipamento ou de um estoque está representada em um documento de propriedade".[3]

É a propriedade que torna possível a criação da riqueza.

A propriedade é a condição sistêmica original. O ato do registro legal da propriedade — um ato que o casal Haroldson e os seus credores assinaram no Cartório de Registro de Títulos e Documentos do Condado de Suffolk — iniciou o processo que permitiria que a casa da James Court 56 gerasse capital. Essa documentação significou que a propriedade poderia ser usada como garantia para o crédito. Por intermédio do empréstimo de dinheiro, a propriedade se torna líquida e libera capital. Na lógica do *design* de propriedade, a posse da propriedade passa por uma divisão celular: ela passa a ter tanto uma identidade *real* (propriedade imobiliária) quanto uma *identidade* financeira (uma hipoteca).

No desenvolvimento da civilização, o aproveitamento desse processo alquímico possibilitou o surgimento da era industrial, e o aproveitamento dos combustíveis fósseis certamente fez a mesma coisa. Embora a propriedade fosse a arquitetura social fundamental que iniciou a era agrícola — possibilitando pela primeira vez a vida estável da agricultura —, foi somente com o desenvolvimento da formação do capital que o poder latente da propriedade entrou plenamente em ação. À medida que os barões das estradas de ferro e os reis do capital passaram a dominar as forças da formação do capital e dos combustíveis fósseis que evoluíam paralelamente, foi como se Prometeu tivesse descoberto o fogo pela segunda vez. Nasceu o capitalismo. A era moderna passou a existir.

Hoje estamos encontrando os perigos ocultos associados a queimar sem limites os combustíveis fósseis e estamos analogamente testemunhando os perigos da criação ilimitada do capital. No entanto, enquanto o primeiro perigo encontrou um rótulo simples na frase *aquecimento global*, o segundo perigo ainda não foi claramente reconhecido. Na falta de um termo melhor, podemos chamá-lo de *extração financeira excessiva*. Mais comumente, ele recebe o nome sedutor de *criação da riqueza*, um processo que a sociedade encara como idealmente ilimitado. É aí que reside o problema.

A formação de capital começa de uma maneira bastante inocente, quando os direitos de propriedade associados a uma casa são divididos. Como todo aluno do primeiro ano da faculdade de direito aprende, a propriedade não é um conceito único e sim um punhado de direitos. Podemos pensar nesses direitos como um feixe de galhos que podem ser separados, com galhos diferentes indo para diferentes pessoas ou entidades. Assim, quando o proprietário de uma casa obtém uma hipoteca, um galho é dado ao credor, e ele o passa adiante para quem compre posteriormente o empréstimo. O verdadeiro dono — o que habita o imóvel físico — torna-se um dono condicional, sujeito a perder o imóvel se deixar de pagar o empréstimo. Um novo dono parcial, o banco, obtém um direito sobre a casa. A dona de uma casa como Helen Haroldson ainda detém a maioria dos galhos do feixe de propriedade, inclusive o direito de uso, a obrigação de manter a casa e o direito de embolsar o valor crescente do imóvel.

No entanto, o credor também obtém um direito significativo, já que o galho que está em seu poder pode se tornar uma cunha na porta da posse da propriedade — uma maneira de esse credor potencialmente entrar um dia na casa e tomá-la. A *execução da hipoteca*, a expressão que a sociedade usa para descrever esse evento, ocorre quando o mutuário fica inadimplente. No entanto, nos últimos anos, a natureza desse esquema mudou. Aquele galho na porta se transformou em um cavalo de troia: uma maneira de o credor se insinuar nos assuntos financeiros do mutuário tomador do empréstimo na forma de custos ocultos do fechamento do negócio, enormes pagamentos finais, taxas de juros elevadas e multas no caso do pagamento antecipado do empréstimo.

Como o tempo revelou, quem o casal Haroldson convidou para compartilhar a sua casa foi importante. Quando os líderes são generativos — como os autênticos bancos comunitários, uniões de crédito e CDFIs —, os empréstimos hipotecários podem melhorar a vida dos donos da casa. Mas, quando as instituições financeiras são extrativas, os donos da casa podem acabar com o galho que eles passaram adiante sendo brandido contra eles como um cassetete.

O *design* de propriedade da financeira faz muita diferença. Em um mundo no qual a maioria de nós não consegue praticamente entender a pilha de documentos de 15 centímetros de altura que assinamos quando fechamos um negócio, nós nos apoiamos na confiança. Não imaginamos que os documentos sobre a mesa de nogueira possam conter bombas-relógio ocultas, armadas para detonar em uma data futura e destruir a nossa vida.

O propósito e a estrutura das instituições financeiras têm muito a ver com o motivo pelo qual algumas conduzem o empréstimo como um ato de guerra enquanto outras o conduzem como um relacionamento amigável. No entanto, aqueles com quem essas instituições estão conectadas também são importantes. As *redes de negociação e investimento* que circundam os credores têm um efeito capacitador. A empresa generativa é apoiada por Redes Éticas, os sistemas de avaliação, licenças jurídicas e grupos de investidores éticos que atuam como uma força coletiva, sustentando normas sociais e ecológicas. A empresa extrativa, por outro lado, está envolvida em Redes de *Commodities*, desejosa de negociar ou investir em qualquer coisa — até mesmo em empréstimos destrutivos como aqueles concedidos ao casal Haroldson — desde que ela possa ter lucro.

Os negócios feitos nas Redes de *Commodities* são vitais para a maneira como o dinheiro é ganho em Wall Street. Depois do ato inicial de criação do capital, depois que a riqueza é extraída de uma casa como a da James Court 56, outros atos mágicos de criação de riqueza têm lugar de maneiras inimaginavelmente inventivas. Aqui em Manhattan, fórmulas que criam a riqueza foram repetidamente concebidas — em quantidades misticamente crescentes — simplesmente do nada.

Atos de alquimia financeira

Caso eu ou os manifestantes que mais tarde se reuniram aqui tivéssemos conseguido passar pelos guardas, romper as entradas lacradas e invadir a Bolsa de Valores de Nova York, isso não teria tido muita importância. Não há ninguém nessa sede de governo com quem possamos sentar e negociar. Ninguém está no comando. A ação essencial do lugar é matemática. É por isso que a sua magia permanece impenetrável para a maioria das pessoas. Aquelas que trabalham no pregão da Bolsa, como o meu irmão trabalhou um dia, não administram o local tampouco precisam entender completamente como ele funciona — da mesma maneira como as pessoas não precisam entender como funcionam os sistemas de aquecimento da sua casa, mas ainda assim elas conseguem permanecer aquecidas. A genialidade de tudo isso está encravada na sua arquitetura. Está estruturada na lógica do sistema.

É difícil para nós entendermos isso. Portanto, depois das crises financeiras, ocorreu a inevitável caçada aos vilões e, compreensivelmente, um bom número deles foi encontrado. Mas a essência da questão é mais sutil — ao mesmo tempo, mais comum e mais mística. A ação das finanças é escorregadia: não se trata de roubo e sim de uma engenhosa prestidigitação.

O deus conhecido na mitologia romana como Mercúrio, na mitologia grega é conhecido como Hermes. Ele é o deus do comércio invocado no hino homérico como tendo o dom da metamorfose, "delicadamente astucioso [...] um pastor de vacas, um portador de sonhos, um espreitador à noite".[4] Hermes é o patrono das fronteiras e dos viajantes que as cruzam — o deus da permuta e do comércio. Hermes é um malandro divinizado.[5]

Ele é um símbolo apropriado para a força magnética que puxou os sistemas habitacional e financeiro para fora da sua órbita habitual e os colocou no caminho da crise. No processo da permuta, ou negociação — na emissão e venda de hipotecas, e na emissão e venda de ações de propriedade nos bancos —, acontece a alquimia.

A riqueza financeira não é apenas liberada da propriedade. Ela cresce.

No processo escorregadio da negociação, as moléculas de propriedade liberadas são repetidamente esticadas e torcidas, formando um corpo de riqueza maior.

A mágica da multiplicação

No âmago do *design* da empresa de capital aberto existe um pouco de alquimia, chamada de *mágica da multiplicação*. Trata-se de um processo de formação de capital semelhante à emissão de uma hipoteca. Da mesma maneira como o valor é extraído de uma casa, ele também pode ser extraído de uma empresa, como um banco. O seu valor é liquefeito e liberado no mundo por meio da emissão *de novas ações*.

A empresa passa a levar uma vida paralela, invisível, ao lado da sua existência material — assumindo uma nova identidade como um ativo financeiro. Desta feita, o ativo está incorporado a ações vendidas aos investidores. Este é o processo pelo qual os bancos mútuos nos Estados Unidos e as sociedades de crédito no Reino Unido passaram quando se submeteram à desmutualização e abriram o capital. Eles liberaram o valor financeiro inerte das suas instituições (permitindo, ao longo do caminho, que os executivos embolsassem uma parte dessa riqueza liberada).

No entanto, essa riqueza não vai simplesmente para os mercados de capitais e circula ali, inalterada. Ela cresce com o aumento dos *lucros*. Eis como isso é feito.

Em prol da simplicidade matemática, vamos imaginar que o JPMorgan Chase tenha uma receita de 100 milhões de dólares e obtenha um lucro de 20%. (As suas receitas são, na verdade, muito maiores, mas os seus lucros, nos anos que antecederam o período de retração econômica inicial, estiveram bem próximos dos 20%.)[6] Quanto os acionistas pagarão para ser donos de uma máquina capaz de produzir continuamente lucros de 20 milhões de dólares por ano? Isso determina o valor (capitalização do mercado) de um lugar como o JPMorgan Chase.

Digamos que nós, investidores, decidamos pagar dez vezes os lucros, totalizando 200 milhões de dólares. Isso significa que, na condição de donos da máquina, poderemos recuperar todo o nosso investimento em um período de dez anos. E então a nossa máquina, de forma hipotética, continuará a produzir continuamente 20 milhões de lucro por ano. Essa empresa tem um índice de preço para lucro de dez (ou seja, o preço da ação da companhia equivale a dez vezes os seus lucros — aproximadamente o que era o coeficiente do JPMorgan Chase em 2007).[7]

Digamos, porém, que a máquina esteja acelerando. Todo mundo espera que ela gere lucros de 22 milhões de dólares no ano seguinte e 25 milhões no outro ano. Agora, quanto os investidores pagarão? Poderíamos pagar 15 vezes os lucros. Mas digamos que muitas pessoas estejam ansiosas para comprar essa máquina e que haja um leilão. O preço começa a subir. Agora poderíamos pagar 20 vezes os lucros. O índice P/L sobe para 20, que é o ponto em que ele estava para o JPMorgan Chase no início de 2010.

Vamos entender o que aconteceu. Em um índice P/L de 10, essa empresa vale 200 milhões de dólares, mas, com o índice P/L aumentando para 20, *o mesmo fluxo de lucros de repente vale 400 milhões de dólares e não 200 milhões*. O valor percebido da empresa duplica. O dinheiro aparece do nada. Isso é atribuível, em parte, à psicologia do leilão, e também à especulação. Quando os especuladores intervêm em massa e correm atrás de ações, o preço dessas ações pode superar o seu valor subjacente. O processo de negociação desencadeia a *mágica da multiplicação*.

É por esse motivo que as empresas de capital aberto frequentemente têm avaliações mais elevadas do que as empresas de capital fechado. A diferença é algo que o economista Paul Samuelson tentou calcular durante a euforia do mercado da década de 1990. Ele estimou que uma empresa valia cerca de três vezes o valor da sua produção bruta se ela fosse de capital fechado e *cinco vezes* esse valor se fosse de capital aberto.[8]

Digamos que você e eu somos donos de uma empresa com 5 milhões de dólares de produção bruta, ou receita. De acordo com o cálculo de Samuelson, se vendermos essa empresa em uma operação privada, alcançarei três vezes a produção, ou seja, 15 milhões de dólares. Mas, se abrirmos o capital dessa empresa, alcançarei cinco vezes o valor da produção, ou seja, 25 milhões de dólares. A negociação das ações de propriedade "cria" 10 milhões de dólares a partir do nada.

Não se preocupe se você não entender totalmente as operações matemáticas. Tudo se reduz ao seguinte: abrir o capital de uma empresa é como conseguir uma licença para emitir dinheiro. A maior parte do tempo, as pessoas agem como se essa riqueza fosse gratuita, como se ela simplesmente caísse do céu. No entanto, ela vem acompanhada de um custo oculto. Observe como esse custo é pago, e por quem.

Vamos imaginar que Bill Howard mudou de ideia e decidiu fazer a desmutualização do Beverly Cooperative Bank, transformando-o em uma empresa de

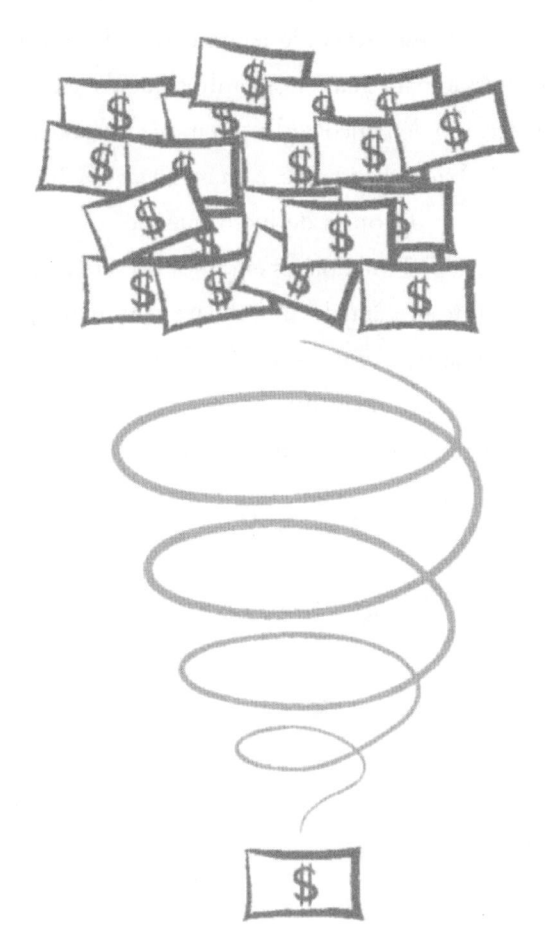

A MÁGICA DA MULTIPLICAÇÃO

capital aberto. Ele libera a riqueza que está presa na companhia e a negocia nos mercados de capitais. Ele agora não é mais o presidente de um banco de propriedade mútua, concebido para servir a sua comunidade; ele é o CEO de um banco com uma estrutura de propriedade voltada para a maximização dos lucros. Em vez de ser controlado por um ciclo de *feedback* estabilizador, o comportamento do banco é agora controlado por um ciclo de *feedback* reforçador. O lucro deve aumentar o mais rápido possível, para sempre. Um padrão de *design* que mantém esse ciclo girando são as opções sobre ações. Sempre que o preço das ações do banco sobe, Bill é generosamente remunerado.

A comunidade que ele está servindo agora é Wall Street, que exerce uma enorme e contínua pressão para manter os ganhos (lucros) em constante crescimento. Digamos que a ação do banco tenha um índice P/L de 20.[9] Isso significa que *cada dólar que o CEO consegue espremer é transformado em 20 dólares.*

Para cada 100 dólares adicionais de lucro que ele conseguir espremer do banco, ele criará — Eureca! — 2 mil dólares em valor do acionista. A alquimia da negociação de ações multiplica aqueles 100 dólares em lucros por 20. Embora essa mágica faça maravilhas para os investidores, ela pode ter um impacto menos benévolo em outras pessoas, como os funcionários, a comunidade e os clientes. Se Bill conseguir, de alguma maneira, extrair mais 100 dólares em *junk fees* do tomador de um empréstimo, ele criará 2 mil dólares em riqueza do acionista.

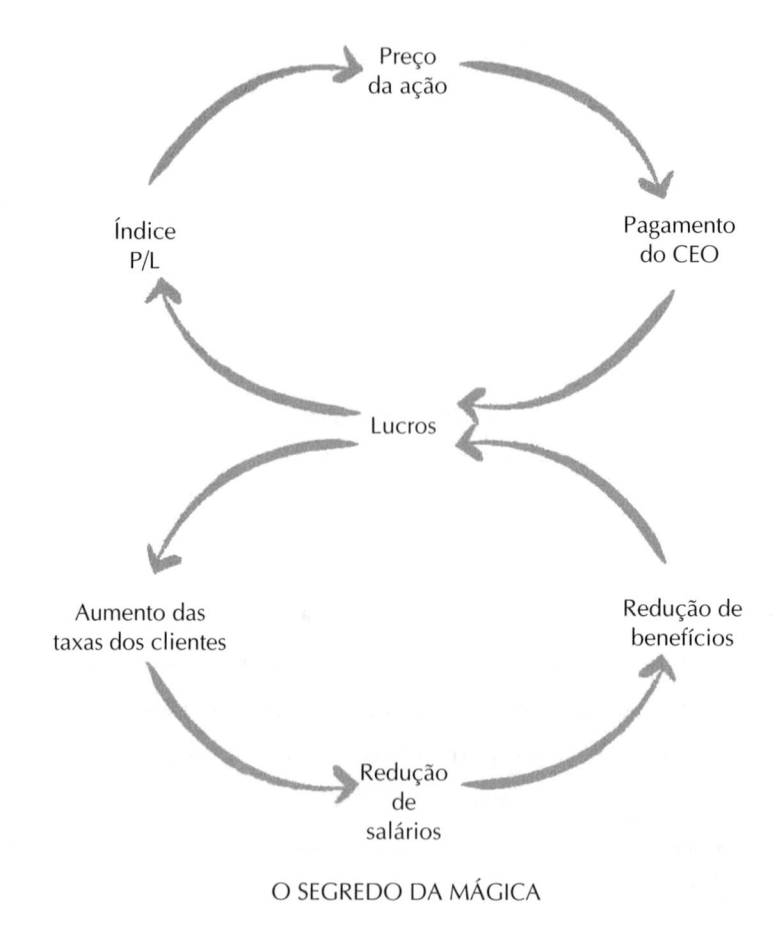

O SEGREDO DA MÁGICA

Se ele conseguir cobrar mais 100 dólares em taxas dos correntistas do banco, os acionistas receberão mais 2 mil dólares. Se ele puder reduzir 100 dólares no salário dos funcionários, uma vez mais os acionistas embolsarão 2 mil dólares. Se ele conseguir reduzir os benefícios dos empregados em 100 dólares, outros 2 mil dólares aparecem para os acionistas.

Se a mágica da multiplicação é, de fato, uma forma de alquimia moderna, ela também representa uma espécie de prestidigitação. Cada dólar que ela consegue clandestinamente surripiar de um bolso aparece magicamente como 20 dólares no bolso de outra pessoa. Leve em consideração que as receitas das empresas de capital aberto representam mais de três quartos do PIB mundial, e você começará a entender o mecanismo por trás das desigualdades da riqueza.

Quem *deveria* estar sendo beneficiado pela riqueza que as empresas criam raramente é discutido na sala da diretoria corporativa. A resposta é assumida. Na condição de CEO de uma empresa de capital aberto, Bill Howard se verá diante da concordância geral — do seu conselho administrativo, dos mercados financeiros, da imprensa econômica, das escolas de negócios e dos tribunais — de que maximizar o valor do acionista é o propósito mais nobre da sua empresa. Ele está cumprindo as suas obrigações morais, o seu dever fiduciário, que é servir os donos da companhia. Bill terá, portanto, incentivos inerentes, e a permissão social, para tirar proveito dos seus mutuários, de atuar contra os interesses dos seus depositantes, de pagar o mínimo possível aos seus funcionários e forrar ao máximo o seu próprio bolso.

É de causar pouca surpresa que dentro da esfera de ação da lógica desse sistema, uma financeira como a Ameriquest se sentisse à vontade concedendo ao casal Haroldson uma hipoteca inadequada às suas necessidades. Isso foi mais o funcionamento mecânico de um sistema global voltado para extrair o máximo de riqueza financeira possível do que uma transação humana entre duas pessoas. O sistema estava fazendo o que fora concebido para fazer.

Uma coisa à parte

A pressão com força de tornado da criação da riqueza criou historicamente uma poderosa tração no mundo financeiro. O mercado de ações que começou para servir a indústria — uma ferramenta para ajudar a fundar novas companhias —

acabou subjugando as empresas com o seu poder, declara Lawrence Mitchell, reitor da Faculdade de Direito da Case Western Reserve University, em *The Speculation Economy: How Finance Triumphed Over Industry*. Debaixo do angélico semblante que ornava a Bolsa de Valores de Nova York, esse templo veio a abrigar um cruel e severo deus do comércio. À medida que a Revolução Industrial avançava, escreveu Mitchell, a bolsa de valores "rapidamente se tornou o ímpeto principal atrás dos negócios, o poder atrás da sala da diretoria", impulsionando as decisões das empresas e o trajeto do desenvolvimento econômico da nação.

A força magnética desse lugar deslocou as metas da indústria da fabricação de mercadorias para a fabricação de ações.

As empresas não eram mais criadas para servir a comunidade existente. Elas eram criadas para fabricar a riqueza financeira. Ao longo do caminho, a propriedade saiu das mãos humanas dos fundadores das companhias e foi para as mãos anônimas das mãos do mercado, onde as pessoas podiam "possuir" empresas que nunca tinham visto.

A propriedade não era mais um relacionamento tangível e duradouro com uma coisa real. Ela adquiriu uma qualidade automática, criando cestos de receitas de *commodities* como unidades de produto em uma linha de montagem. A lógica disso, na linguagem de Mitchell, transformou o mercado financeiro em "uma coisa à parte, uma instituição sem rosto ou forma cujo desejo insaciável de lucro exigia a satisfação até mesmo das mais poderosas corporações que ele criava". O seu poder alado de girar o capital extraído das transações comerciais em uma riqueza cada vez maior tornou-se uma força insustável — um vórtice de criação de riqueza poderoso demais para ser detido.[10] As finanças se tornaram a força mestre; o Propósito Financeiro, o propósito da própria economia.

Enquanto o comportamento dos bancos teve a ver inicialmente com quanto os seus proprietários estavam famintos, Wall Street transformou a fome insaciável em uma condição permanente e impessoal. O mercado de ações personificou um tipo de propriedade completamente novo reduzido a um único foco semelhante ao laser: a busca de extrair riqueza financeira em uma quantidade infinitamente crescente.

Como Bill Howard me disse: "Quando você abre o capital, você tem um grupo de interesses diferente. Isso muda a cultura de um banco. Se o Beverly Cooperative Bank tivesse aberto o capital, disse Howard, ele não poderia mais ter a missão de servir a comunidade. A sua missão seria criar retornos para os acionistas.

No entanto, por mais poderosa que seja a força mágica de Wall Street, ela não pode ser a única responsável pela confusão em que nos encontramos. Porque isso não é novo. Quando o meu irmão começou a trabalhar na Salomon Brothers na década de 1970, a mágica da multiplicação já era uma história antiga. Alguma coisa — ou algumas coisas — aconteceu nas últimas décadas para mudar substancialmente a maneira como as empresas financeiras se comportavam e o modo como mutuários como o casal Haroldson se comportavam. Novas formas de alquimia foram libertadas. E uma dessas novas formas foi a velocidade.

A velocidade assume o comando

Da parada do metrô onde eu salto, caminho apenas alguns blocos até a esquina da rua 84 com a Madison Avenue, onde me encontro com Michael no Le Pain Quotidien para tomar café certa manhã. Quando nos sentamos na parte dos fundos, a uma mesa de madeira desgastada, peço a ele que fale sobre as mudanças a que assistiu nas suas três décadas em Wall Street — que explique por que e como as coisas tinham se tornado tão mais rápidas e agressivas.

A pequena firma de especialistas na qual o meu irmão ingressou, a Adler Coleman, era uma sociedade. A Salomon Brothers, a Lehman Brothers e a Goldman Sachs eram sociedades naqueles dias. O seu foco principal eram investimentos a longo prazo, me diz Michael. "Muitas coisas interagiram para criar um foco mais a curto prazo", declara ele.

Um importante elemento da alteração foi uma mudança no *design* da propriedade. Todas essas sociedades — Salomon, Lehman, Goldman Sachs — se tornaram empresas de capital aberto. "Essa é certamente uma das principais razões pelas quais nos metemos na confusão em que nos encontramos", diz Michael. "Quando eu estava lá, corríamos muitos riscos, mas, como as firmas eram sociedades, estávamos usando o nosso próprio dinheiro. Se de repente passar a usar o dinheiro de outras pessoas, elas acabam correndo todo o risco enquanto você ganha todo o dinheiro. Isso vai mudar radicalmente o seu comportamento. Você vai passar a se arriscar cada vez mais."

Outro elemento de mudança foi a retirada das taxas fixas sobre as negociações, o que significou que ficou mais barato negociar e o volume aumentou. Isso caminhou paralelamente a uma modificação na maneira como as ações eram avaliadas. "Quando comecei a trabalhar como corretor, negociávamos em frações", explica Michael, "um oitavo e um quarto, três oitavos, metade". O preço de uma ação podia ser fixado em dez e um quarto ($10,25) ou dez e um oitavo ($10,125). Com o tempo, os preços foram para centavos. "Você ganha muito dinheiro quando negocia a um oitavo, mas não ganha nada quando negocia a um centavo", afirma ele. Como os corretores estavam embolsando menos em cada transação, eles buscavam um volume maior a fim de ganhar dinheiro. As peças estavam se encaixando para que o volume e a velocidade das negociações alçassem voo.

Michael sentiu o aumento da velocidade na sua função de corretor de pregão. A sua tarefa era casar compradores e vendedores de uma ação particular. À medida que a velocidade das negociações alçou voo, "a coisa chegou a um ponto em que a minha mente estava bem à frente da minha boca", afirma Michael. "Enquanto o fluxo está entrando com extrema rapidez — compre isto, venda aquilo —, estou dando instruções para o atendente em um terminal. Mas, quando o preço está saindo da minha boca, é tarde demais, porque entrou outra ordem e o preço mudou. Quando fiquei mais velho", diz ele (e "velho" no mundo das negociações significava a casa dos 50 anos), "a minha mente já não era tão rápida. Foi aí que percebi que estava na hora de ir embora".

A pressão que Michael sentia estava aumentando em todo o mercado de ações, enquanto o sistema especialista estava dando lugar à negociação computadorizada. Nos primeiros anos do meu irmão na Bolsa, o número de negociações de ações em um dia considerado poderia totalizar 25 milhões. Ele saiu em 2002, e, no final daquela década, as negociações atingiram o número inconcebível de 6,2 *bilhões* de ações em um dia típico. O sistema aberto de leilão em voz alta, a permuta humana verbal da qual Michael participou, estava se transformando na nova forma etérea de negociação eletrônica. Liquidez — a capacidade de entrar e sair com facilidade da posição de compra de ações — estava se tornando instantaneamente disponível, enquanto uma onda perpétua de ordens de compra e de venda se deslocava pelo planeta a uma velocidade próxima à da luz.[11]

O fenômeno da *negociação de alta frequência* estava tomando forma a velocidades que faziam um piscar de olhos parecer lento. A velocidade saltou muito além da capacidade da elocução humana de qualquer corretor, vindo a ser medida em milésimos de segundo (milissegundos), e até mesmo milionésimos de segundo (microssegundos).[12] A metamorfose ocorreu porque os corretores desenvolveram novas estratégias engenhosas para a alquimia financeira. Uma das estratégias era a *arbitragem de latência*, aspirando as minúsculas diferenças de preço que ocorriam nos infinitesimalmente pequenos intervalos de tempo entre o envio de uma ordem de uma plataforma de negociação e a chegada dela em outra. Outra estratégia poderia ser simplesmente chamada de *logro*. Os corretores emitiam ordens falsas e as cancelavam um nanossegundo depois para obter uma prévia dos preços que as pessoas aceitariam ($26,10? só estou brincando; $26,11? só estou brincando. $26,12? só estou brincando; $23,13? negócio fechado). Em alguns modelos de negociação, os lances enganosos, ou ordens canceladas, representavam até 99% de todos os lances feitos.[13]

A negociação de alta frequência passou a ser responsável por quase *três quartos de todas as negociações de ações* nos Estados Unidos. Empresas empregavam computadores robôs para lidar com a batalha diária — comprando e vendendo papéis dezenas de milhares de vezes *por segundo* — usando algoritmos, ou códigos de computador, programados às vezes apenas para induzir outros algoritmos a fazer negociações, no jogo de apostas elevadas das Finanças de Cassino.[14]

A propriedade torna-se o seu oposto

A coisa toda é como um drama absurdista. Só que não é. Essa é praticamente toda a infraestrutura da economia dos Estados Unidos: as chamadas cotas de propriedade em todas as empresas de capital aberto, o que quer dizer o valor líquido dos prédios, dos produtos e dos fluxos de receita da vasta maioria da economia. As hipotecas de casas como a da James Court 56 são envolvidas na loucura, embora seja difícil dizer como. Quase todas as casas se tornaram pequenos fragmentos de fluxos de receita — pequenos fragmentos de pagamentos de juros e taxas de fechamento do negócio, juros de mora e multas descomunais no caso de pagamento antecipado — que alimentam os rios torvelinhantes de lucro que fazem o vórtice girar. Para mantê-lo girando, esses rios de lucro precisam crescer a cada ano. Isso significa que os executivos precisam gerar mais taxas, mais hipotecas, negociações mais rápidas. É um mundo — provavelmente o único — no qual as cinco hipotecas do casal Haroldson fazem sentido perfeitamente.

Até mesmo em empresas que não praticam a negociação de alta frequência, as pessoas ou os grupos permanecem proprietários das ações por menos tempo. Um estudo com 800 gerentes de fundos institucionais constatou que o período típico de propriedade das ações é de um ano e meio. No caso de quase um em cada cinco gerentes de fundos institucionais, as ações eram mantidas por uma média de um ano ou menos.[15]

O próprio conceito de propriedade nas suas origens, há milhares de anos, envolvia o fim da perambulação nômade e o advento de um relacionamento permanente com a terra. A jornada humana consistia em buscar, como declarou Rainer Maria Rilke, "uma coisa pura, contida, limitada, humana — a nossa pequena faixa de pomar entre o rio e a rocha".[16] Isso é propriedade. Diz respeito a encontrar o nosso lugar, nos estabelecermos. Como eu vira na vida do meu pai, e na vida do meu avô e dos meus tios, ser dono de uma empresa significava cuidar dela nos bons e maus momentos, ser responsável por ela e pelas pessoas que trabalhavam nela. Mas, no mundo de Wall Street, "propriedade" é o oposto de permanência. É o oposto de responsabilidade. Ela se tornou uma força que perturba vidas, que ajuda a expulsar das suas casas pessoas como o casal Haroldson.

Essa transformação aconteceu quando, na divisão da propriedade, no desmembramento da propriedade nas suas duas identidades de ativo real e ativo financeiro, *o lado financeiro veio a exercer uma força excessivamente poderosa*. A sedução da criação da riqueza e a força do redemoinho financeiro se tornaram grandes demais. O equilíbrio vital foi perdido. O que importava agora eram as Finanças de Cassino, o mundo da "liquidez" — de fazer apostas, extrair riqueza e se livrar da propriedade, repetidamente, tão rápido quanto a mente humana conseguisse imaginar.

Partindo

Ao sairmos do restaurante, um homem mais velho que está sentado a uma mesa próxima segura a manga da camisa de Michael. "Não pude deixar de entreouvir o que vocês estavam falando", diz ele, olhando para o rosto do meu irmão. Ele está se referindo a um comentário que Michael fez a respeito dos primeiros dias de Wall Street, quando os corretores com quem ele trabalhava todos os dias não toleravam o logro. "A sua palavra era o seu compromisso", me disse Michael. "Se você fosse desonesto, era muito, muito difícil compensar o que você tivesse feito. Você tinha que resolver as coisas imediatamente. Você não podia dizer, vamos conversar durante alguns minutos", afirmou Michael.

"Eu também trabalhei em Wall Street durante muitos anos", diz o homem para Michael, "e você está certo, a sua palavra era o seu compromisso. Era assim que as coisas eram. Mas não são mais."

Um novo *éthos* tinha se estabelecido, e ele fez com que pessoas como o meu irmão e esse cavalheiro recuassem. Wall Street sempre envolveu ganhar dinheiro, mas nos últimos anos esse propósito se tornou enormemente acelerado e exageradamente agressivo. Todo o esquema de compra e venda de ações – o processo de negociar as cotas de "propriedade" – se tornou uma guerra programada. E esse sistema inteiro ficou no piloto automático. Avançando à velocidade máxima. Se tinha se tornado rotina enganar e trapacear outros corretores nos âmbitos mais elevados do sistema, que eram invisíveis e com quem eles nunca mais teriam que lidar, pessoas comuns como o casal Haroldson, cujas hipotecas estavam mais distantes, não estariam ainda menos visíveis? O mundo tangível da propriedade da casa, o mundo real, estava recuando para o ponto de fuga.

Nem todos os bancos com os quais o casal Haroldson lidou não eram de capital aberto – mas, quando venderam as hipotecas, eles as venderam para instituições financeiras que *eram* de capital aberto. No final, o galho da propriedade da casa do casal Haroldson acabou como outro elétron rodopiante em mercados financeiros públicos. Enquanto as hipotecas eram rapidamente produzidas, elas eram vendidas para instituições financeiras maiores que se especializavam não apenas em emprestar mas também em negociar — negociar hipotecas, negociar ações, negociar derivativos e assim por diante.

A maior parte dessa negociação nos Estados Unidos — mais de 90% — é gerada por apenas seis grandes instituições financeiras de capital aberto. Duas são a JPMorgan Chase e a Morgan Stanley, os rebentos gêmeos da House of Morgan, aquele clube exclusivo do outro lado da rua, em frente à Bolsa. As outras são a Goldman Sachs, a Wells Fargo, o Bank of America e o Citigroup.[17] A disposição dessas grandes financeiras de comprar e reacondicionar empréstimos atuou como um lubrificante, um acelerador dos agressivos empréstimos hipotecários em todo o país. Esses eram os titãs de Wall Street que mantinham os empréstimos hipotecários girando na sua espiral cada vez mais ampla.

O processo de formação de capital que esses gigantes colocaram em movimento foi outra forma de alquimia financeira, e essa velocidade ajudou a criar um novo fenômeno de tamanho. O tamanho das instituições "grandes demais para falir" é parte disso. Mas, a partir de uma perspectiva de sistemas, existe outra coisa ainda maior em funcionamento. Poderíamos chamá-la simplesmente de sobrecarga.

QUATRO

Sobrecarga

A crescente casa de direitos

Quando voltei de Nova York para Boston no trem Acela, peguei-me matutando sobre algo que Michael tinha dito. Era a respeito dos bancos de investimento mudarem as suas estruturas de propriedade de sociedades para empresas de capital aberto. Eu ficara tão absorvida na nossa conversa a respeito da velocidade, que falei pouco sobre esse ponto. No entanto, compreendi quanto ele pode ser crucial. Por que eu não ouvira outras pessoas falando a respeito disso?

De volta à minha casa, pesquisei na Internet e encontrei um artigo acadêmico que examinava as mudanças na cultura que ocorreram quando a Salomon Brothers abriu o capital em 1981, a Lehman Brothers em 1984 e a Goldman Sachs em 1999. Os autores Richard Freedman e Jill Vohr da Escola de Negócios Stern da Universidade de Nova York disseram que essa mudança de propriedade tinha caminhado paralelamente a uma mudança radical na indústria dos bancos de investimento, quando a atividade bancária deixou de ser de relacionamento e passou a ser transacional — quando os clientes deixaram de ter um relacionamento a longo prazo com um único banco e adotaram a abordagem de olhar constantemente em volta em busca do melhor negócio. Os autores também disseram que a mudança nas estruturas de propriedade acompanharam tendências perturbadoras nessas empresas: um maior conflito interno, mais ganância (se isso parecia possível), menor permanência no emprego dos funcionários e um foco cada vez mais a curto prazo.[1] Era um retrato revelador do que significava tornar-se uma empresa de capital aberto.

Pesquisando ainda mais, descobri que Michael Lewis escreveu a respeito dessa mudança de propriedade em *The Big Short* — o seu exame de quem lucrou no meio do colapso de 2008. Nas últimas páginas, ele observou que "era possível recuar a maior crise financeira da história mundial a uma decisão" tomada por John Gutfreund, quando, "em 1981, ele transformara a Salomon Brothers, que era uma sociedade privada, na primeira corporação de capital aberto de Wall Street". Se ela tivesse permanecido uma sociedade, escreveu Lewis, a empresa não teria se alavancado tão perigosamente como fizera, assumindo uma dívida de 35 dólares para cada dólar de ativo que ela tinha. Nenhuma sociedade, escreveu Lewis, "teria procurado manipular as agências de classificação ou se deitado na cama com agiotas", como as empresas que fizeram empréstimos hipotecários predatórios. "O ganho esperado a curto prazo não teria justificado a perda antevista a longo prazo."

Quando uma sociedade abre o capital, outra pessoa assume todo o risco e você ganha todo o dinheiro, dissera o meu irmão. Lewis declarou a mesma coisa de uma maneira ligeiramente diferente. Quando Gutfreund abriu o capital da Salomon, ele e os outros sócios "não apenas ganharam rapidamente uma bolada, como também transferiram o risco financeiro fundamental para os seus acionistas", escreveu Lewis. As transações de risco se aceleraram. E, quando os empréstimos de risco deram problema, mais de 1 trilhão de dólares dos destroços foram transferidos para os contribuintes americanos, prosseguiu Lewis, enquanto o banco central dos Estados Unidos, o Federal Reserve, intervinha para comprar hipotecas subprime problemáticas dos bancos.

Lewis concluiu: "Examinando os escombros da avalanche, a decisão de transformar a sociedade de Wall Street em uma corporação de capital aberto se pareceu bastante com a primeira pedra que é chutada de cima de um morro".[2]

O que iniciou a avalanche financeira foi a mudança do design de propriedade — uma mudança da sociedade para a empresa de capital aberto.

Sociedades como a Goldman Sachs e a Lehman Brothers não foram as únicas a fazer essa mudança. Quando os grandes bancos devoraram os bancos de propriedade local, quando os bancos mútuos abriram o capital e quando a Bolsa de Valores de Nova York, uma empresa sem fins lucrativos, foi vendida para a Euronext, uma parte cada vez maior do setor financeiro afluiu para esse único *design* de propriedade: a corporação de capital aberto. É um *design* de propriedade em piloto automático, controlado por jogadores atirando vales ao redor do mundo milhares de vezes por segundo.

A sua essência é a insaciabilidade. Independentemente de quanto dinheiro essas empresas ganhem em determinado ano, elas precisam ganhar mais no seguinte. Esse *design* também envolve a irresponsabilidade institucionalizada. O objetivo é levar outra pessoa a correr o risco. Por conseguinte, a lógica de todo o sistema conduziu a um ponto em que as pessoas se voltaram para criar empréstimos tóxicos depois que todos os empréstimos razoáveis tinham sido feitos. Quem se importava, já que o lixo poderia ser jogado no quintal de outra pessoa? Chegou, então, um momento em que o mundo inteiro ficou cheio de lixo.

Os grandes bancos mantiveram a máquina funcionando — comprando hipotecas problemáticas de financeiras predatórias com uma das mãos e vendendo-as para os investidores com a outra. O que manteve os grandes bancos em marcha acelerada foram os ciclos de *feedback* reforçadores que governavam o seu *design* de propriedade. Tudo tinha como objetivo a criação da riqueza financeira. O que poderia ser melhor? E, no entanto, em algum ponto, o processo se transformou em outra coisa, por uma razão que a lógica do sistema não conseguia começar a compreender:

A casa da riqueza financeira ficara grande demais.

Depois de passar décadas e décadas desviando cada vez mais riqueza financeira, estendendo-a em conjuntos de ativos cada vez maiores, a casa global da Wall Street viera a eclipsar a base na rua principal de cidade pequena onde ela se erguia. No entanto, em um sistema planejado para criar essa crescente superestrutura, era impossível enxergar que o seu tamanho avantajado era agora o problema.

Ativos fantasmas

Para representar esse estado de coisas, é útil pensar em duas economias. Como observou o historiador econômico Fernand Braudel, "Temos a tendência de encarar a economia como uma realidade homogênea", quando na verdade existiam duas economias já no século XV. Aquela a respeito da qual mais se escreve é a economia de mercado, também chamada de *economia real*. É onde as pessoas possuem casas e fabricam e vendem coisas de verdade.

Mas existe uma "segunda zona indistinta, que paira sobre o mundo iluminado pelo sol da economia de mercado", escreveu Braudel. Trata-se da *economia financeira*, na qual os financistas manipulam as negociações em seu benefício — na qual "alguns negociantes do século XVIII em Amsterdã ou do século XVI em Gênova podiam causar o caos em setores inteiros da economia europeia ou mundial". Em vez de se empenhar em criar coisas que as pessoas precisam, a economia financeira se empenha em acumular poder, escreveu Braudel. É nela que uma minúscula elite financeira cria ou se beneficia de anomalias, zonas de agitação, para acumular uma grande riqueza. A economia financeira "representa a esfera predileta do capitalismo [...] o único capitalismo *real*", concluiu ele. "Sem essa zona, o capitalismo é inconcebível: é nela que ele se instala e prospera."[3]

A economia financeira é basicamente uma *coleção de ativos*: ações, obrigações, empréstimos, hipotecas e todo o resto. Todos esses são *direitos sobre a economia real*. Cada dólar de dívida que uma das partes possui é retido por outra como um ativo. A segunda parte tem um direito sobre a primeira. Portanto, o casal Haroldson devia 462.500 dólares na sua última hipoteca, e os investidores tinham esses mesmos dólares nos seus portfólios como ativos. Esses ativos eram direitos sobre a renda do casal Haroldson e sobre o valor da James Court 56, que poderiam ser confiscados e vendidos como uma maneira de quitar a dívida. Analogamente, os ativos no mercado de ações — frações de ações — são direitos sobre o valor das companhias.

Todas as formas de riqueza financeira são direitos sobre alguma coisa real. Essa coisa real — a casa, a empresa — é a verdadeira riqueza.[4]

A economia financeira pode ser retratada como uma esfera que reside acima da verdadeira economia e utiliza energia desta última. No início da década de 1980, esses dois mundos estavam aproximadamente em pé de igualdade. O total de ativos financeiros mundiais era aproximadamente igual ao PIB mundial. Havia aproximadamente um dólar em ativos (direitos) para cada dólar de fluxos através da economia. No entanto, à medida que a busca da riqueza extraía cada vez mais da economia real — mais hipotecas, mais taxas, mais lucros, mais pedacinhos de riqueza que Wall Street tecia como fios de ouro em substâncias de tamanho maior —, a soma de direitos financeiros se expandiu enormemente. No final de 2005, de acordo com uma análise do Fundo Monetário Internacional, os direitos financeiros atingiram quase *quatro vezes* o PIB mundial. Havia aproximadamente quatro dólares de direitos para cada dólar de PIB.[5]

A hipoteca descomunal de 462.500 dólares do casal Haroldson foi uma partícula de areia em um tijolo naquela sobrecarregada casa de direitos. Mas ela contou a história. Um casal que em 2002 tinha uma hipoteca de 233 mil dólares, em quatro anos passara a ter uma dívida quase duas vezes maior. À medida que o casal estendeu uma hipoteca em outra, depois em outra, e depois em outra, houve uma intumescência artificial de direitos sobre a casa. Como esses direitos estavam além de qualquer coisa que o incapacitado casal poderia pagar, eles se tornaram intoleráveis.

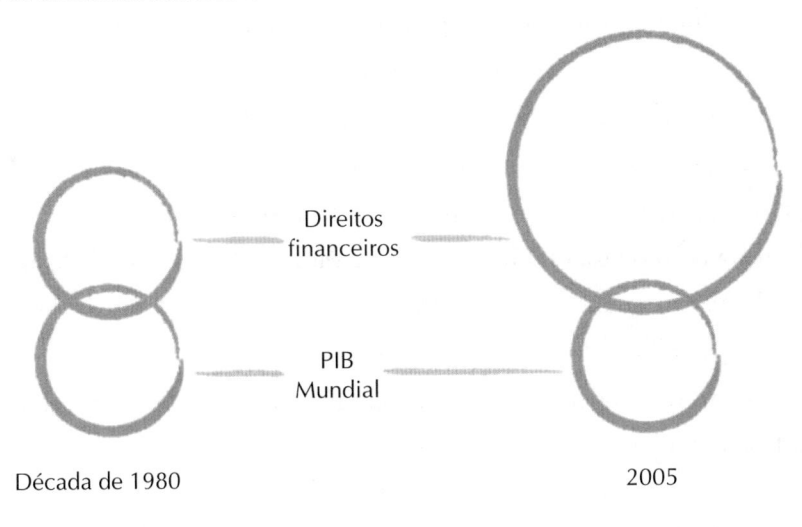

Década de 1980   Direitos financeiros   PIB Mundial   2005

A ECONOMIA FINANCEIRA E A ECONOMIA REAL

A casa em James Court 56 foi finalmente vendida em 2010. Descobri isso quando voltei a visitar o site do cartório de registro de títulos e documentos — mais ou menos um ano depois do dia em que visitei a casa com Orion — e descobri que um agente imobiliário tinha arrematado a casa por apenas 206 mil dólares. Somente com essa nova transação a identidade do proprietário, há muito invisível, foi finalmente revelada. O desmembramento da propriedade e subsequentes confusões legais tinham atravancado de tal maneira o sistema que levou anos — enquanto a casa permanecia vazia e sufocada pelo mato — para que os detalhes das transações fossem lançados no cartório de registro de títulos e documentos.

Mas finalmente lá estava o lançamento: a hipoteca final do casal Haroldson tinha sido da Aegis Asset-Backed Securities Trust. Era um veículo de investimento estruturado fabricado pela Aegis. Não havia um proprietário isolado da hipoteca individual dessa casa, apenas um ninho de conexões — uma caixa-preta na qual as hipotecas eram colocadas, onde elas eram combinadas e misturadas, da qual eram lançados pequenos fragmentos de direitos sobre a coisa que os investidores podiam reter como ativos. Era um microcosmo com o formato de todo o sistema. A Aegis, que registrara a hipoteca final do casal Haroldson (bem como duas hipotecas anteriores), aparentemente tinha tentado imitar os caras importantes, fazendo o seu próprio fatiamento, retalhamento e revenda dos derivativos das hipotecas. Durante esse processo, ela foi à falência.

A razão, sem dúvida, teve a ver com o fato de que algumas das hipotecas do grupo se revelaram ativos fantasmas. A metade da última hipoteca do casal Haroldson era puro vento. Os investidores achavam que "eram donos" de mais de 200 mil dólares em direitos que no final nunca seriam pagos. No sistema mais amplo, havia milhões de casos semelhantes.

Os derivativos podem ter sido a gota d'água que derrubou a estrutura. Mas o verdadeiro problema era muito mais amplo.

A superestrutura global de ativos viera a exceder a capacidade do suporte de carga da sua base na economia real

O colapso da hipoteca da casa da James Court 56 foi um dos primeiros sinais de problemas com essa base submetida a um esforço excessivo. Mas o edifício inteiro estava posicionado para cair.

O crescimento silencioso da "financialização"

A imensa intumescência dos direitos sobre a economia real resultou de um processo conhecido como *financialização*. Ele é frequentemente definido como a *mudança no centro de gravidade da economia de produção para as finanças*. De uma maneira mais ampla, o autor Kevin Phillips definiu financialização como um processo no qual os serviços financeiros assumem "o papel econômico, cultural e político dominante em uma economia nacional". Não está claro quem inventou o termo. No entanto, ele é um fenômeno que, como comentou Phillips antes do colapso, permaneceu durante muito tempo insuficientemente pesquisado e analisado.[6]

Nos Estados Unidos, foi na virada do milênio, como declarou Phillips, que "deslocar o dinheiro de um lado para o outro [...] superou fazer as coisas como uma parcela do produto interno bruto". A partir da década de 1980, a desregulamentação financeira estimulou os setores financeiro, imobiliário e securitário — coletivamente, o setor FIRE* — a se entrelaçar em um número tão grande de empresas *holding*, que passou a ser rotineiro encará-lo como um único setor. Já em 2000, as receitas desse setor alcançaram 20% do PIB. O setor industrial caiu para menos de 15%. Essa foi uma enorme mudança com relação aos anos do pós-guerra, quando a fabricação de coisas estava próxima de 30% do PIB, enquanto os serviços financeiros equivaliam a um percentual relativamente pequeno, 11%.[7]

Do ponto de vista dos lucros, a mudança foi mais impressionante. Em 2004, assinalou Phillips, as instituições financeiras recebiam quase *40% de todos os lucros dos Estados Unidos* — enquanto as indústrias ficavam com apenas 5%. Na raiz na financialização estava um único fator: a dívida.

---

* FIRE é uma sigla para Finance (Financiamento), Insurance (Seguro) e Real Estate (Imobiliário). A palavra *fire*, em inglês, quer dizer fogo. (N.T.)

Os Estados Unidos tinham deixado de fabricar
coisas para fabricar dívidas.

Foi assim que a economia financeira crescera tanto. O aumento da dívida ocorrera não apenas nos Estados Unidos, mas também no mundo inteiro, e envolvia muito mais do que hipotecas residenciais. Como escreveu o economista Nouriel Roubini na revista *Foreign Policy*:

> Os excessos de crédito que criaram esse desastre foram globais. Havia muitas bolhas e, em muitos países, elas se estendiam além das hipotecas residenciais para hipotecas e empréstimos imobiliários comerciais, para cartões de crédito, empréstimos de automóveis e empréstimos estudantis. Havia bolhas para produtos securitizados que convertiam esses empréstimos e hipotecas em instrumentos financeiros complexos, tóxicos e destrutivos. E havia ainda mais bolhas para empréstimos de governos locais, compras alavancadas do controle acionário, fundos *hedge*, empréstimos comerciais e industriais, obrigações ao portador, *commodities* e *swaps* de créditos... Tomado em conjunto, isso equivalia à maior bolha de ativo e crédito da história humana.[8]

Enquanto a expansão da dívida estivera aumentando durante décadas, a sua intumescência final ocorreu quando a máquina da riqueza do mercado de ações começou a ficar paralisada. Em 2000, a bolha ponto.com explodiu, deixando o índice composto NASDAQ ser negociado uma década depois a menos da *metade* do seu valor máximo.[9] A Média Industrial Dow Jones encontrou um destino bastante semelhante. Começando em 1980, quando a Dow Jones estava em mil, ela triplicou em uma década, e triplicou novamente na seguinte — atingindo o valor impressionante de 10 mil no final do século. No entanto, ao chegar aí, o seu ritmo diminuiu e ela começou a rastejar. Na primeira década do novo século, não ultrapassou 11 mil durante nenhum período prolongado.[10]

Havia motivos para essa sensação de cerco na Bolsa de Valores de Nova York. Alguma coisa estava acontecendo. Ou melhor, uma coisa deixara de acontecer. A máquina de riqueza do mercado de ações estava estalando. Quando as ações ricochetearam loucamente nos anos que se seguiram à crise de 2008, o índice preço/lucro — aquele preparado mágico que multiplicava muitas vezes o valor do lucro — estava perdendo o seu vigor. Na primeira década do milênio, o índice P/L do S&P 500 (um índice de grandes empresas) atingiu o extraordinário nível de 30. Já em 2010, ele tinha caído para 15,11. A mágica da multiplicação estava encolhendo. A alquimia de Wall Street parecia estar se aproximando de limites invisíveis. Pelo menos temporariamente.

Quando mais significa menos

Enquanto os investidores veem essas interrupções em uma subida que anteriormente era constante como uma fatalidade — esperançosamente temporária —, o pensamento sistêmico oferece uma perspectiva diferente. Uma das noções inconfundíveis do pensamento sistêmico é a seguinte:

Sempre haverá limites para o crescimento.

Nenhum sistema vivo cresce rapidamente para sempre. No entanto, é assim que esse crescimento linear é conceituado — como uma linha reta ascendente. James Gleick escreveu o seguinte em *Chaos: Making a New Science*: "É fácil pensar em relacionamentos lineares: quanto mais melhor".[12] A verdade é que um sistema que tente crescer dessa maneira acelerará a sua chegada aos seus próprios limites.

Uma quantidade que cresça exponencialmente em direção a um limite atingirá esse limite em um intervalo de tempo inesperadamente curto.

A Dow Jones triplica em uma década, triplica novamente em outra década, e então bum — ela atinge algum tipo de teto. A NASDAQ sobe vertiginosamente e depois despenca. Em uma mentalidade linear, mais pode sempre ser seguido por mais. Mas em uma realidade não linear — a realidade dos sistemas vivos — mais pode às vezes conduzir a menos. Como escreveu Gleick: "A não linearidade significa que o ato de jogar o jogo tem uma maneira de mudar as regras".[13]

Em um relacionamento linear, explicou Donella Meadows, você coloca cinco quilos de fertilizante no seu terreno, e a sua produção aumenta, digamos, dois alqueires. Você coloca dez quilos, e a produção aumenta mais dois alqueires. O aumento acompanha uma linha reta. Mas, na realidade não linear, "os relacionamentos entre causa e efeito só podem ser traçados com curvas ou linhas onduladas, não com uma linha reta", escreveu Meadows. Se você colocar 100 quilos de fertilizante no seu terreno, a sua produção não aumentará. Se você colocar 150, prosseguiu ela, a sua produção *cairá* — porque você terá danificado o solo com um excesso de uma coisa boa.[14]

Mas os limites são um ajuste incômodo na mentalidade financeira. Mesmo depois da explosão da bolha da NASDAQ, do esgotamento da Dow Jones, da explosão do colapso imobiliário, do quase colapso da economia mundial e dos anos de miséria econômica que se seguiram, o fundo de pensão gigante da Califórnia, o CalPERS, ainda estava projetando lucros anuais futuros de 7,75% sobre os seus investimentos. Na verdade, ao longo da década anterior, ele havia ganho, em média, menos da metade desse percentual, de acordo com Richard Riordan, ex-prefeito de Los Angeles. Mas os modelos financeiros não traçam o futuro em curvas e linhas onduladas. Eles traçam linhas retas.[15]

Sendo assim, quando a máquina de riqueza do mercado de ações ficou paralisada, ainda havia muitos e muitos cestos de riqueza financeira chapinhando pelo mundo em busca de lugares para ganhar aqueles 8%, e o setor financeiro continuou a sua busca de novas maneiras de absorver tudo isso. Parte da resposta era o intumescimento da dívida. Os bancos enviavam ofertas de cartões de crédito aos borbotões para a casa das pessoas. Recomendavam com insistência que famílias como o casal Haroldson transformassem os valores crescentes das casas em dinheiro por meio do refinanciamento e dos empréstimos imobiliários. As empresas empilhavam dívidas sobre si mesmas com uma emissão recorde de *junk bonds**. E os governos acumularam dívidas enquanto ficavam deficitários para cobrir a redução dos impostos, os gastos com a defesa e, finalmente, com o grandioso socorro às instituições financeiras.

---

* Títulos com rendimentos elevados porém de altíssimo risco. (N.T.)

A desregulamentação e o *design*

Do lado do consumidor, aquele fluxo torrencial de dinheiro na esfera financeira foi desencadeado em parte pelo abandono das leis da usura. A noção ética de que poderia haver limites de honestidade e procedimento justo para quanto o setor financeiro poderia extrair do bolso das pessoas comuns foi deixada para trás. Do lado da indústria, o processo foi viabilizado por vários tipos de desregulamentação. Houve a anulação em 1999 da Lei Glass-Steagall, que havia separado as atividades bancárias de atividades mais especulativas. As restrições às atividades bancárias interestaduais também foram revogadas e gigantescas fusões de bancos se seguiram, causando o fim de muitos bancos comunitários e o surgimento dos superbancos, como o Citibank e o Bank of America. Ao lado deles, ergueram-se outras grandiosas presenças, operando fora do alcance da regulamentação financeira: os bancos de investimento, os fundos *hedge* e as empresas de capital privado no setor *bancário sombra*, para onde migrou grande parte da atividade financeira.

Todo o processo estava voltado para transformar cada molécula concebível de valor econômico em um ativo financeiro. Era o Propósito Financeiro em escala planetária. Na verdade, era a *transformação da riqueza real em riqueza financeira* – a mudança de ativos de um lado da equação da propriedade para o outro, da riqueza real das pessoas comuns para os ativos financeiros da elite.

É isso que Ocupar Wall Street chamaria de o problema do 1%. Os ativos relativamente modestos dos 99%, como o do casal Haroldson, estavam sendo transformados em dívidas, a serem realizadas com os ativos possuídos em grande parte pelo 1%. Passadas décadas dessa silenciosa transferência de propriedade, os 1% mais ricos vieram a ser donos de mais da metade dos ativos nos Estados Unidos e de 70% de todos os seus ativos financeiros.[17]

A desregulamentação liberou o processo. No entanto, debaixo da desregulamentação havia uma questão mais profunda. *O que fora desregulamentado?* Se o clube de tricô local ou o YMCA tivessem sido liberados, não é provável que o resultado fosse uma crise econômica mundial.

O que fora desregulamentado fora a arquitetura essencial da propriedade extrativa – o impulso institucionalizado de maximizar os ganhos financeiros.

O *design* extrativo não criou esse impulso. Ele começou no coração humano. Mas as formas de propriedade extrativa tomaram a riqueza financeira como um ponto de partida, se envolveram nela, chamaram-na de seu propósito, mediram o progresso em direção a ela, gratificaram-na e procuraram remover todas as barreiras que se colocaram no seu caminho. O que começou como um impulso humano – um entre muitos impulsos – se tornou institucionalizado, uma força coletiva de escala monumental. O *design* da propriedade extrativa se tornou, em essência, o *design* da economia. Era uma máquina global avançando em direção a uma única meta. E a desregulamentação removeu os freios.

A economia financeira chegou a ficar quatro vezes maior do que o produto interno bruto (PIB) porque todas as energias do sistema estavam concentradas em fazer a riqueza subir para a esfera financeira. O objetivo era liquidar e absorver o valor do mundo real, manter o redemoinho das finanças girando. As instituições financeiras generativamente estruturadas – bancos comunitários, CDFIs, uniões de crédito – mantiveram as suas energias radicadas na economia real. A meta delas era satisfazer as necessidades da vida, construir a riqueza real. Mas uma forma de propriedade estava devorando a outra.

À medida que a propriedade financeira foi ficando intumescida, a propriedade real foi transformada em uma espécie de servidão de dívidas, na qual pessoas como o casal Haroldson poderiam pagar, pagar e pagar, e no final ficar sem nada. Entre 2000 e 2005, o valor das casas aumentou 40%, mas os proprietários delas acabaram com um *percentual menor de participação na propriedade* das suas próprias casas.[18] Os ganhos no valor das casas iam para os credores. O que aconteceu com o casal Haroldson aconteceu não apenas a um sem-número de outras pessoas, mas também ao PIB da economia mundial. No entanto, o objetivo da propriedade extrativa permaneceu o mesmo: criar uma quantidade ainda maior de ativos financeiros.

Havia também aquela outra parte do sistema operacional: *minimizar o risco*. Essa era a força seguinte que eu precisava traçar para completar essa jornada do *design*. Se a propriedade extrativa tinha uma tendência natural para colocar o sistema em marcha acelerada, havia outra ferramenta de propriedade que fazia com que as pessoas se sentissem seguras operando daquela maneira altamente arriscada: os derivativos. A seguinte pergunta começou se formular na minha mente: como eu poderia fazer uma visita ao mundo abstrato dos derivativos?

Perdendo o contato com a realidade

Consulto o meu mapa para localizar o lugar onde vou me encontrar com o meu amigo para almoçar: o prédio da Bolsa de Valores de Boston, um caminhada de 20 minutos do Tellus Institute, através do parque Boston Common, até o Distrito Financeiro. Estou indo ao encontro de John Katovich, um antigo participante do projeto Corporation 20/20 e um dos pensadores mais criativos que eu conheço, tanto na forma das finanças tradicionais quanto generativas. John, que era um dos fundadores do Katovich & Kassan Law Group em São Francisco e o ex-promotor público principal da Pacific Stock Exchange, era no momento o agente regulador principal da Bolsa de Valores de Boston.

Ele tinha se mudado para Boston porque essa bolsa concordara em permitir que ele explorasse a criação de uma bolsa de valores local e uma bolsa de valores socialmente responsável, em troca da ajuda de John com as suas necessidades regulatórias. No entanto, poucos meses depois da sua chegada, a Bolsa de Valores de Boston foi vendida para a NASDAQ. As suas operações foram retiradas de Boston. John se viu como agente regulador principal de uma parte que permaneceu: a Bolsa de Opções de Boston, o eixo onde as opções de ações eram negociadas. Pelo que se viu posteriormente, ele se mudaria de volta para a Bay Area de São Francisco alguns meses depois do nosso encontro. Mas, por um breve período, a sua presença em Boston me proporcionou, por um feliz acaso, uma maneira de fazer um *tour* com um *insider* renegado do mundo dos derivativos na forma da sua variação mais comum: a opção de ações.

As opções de ações estão entre as formas mais simples de derivativos, o que eu acho que talvez as tornem um substituto razoável para aquela família maior de veículos financeiros *derivados de* — um pouco (ou muito) afastados — títulos de crédito como ações e obrigações. Visitar a bolsa onde as opções de ações são negociadas me pareceu uma maneira de encontrar o chão debaixo dos esotéricos instrumentos financeiros que desempenharam um papel tão fatídico na vida do casal Haroldson. Bibliotecas inteiras foram escritas a respeito dos derivativos e do seu papel no desencadeamento da crise financeira. Mas, nessa visita, estou em busca de algo físico: quero ver a aparência da negociação dos derivativos para uma pessoa posicionada em algum lugar da Terra.

Quando a Bolsa de Valores de Boston se torna visível, percebo que ela não é, nem de longe, tão grandiosa quando a Bolsa de Valores de Nova York. É um prédio de 12 andares de granito cor creme, com uma elegância sutil — encontrada, por exemplo, nas luminárias situadas em cada lado da entrada que ostentam figuras esculpidas em paramentos ondulantes de bronze. Ao tentar abrir a porta da entrada, percebo que ela está trancada. Virando a esquina, vejo outra porta que está aberta; do lado de dentro, homens usando capacetes andam de um lado para o outro. O antigo salão do pregão está sendo transformado em um banco. O supervisor aponta para mim uma terceira entrada, através da qual entro em um vestíbulo de mármore e pego o elevador para o segundo andar. Uma pequena placa na parede diz o seguinte: "BOXR: Boston Options Exchange Regulation".

John vem ao meu encontro, e caminhamos juntos em direção ao centro de operações de mercado — "a sala de controle centralizado", como ele a chama. É uma sala tranquila atapetada de bege, onde algumas pessoas estão sentadas em cadeiras giratórias. Ocasionalmente elas olham para telas múltiplas nas quais números estão piscando. Essa é a bolsa onde negociações de 215 mil diferentes opções de ações são autorizadas. Dez milhões de contratos circulam por dia através desses computadores. Entre outras coisas, John me diz o seguinte: "Estamos medindo a saúde do sistema". Eles estão nesse momento "medindo as latências" — a velocidade à qual as ordens são executadas. A latência é o intervalo de tempo entre o momento em que uma ordem é inserida, em algum lugar do mundo, e o instante em que ela é colocada no sistema e executada. "Antigamente, isso levava um minuto", diz ele. "Hoje, leva de 10 a 15 microssegundos" (milionésimos de segundo).

John explica que uma opção de ação é o direito de comprar ou vender cotas de uma ação particular pelo preço atual durante algum mês no futuro. "O Google tem talvez quinhentas opções diferentes", afirma ele. Se o Google estiver negociando a, digamos, 450 dólares por cota, alguém pode depositar talvez 5 dólares (o preço flutua constantemente) pelo direito de comprar uma cota por 460 dólares em novembro. Existem provavelmente 499 outras variações disso. O que faz sentido, até certo ponto.

"Você pode fechar a sua posição sem jamais ter sido dono ou tocado efetivamente em uma ação", acrescenta John. Aqui eu fico de orelha em pé. "Na verdade, *na maior parte do tempo você não toca na ação.*" As opções, em outras palavras, estão apenas tangencialmente relacionadas com a realidade — a "realidade" sendo o preço momentâneo do Google, ou de qualquer outra ação. Quando você compra uma opção do Google pela qual você paga 5 dólares, você na verdade não precisa usar essa opção para comprar ou vender ações do Google. Em vez disso, você pode vender a própria opção por 20 dólares e embolsar o lucro. A opção em si é a coisa que você possui.

Na realidade, você está negociando pequenos pedaços de propriedade imobiliária no tempo. Quando esse minúsculo pedaço de propriedade abre as suas portas em novembro, você pode hipoteticamente pisar nele e comprar aquelas ações do Google. Mas, na *vasta maioria dos casos*, você não compra. As opções são o seu próprio universo de valor financeiro, acima e além do valor da ação subjacente. Elas são outra coisa para os corretores possuírem, negociarem e lucrarem com ela — como aquelas figurinhas com a foto dos jogadores de beisebol que as pessoas trocam, que têm um valor completamente separado dos jogadores (como o Google).

Apesar de todos aqueles ativos financeiros que rodopiam na economia financeira — todos aqueles fragmentos de propriedade extrativa zumbindo de um lado para o outro, em busca de um lugar para aterrissar e extrair o seu direito — os derivativos são uma nova plataforma de aterrissagem. Eles são uma nova arquitetura para a extração, possibilitando que o negócio de "criar riqueza" reivindique direitos de propriedade em uma nova esfera. Há o mundo fundamental da economia real. Sobre ele, ergue-se a economia financeira. E acima da economia financeira paira essa nova fronteira mais ficcional e, por essa razão, mais vasta e sem limites: o mundo dos derivativos.

Através do espelho[*]

As opções de ações são um minúsculo pedaço dessa nova esfera de valor, que se tornou imensamente intumescida na era da financialização. A opção de ação é apenas uma forma de derivativo, e existem centenas de outras formas, e outras sendo inventadas o tempo todo. De um modo geral, os derivativos financeiros consistem em uma esfera de tamanho incerto e complexidade inimaginável. Charles Morris a resumiu habilmente em *The Trillion Dollar Meltdown*.

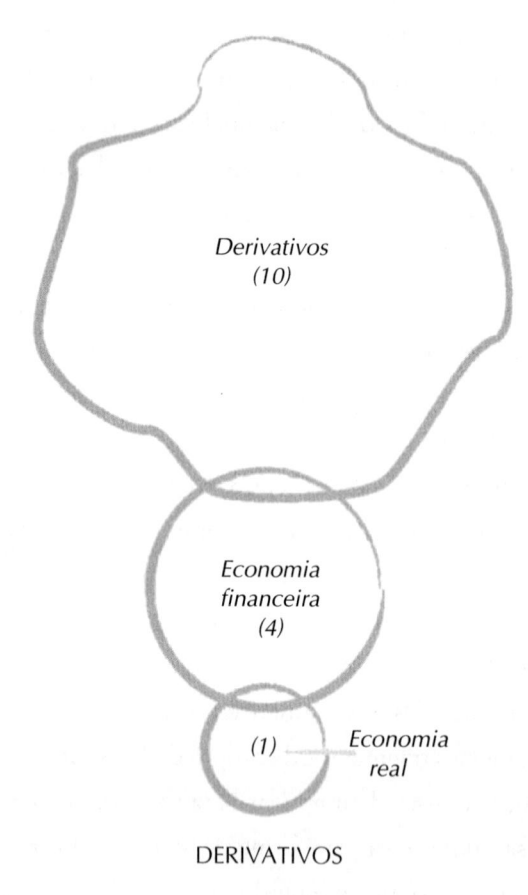

DERIVATIVOS

---

[*] Menção ao livro de Lewis Carroll intitulado *Through the Looking-Glass, and What Alice Found There*, publicado no Brasil com o título *Alice Através do Espelho* (a continuação de *Alice no País das Maravilhas*). (N.T.)

Embora os ativos financeiros básicos — ações, obrigações, empréstimos e hipotecas — tenham se tornado quatro vezes maiores do que o PIB mundial, além dessa casa de direitos, os derivativos aumentaram para *dez vezes* o PIB mundial.[19]

Existiam razões pelas quais a Aegis e o Community First Bank estavam ansiosos para oferecer empréstimos de risco para pessoas como o casal Haroldson, o qual, nem mesmo nos sonhos mais extravagantes de qualquer pessoa, conseguiria, um dia, quitar o empréstimo. A principal razão eram dois tipos de derivativos. O primeiro eram as obrigações de dívida colateralizada (CDOs). Quando uma empresa hipotecária emitia uma hipoteca e a vendia na semana seguinte para, digamos, a Goldman Sachs, esta última a revendia para investidores — mas primeiro ela fazia a sua mágica alquímica, transformando refugo em ouro. Ela colocava um grupo de hipotecas em um liquidificador, fatiava-as e cortava-as em pedaços, e depois vendia baratinho várias camadas. Os investidores podiam comprar o creme da parte de cima, os resíduos na parte inferior ou o que estava no meio. Os investidores não estavam comprando hipotecas específicas; eles estavam comprando *aspectos* de hipotecas. Isso era parte do que tinha obscurecido a propriedade da casa do casal Haroldson. As CDOs eram um tipo de derivativo implicado no colapso.

Havia um segundo tipo. Ele era o motivo pelo qual os investidores ficavam felizes em comprar os resíduos da parte inferior. Era uma forma de seguro chamado de *swap de crédito*. Significava que, se as hipotecas se revelassem sem valor, o possuidor poderia receber o valor da perda. Era como possuir uma casa e fazer um seguro contra incêndio.

É aqui que as coisas ficam realmente esquisitas. É possível comprar swaps de crédito *mesmo quando você não é dono da entidade que detém os ativos subjacentes*. São derivativos chamados *swaps de crédito "naked"*. Com estes, basicamente, você pode comprar seguro sobre uma casa da qual você não é dono. Metaforicamente, pode haver uma casa com 100 apólices de seguro. Assim, se a casa pegar fogo, 100 pessoas terão que ser pagas. O pagamento será de *100 vezes o valor da casa*. Ora, se isso não é *Alice no País das Maravilhas*, eu não sei o que é. E este é apenas um exemplo das trapaças que acontecem no mundo dos derivativos.[20]

Um derivativo semelhante é o CDO *sintético*, que é um investimento concebido para se comportar como uma cesta particular de hipotecas, só que — *voilà* — não existe nenhuma cesta subjacente de hipotecas.

Agora, reflita por um momento. Todos os ativos financeiros nascem, em algum momento, como direitos sobre uma coisa real. Uma hipoteca é um direito sobre uma casa. Uma cota de ação é um direito sobre uma empresa e o seu fluxo de lucros. Derivativos simples, como a opção de comprar ações do Google em novembro por 460 dólares, estão um pouco afastados dos verdadeiros ativos. Foi então que, silenciosamente, em um momento inesperado, a delgada linha que ligava os derivativos à realidade foi rompida. Passaram a existir derivativos — como os *swaps* de crédito "*naked*" e os CDOs *sintéticos* —, que eram direitos sobre o nada.

Na longa evolução da criação do capital, esses derivativos representaram um solstício invisível, um momento em que os dias de criação da riqueza que se alongavam atingiram um zênite e começaram a se voltar para outra coisa, não a criação da riqueza, mas sim o seu declínio. Eles eram tão complicados que poucos souberam que um limite tinha sido atravessado. Os contratos de alguns derivativos podem ter múltiplas páginas. No entanto, enquanto apenas um pequeno número de casas estivesse se incendiando — desde que as hipotecas não estivessem tendo problemas —, os investidores ficavam felizes em comprar essa coisa através do espelho, considerando-se sofisticados por fazer isso.

A falha na fórmula

O problema do sistema tem origem nos princípios organizadores da propriedade extrativa. Vender hipotecas além do ponto em que elas fazem qualquer sentido envolve a *maximização dos ganhos financeiros*. Nada nessa regra básica diz o seguinte: maximize os ganhos somente quando isso fizer sentido no sistema mais amplo. Criar um interesse pelo bem comum nessa coisa é considerado ingênuo.

> *O único risco com o qual o design extrativo se preocupa*
> *é o risco para o eu.*

Essa é a falha, porque, quando a esfera financeira é quatro vezes maior do que o PIB mundial, as medidas nessa esfera são como os movimentos de um gorila de 400 quilos decidindo onde vai se sentar. Existe em funcionamento um sistema global de governança de mercado: um sistema de governança e um sistema de devoção, os dois. Quando esse sistema está decidido a maximizar os ganhos dos poucos e desconsiderar o impacto sobre os muitos, os resultados podem ser catastróficos. Mas o *design* da propriedade extrativa não se preocupa com isso.

Ele parte do princípio de que o risco pode ser gerenciado no nível da empresa ou portfólio individual, usando a diversificação de ativos, ou derivativos. Se um ganho enorme para a Aegis significar uma perda certa e imensa para o casal Haroldson, bem, que chato. O que acontece ao zé-povinho está fora da tela do radar. Foi assim que esses empresários durões e investidores sofisticados conduziram a economia mundial para a beira do precipício, imaginando o tempo todo que estavam fazendo o que qualquer pessoa prudente faria. Eles estavam seguindo o dever fiduciário de maximizar os lucros dos investidores.

Em certo sentido, os derivativos são uma coisa nova. No entanto, em outro sentido, eles são o antigo sistema de propriedade extrativa estendendo-se em formas sempre renovadas — um floco de neve de Koch que fica cada vez maior.

Uma declaração de Ron Chernow, autor de *The House of Morgan*, um livro a respeito da J. P. Morgan, colocou tudo em uma perspectiva correta. "Já há vários anos, Wall Street vem sendo dominada por uma crise silenciosa", declarou ele, poucos dias depois de Lehman Brothers ter desmoronado em uma pilha flamejante em setembro de 2008. "Debaixo de toda a magia financeira, debaixo de todas as manobras financeiras, tem havido uma *busca crescente e desesperada por novas fontes de lucro*" [o grifo é meu]. Essa é a melhor e mais simples descrição de derivativos jamais proferida. Se ativos como ações e obrigações não conseguem originar riqueza rápido o bastante para satisfazer o apetite do investidor, é porque eles têm o incômodo hábito de permanecer amarrados ao mundo real. Em última análise, a melhor maneira de satisfazer essa fome crescente e insaciável apetite é *se afastar da realidade*. Isso significa engendrar coisas *derivadas da realidade*. No final, isso significa perder o contato com a realidade.

Quando John e eu nos sentamos no seu escritório, ele me mostra como tudo isso se apresenta para um negociador. "Se você abrir a sua tela Thomson Reuters, você tem um instantâneo de algumas coisas que estão acontecendo. Este é um instantâneo do mercado mundial." A tela contém fileiras e colunas de números, muitos deles piscando e se alterando. Uma ocorrência particular, 458,04 se transforma em 458,02, em seguida 458,11 e depois 458,04 de novo, em um ou dois segundos. Isso é o Google.

"Está vendo como está mudando rápido?", pergunta ele. "Na verdade, eu diria que isso é lento. Cada uma dessas mudanças de números — 0,04 para 0,02 para 0,11 e de volta para 0,04 — é uma mudança de preço acelerada. Mas, debaixo disso, existem provavelmente milhares de transações acontecendo em cada um desses preços."

Pergunto a ele se a velocidade louca em que tudo está acontecendo é parte do problema.

De certa maneira é, responde John, porque a velocidade cria uma eterna pressão para o ganho financeiro que não para de crescer. No entanto, mesmo com os sistemas manuais de 30 anos atrás, poderíamos ter um grande desastre. O problema é que as pessoas perderam o contato umas com as outras.

"Não negociamos mais uns com os outros de uma maneira interpessoal; negociamos contra essa tela", afirma John. "Quando a minha atenção está sempre na imediatez, e sou um corretor que estou concedendo um empréstimo para alguém que sei que nunca verei de novo, eu não me importo com essa pessoa. E o cara atrás de mim que está preenchendo os dados do empréstimo está me dizendo que tudo está ótimo. Sendo assim, embora eu sabia que esse empréstimo é bizarro, vou concedê-lo de qualquer maneira, porque a minha intenção é ganhar dinheiro. Todo mundo no grupo está debaixo da mesma pressão para produzir. Não apenas o corretor da hipoteca, mas também o CEO do Bank of America, o próprio banco, os advogados que conceberam as estruturas das obrigações de dívida colateralizadas, a Moody's (uma empresa de avaliação) etc."

O resultado é a criação de empréstimos e outros produtos financeiros que fazem pouco sentido. John fala a respeito de um velho amigo que se tornou um corretor hipotecário nos anos dos investimentos especulativos, "um negociante esperto, com facilidade para influenciar as pessoas". John e um colega perguntaram ao cara se ele poderia providenciar uma hipoteca para outro amigo que abandonara a sociedade e não fazia nada havia anos a não ser viajar, viver na Índia e aprender os costumes do Buda. "De brincadeira, nós perguntamos, 'Bill, você consegue uma hipoteca para ele?'. Ele conseguiu para o cara uma hipoteca de 1 milhão de dólares."

"E o cara não tinha renda?"

"Ele não tinha nenhuma renda havia 15 anos", afirma John.

"Ele tinha bens?"

"Não muitos."

"Uau."

Além das paliçadas

O sistema financeiro é como um motor que pode ser acelerado mas não pode ser desacelerado. "Se você construir um motor capaz de fazer um número ilimitado de revoluções por minuto, ele explodirá", diz John. Quando as primeiras máquinas a vapor foram construídas, os engenheiros entenderam isso e introduziram reguladores para desacelerá-las. "Um motor sem um regulador não é sustentável. Mas é isso que temos no momento." As tentativas de governança, a partir da década de 1930, têm sido na forma de regulamentações aplicadas externamente. No entanto, você não pode modificar de forma eficaz um sistema com regras aplicadas a partir de fora. Adicionar regras que estão fundamentalmente em desacordo com a orientação interna de um sistema é como colocar uma paliçada diante de uma locomotiva em grande velocidade. A cerca não muda a natureza da máquina. A partir da perspectiva do sistema, o princípio é simples:

Situe a responsabilidade dentro do sistema.

É isso que as CDFIs, as uniões de crédito, os bancos cooperativos e os genuínos bancos comunitários fazem. Esses modelos tendem a incentivar um comportamento mais responsável da parte dos funcionários, porque a ideia de servir a comunidade está definida dentro da sua estrutura fundamental. Trabalhar para promover e disseminar essas alternativas generativas é uma abordagem muito diferente da mudança. Ela envolve o avanço, a longo prazo, em direção a uma economia na qual a responsabilidade está situada dentro do sistema.

Promover esses modelos não resolve de imediato os problemas do sistema financeiro existente. Novas e melhores regulamentações ainda se fazem necessárias. No entanto, se nós, enquanto cultura, tentássemos de uma maneira mais deliberada construir a economia generativa, poderíamos realizar duas coisas. Primeiro, forneceríamos às energias do sistema um lugar para onde fluir. Como diz John: "Você constrói uma posição alternativa ao lado do sistema existente para que as pessoas possam migrar para lá". Segundo, poderíamos começar a mudar profundamente a conversa. Ao criar um novo conceito de atividade econômica, a legitimidade do atual sistema de Finanças de Cassino começa a se desgastar — criando, em última análise, a propensão cultural para uma profunda mudança de todo o sistema.

No que deveria consistir, na sua essência, esse novo sistema? Essa é uma pergunta que fiz a John. Se ele pudesse conceber um novo sistema financeiro, por onde ele começaria?

"Eu começaria enfatizando que o dinheiro é uma abstração", respondeu ele. "Todos os instrumentos que negociamos são abstrações. Se eu fosse redefinir o sistema, eu permaneceria estreitamente ligado ao real. O novo sistema teria como a sua pedra angular uma conexão com as coisas reais."

CINCO

O colapso

A base declinante da classe média

Isso me fez lembrar: O que aconteceu com o casal Haroldson? Para encerrar essa jornada, eu precisava descobrir o que acontecera à família do outro lado da equação da propriedade — não no lado financeiro, mas no lado genuíno. Estava na hora de tentar, uma vez mais, localizá-la.

Quando eu procurara o casal Haroldson na *Web* anteriormente, eu encontrara tantas pessoas com nomes parecidos que seria impossível ligar para todas elas. De qualquer modo, também achei que dar um telefonema sem mais nem menos talvez não fosse muito proveitoso. Eu esperava conseguir uma apresentação pessoal. Voltei a entrar em contato com Orion e consegui o nome de uma pessoa que ele conhece e que tem uma casa de dois andares defronte da casa do casal Haroldson, uma mulher que chamarei de Toni. Eu telefono, e ela atende imediatamente. "Não conheci o casal Haroldson porque eles já tinham ido embora quando comprei a minha casa", me diz ela. Mas ela pode me colocar em contato com uma família da Jamaica, Luis e Alva, que tinham morado ao lado da casa do casal Haroldson durante 25 anos. Ela menciona outro vizinho, um aposentado, Giuseppe, que mora na rua há 30 anos.* "Volte a ligar daqui a alguns dias", diz ela.

---

* Os nomes foram modificados para proteger a privacidade das pessoas. Os detalhes são autênticos.

Quando eu ligo, ela tem boas notícias. Luis e Alva têm uma sobrinha que é amiga do neto do casal Haroldson. Eles irão vê-lo em breve e vão dizer a ele que estou querendo falar com os avós dele. Pergunto a Toni se ela tem o número de telefone do casal Haroldson. "Estamos tentando conseguir", retruca vivamente. Que tal o número de telefone de Luis e Alva? Toni ri e diz que nunca precisou. "A gente simplesmente aparece e bate na porta deles."

Algumas semanas mais tarde, depois de eu ter ligado algumas vezes para Toni e o telefone ter tocado sem que ninguém atendesse, finalmente consigo falar com ela de novo. Assim que me identifico, ela começa a falar: está muito ocupada, estava quase na porta, está perdendo a sua inquilina, precisa fazer algumas ligações. "Veja bem, querida, não vou poder ajudá-la", diz ela, em um tom de voz educado porém irritado. Se eu quiser mais informações a respeito do casal Haroldson, talvez tenha que aparecer na casa de Luis e Alva e bater na porta. É exatamente o que vou fazer ainda naquela semana.

Salto na estação de Stonybrook T. Caminho alguns quarteirões e subo os ásperos degraus de concreto, avistando uma placa de "À Venda" no jardim da casa da James Court 56. "Recém-reformada", diz a placa. As varandas foram reconstruídas, as molduras pintadas de branco, novas laterais cinza adicionadas, janelas com vidraças duplas e aparelhos de ar-condicionado instalados. O jardim — com a grama recém-cortada — exibe uma dúzia de minúsculos arbustos com as raízes adubadas. Caminho até a parte de trás da casa, espio embaixo da varanda e constato que o local está bem varrido; não há mais ninguém morando ali. Dou pancadinhas na lateral. Plástico. A firma que está vendendo a casa está no ramo "imobiliário, de hipotecas e de seguros" — uma das *holdings* no que Kevin Phillips chamou de setor FIRE (financiamento, seguro, imobiliário).

Encaminho-me, então, para a casa vizinha, subo as escadas e toco a campainha. Ouço passos na entrada.

"O que você quer?", pergunta uma voz masculina.

Respondo para um olho mágico. Digo que foi a vizinha dele, Toni, que disse que eu o procurasse, que estou fazendo uma pesquisa sobre a execução da hipoteca da casa ao lado.

"Ninguém está morando lá", diz rapidamente o homem. Explico que na verdade estou procurando os donos anteriores, mas ele não me deixa terminar. "A casa não é minha. Nada tenho a dizer a respeito dela." Ouço passos se afastando.

Fico ali de pé, segurando o pacote com pães de mel que eu pretendia oferecer — enquanto tomaria chá em uma cozinha ensolarada — e começo a me sentir vagamente ridícula. Mesmo assim, sem me deixar intimidar, imagino que eu talvez tenha mais sorte na casa de Giuseppe.

Encontro o apartamento no segundo andar onde ele mora e bato na porta. E bato novamente. Através da porta de vidro, posso ver uma escada de madeira recém-encerada, e no alto dela surge um cachorro, latindo. Bato uma vez mais e depois me volto para ir embora. Ao sair pelo portão, eu me viro e avisto um homem idoso me espiando da janela do segundo andar. Em seguida, ele desaparece.

Na rua, topo com uma mulher jovem, loura, com tranças rastafári acompanhada por um menino — aparentemente a inquilina de Toni que estava indo embora. Levanto a mão, e ela para para conversar, dizendo que morou ali menos de um ano.

"A vizinhança se tornou cada vez mais violenta", diz ela. Houve 12 tiroteios no ano passado.

"Alguém morreu?"

"Pelo menos em quatro deles sim. Estamos de mudança. Vamos para a Flórida."

Enquanto ela se afasta, a realidade da situação fica mais clara do que antes para mim. Essa senhoria e proprietária de casa está debaixo de uma enorme pressão, assim como o bairro inteiro. Ela talvez esteja correndo o risco de perder o próprio lar. De certa maneira, já não me parece tão urgente incomodá-la de novo para falar de um ex-vizinho que ela nem mesmo conheceu. Deixo o pacote com os pães de mel sobre a caixa de correio enferrujada de Toni, com um bilhete agradecendo-lhe a ajuda, e caminho em direção à estação de metrô.

O colapso de uma vida de classe média

Sem ideias a respeito de como proceder, recorro a um colega que entende melhor de registros públicos, e peço a ele para fazer uma pesquisa mais profunda para mim. Não demorou para que eu recebesse um documento. Ele tem o novo endereço do casal Haroldson e, maravilha das maravilhas, o telefone de Michael Haroldson. E há mais informações. O meu amigo descobriu que os dois membros do casal Haroldson estão na casa dos 60 anos, e Michael é um bombeiro aposentado. Compreendendo que não vou conseguir a apresentação pessoal que eu esperava, mando uma carta pelo correio, explicando quem eu sou e o que estou pesquisando, e pergunto se eles estão dispostos a conversar. Mais ou menos uma semana depois, telefono e deixo um recado na secretária eletrônica. E fico aguardando.

Passa-se bastante tempo, de modo que desisto. Então, um dia, o telefone toca. "Aqui é Michael Haroldson", diz o cavalheiro, em uma voz que parece a de um barítono em um coro evangélico. Sim, ele está disposto a se encontrar comigo. Ele sugere que seja um dia pela manhã, depois das dez horas, porque a essa hora as quatro crianças que moram com eles já terão ido para a escola.

A nova residência deles fica a apenas 21 quilômetros para o sul, na Rodovia 107, em um grande prédio de apartamentos. Depois que estaciono o carro, sou recebida por um guarda de segurança que me indica onde está o apartamento deles — em um labirinto de corredores recém-acarpetados em um tom bege típico das instituições. Michael me recebe na porta, e Helen logo se junta a nós. Ambos têm uma aparência jovial, embora os círculos embaixo dos olhos de Helen revelem tensão. Em breve vejo o motivo, quando um bebê que engatinha, de olhos vivos, acorda da sua soneca, e Helen o traz para perto de nós.

"Ele vai fazer 11 meses amanhã", anuncia Michael.

"Bem, feliz aniversário", digo eu, quando o pequenino sobe no sofá do meu lado. Ele é um dos quatro netos que o casal Haroldson está criando, com idades até 12 anos. Quando entrego a Michael a caixa com *cookies* que eu trouxe, ele fala a respeito de como vieram a cuidar dos netos (pedindo que eu não passasse adiante alguns daqueles detalhes familiares). Passamos a falar a respeito da carreira de bombeiro de Michael. Eu tinha feito uma busca no Google e descoberto que ele havia recebido uma Medalha de Condecoração.

"De fato", relembra ele. "Duas crianças tinham sido atacadas a facadas na frente da casa da minha mãe, e estavam caídas na rua, sangrando. Prestei socorro às duas, sem luvas, tentando conter o sangue. Consegui salvar uma delas. A outra morreu." Mais tarde, ele descobriu que o assassino tinha ficado observando tudo do outro lado da rua. Ele também recebera outros prêmios, comenta ele, inclusive o de bombeiro do ano.

Helen também exerce uma profissão voltada para o bem-estar das pessoas. Ela é auxiliar de enfermagem em um hospital onde já trabalha há 34 anos. Por causa das crianças, ela está trabalhando agora apenas dois dias por semana. Em resumo, trata-se de um casal, no qual um dos membros é aposentando e o outro parcialmente aposentado, que cria uma segunda família com a pensão de um bombeiro mais migalhas provenientes de um trabalho em tempo parcial. Essa situação tem a sua origem na James Court 56, quando eles se viram, inesperadamente, responsáveis por dois netos.

"Vocês moraram na casa da James Court durante 13 anos", começo.

"Quase 14", retruca Michael. Sem nenhum constrangimento, ele passa a falar a respeito de como perderam a casa, por que passaram por cinco hipotecas em cinco anos. O filho deles precisava de um lugar para morar e se mudou para o andar inferior da casa que eles costumavam alugar para pessoas de fora. O rapaz estava desempregado. Michael e Helen acabaram tendo que sustentar a família dele.

"As coisas que as crianças precisavam eram caras", declara Michael, de modo que eles refinanciaram a casa para pagar algumas contas. E fizeram isso de novo. E de novo.

"Quando você fez o refinanciamento, eles lhe deram um cheque. Você se lembra do valor?", pergunto.

"Não era muito", responde Michael. "Talvez 14 mil dólares. Entre 9 mil e 14 mil dólares. Fizemos isso quatro vezes, acho eu."

Se a lembrança dele está correta, eles tomaram mais ou menos 50 mil dólares. No entanto, a dívida da hipoteca foi acrescida em 250 mil dólares. Concluí com isso que as hipotecas que o casal Haroldson assinou provavelmente continham cláusulas abusivas. A minha pesquisa mostrou que, de um modo geral, as hipotecas subprime frequentemente continham características como taxas de juros "teaser"* que rapidamente eram redefinidas e duplicavam ou triplicavam o valor, multas para o pagamento antecipado de 8 mil a 10 mil dólares, caso os empréstimos fossem quitados antes da data contratual, elevadas comissões de corretagem, e pagamentos mensais não raro mais elevados do que a renda familiar total.[1] Antes do nosso encontro, eu estimara que com essas despesas, bem como com custos de fechamento do negócio de talvez 5 mil dólares por hipoteca, as cinco hipotecas tomadas pelo casal Haroldson em cinco anos podiam facilmente ter extraído taxas que montavam a 100 mil dólares do valor excedente à hipoteca. Mas parecia que talvez tivesse havido muito mais do que isso.

"Havia multas por pagamento antecipado?", pergunto. Os dois olham para mim sem entender. "Havia taxas de juros variáveis, do tipo que pode aumentar com o tempo?"

"Eles expuseram as coisas por alto, mas não explicaram completamente", me diz Michael. "Pensamos que iríamos ter uma taxa de juros mais baixa, mas em vez disso ela aumentou."

"Você não sabe por que as taxas aumentaram?"

"Não."

"Você tinha consciência de que a dívida total estava aumentando?"

"Nós sabíamos apenas que os nossos pagamentos mensais estavam subindo", afirma ele. Eles começaram em torno de 1.800 dólares por mês, em seguida foram para 2.500, e depois para 2.800, 3.200, 3.300. "Era esmagador", declara ele.

Faço perguntas sobre a Aegis, a empresa com quem eles tinham assinado três hipotecas. Michael diz que eles foram até o escritório da companhia e falaram com uma pessoa que parecia "legal". "Ele era jovem e tinha um bom papo", acrescentou. Estiveram com ele mais de uma vez. "Ele nos disse: 'Vocês não precisam se preocupar. Podemos fazer isso, podemos fazer aquilo'. Basicamente, ele estava dizendo o que queríamos escutar."

"Alguém disse a vocês que, se refinanciassem tão rápido, mais ou menos a cada 12 meses, perderiam muito dinheiro?"

---

* Taxas de juros iniciais muito baixas, destinadas a atrair os clientes, mas que permanecem por um pequeno período e logo depois sobem. (N.T.)

"Não. Quando tínhamos dificuldades financeiras, telefonávamos para eles. Certa vez, conseguimos talvez 5 mil dólares." Michael se inclina para a frente e a sua voz se acelera. "Mas até mesmo 5 mil dólares, com as crianças, vinham a calhar."

Era bastante compreensível que os corretores hipotecários estivessem ansiosos para contratar hipotecas subprime. O potencial de lucro era enorme, e as mãos que estavam prontas para agarrá-lo faziam fila até Manhattan. Charles Morris descreveu a situação da seguinte maneira: "Aqueles corretores estavam criando 'um produto' para uma linha de montagem que escoava dos bancos hipotecários para as máquinas de CDO, administradas por empresas como a Merrill Lynch e o Citigroup — inchando os cheques de bonificações de Wall Street".[2]

Hoje em dia, o casal Haroldson parece viver basicamente de mês para mês, como acontece com mais ou menos metade dos trabalhadores americanos. É provável que eles tenham pouco para respaldá-los nas épocas difíceis, quer em poupança, quer em investimentos. A maioria dos ativos, 83% mundialmente, está nas mãos dos 10% mais ricos.[3] A família com quem estou conversando não se encontra nesta última categoria. Como a vasta maioria dos lares americanos, eles estão entre os 90% dos detentores de riqueza da parte inferior — aqueles que têm haveres escassos, ou até mesmo nenhum — dos quais 73% têm menos de 10 mil dólares de reserva.[4]

Ganhando, em grande medida, apenas o suficiente para satisfazer as necessidades básicas — provavelmente gastando mais com os saques a descoberto no banco do que com frutas frescas, como faz a típica família americana — eles não tinham dinheiro para contratar um advogado para o refinanciamento.[5] Quando o casal Haroldson se viu diante da execução da hipoteca, uma modificação viável do empréstimo da parte de um banqueiro compassivo não estava no jogo — como não estivera para milhões de outras pessoas. O governo Obama havia incentivado os bancos a ajudar os mutuários a permanecer nas suas casas, mas poucas modificações nos empréstimos tinham sido feitas. Tendo tido a infelicidade de ter a Ocwen como a sua gestora, o casal Haroldson lidou com uma firma que tinha recebido uma classificação F do Better Business Bureau. Os telefonemas que eles deram podem ter sido atendidos por alguém na Índia com pouco conhecimento a respeito de como ajudar o casal com problemas e com pouco incentivo para fazer isso.

A diferença entre riqueza e dinheiro vivo

Como muitas pessoas, o casal Haroldson tinha se envolvido nessa difícil situação devido à irresistível quantia em dinheiro vivo oferecida. O que eles não entenderam foi o fato de que estavam liquidando um ativo (ou esse fato escapou à sua atenção). Eles talvez não soubessem a diferença entre *riqueza* e *dinheiro vivo*. Se não tivesse sido tocada, a sua casa teria *criado riqueza* ao longo do tempo à medida que o seu valor fosse aumentando. No entanto, como eles transformaram esse valor em dinheiro emprestado, eles perderam dinheiro. O dinheiro tinha que ser pago de volta, acrescido de juros, custos de fechamento do negócio, taxas de corretagem, multas por pagamento antecipado. Nesse meio-tempo, a fatia real deles de propriedade estava desgastada. O que restava era uma dívida em ascensão.

Por não estarem equipados para pensar nessa cadeia de eventos, Michael e Helen Haroldson se concentraram nos *pagamentos mensais*. Se eles conseguissem arcar com o pagamento mensal e ter dinheiro vivo na mão, por que não? Para uma família oprimida pelas despesas, uma transação dessas parecia uma dádiva de Deus. Eles não entendiam completamente que ser donos de alguma coisa — ser realmente donos, sem nenhuma dívida — é o caminho para a prosperidade. Foi através dessa lacuna na alfabetização econômica que o setor financeiro fez passar o seu enorme caminhão. Junto com milhões de outras pessoas, o casal Haroldson foi parar debaixo das rodas.

Pelo menos eles ainda tinham um ao outro, já que não tinham se divorciado. Mas quase tudo o mais fora perdido — a casa da qual tinham sido donos durante 13 anos, cujo valor excedente à hipoteca poderia ter lhes proporcionado um pouco de conforto, os vizinhos e amigos com quem conviviam. Eles também perderam a sua classificação no índice de risco de crédito e, no final, eles requereram falência. A vida deles na James Court tinha praticamente desmoronado.

A ordem social mais ampla ao redor deles também estava vivendo um colapso. O medo e a violência crescentes que encontrei na antiga vizinhança deles eram vivenciados em toda a cidade de Boston, com os arrombamentos residenciais tendo aumentado 24% entre 2009 e 2010, e chegando a 60% em Roxbury, um bairro vizinho ao deles. O superintendente da polícia de Boston, Daniel Linskey, atribuiu a culpa do aumento da criminalidade à má situação da economia.[6]

Além de Boston, o colapso ameaça a economia como um todo, com o desemprego e o subemprego castigando o percentual colossal de 17% dos americanos nos primeiros anos depois do desastre financeiro, e com o desemprego de jovens ainda maior em algumas nações europeias.[7] Uma em cada quatro crianças americanas — um em cada oito americanos — contava com os cupons de alimentação para afastar a fome.[8] Em toda a Europa, líderes governamentais e empresariais lutavam para evitar o colapso da zona do euro, enquanto a tragédia das dívidas e a crise econômica atingia a Islândia, a Grécia, a Irlanda, Portugal, a Itália e outras partes do continente.

A erosão dos salários

A dívida, de certa maneira, era apenas um sintoma dessas múltiplas crises. Uma questão mais profunda era a desigualdade. Se o filho do casal Haroldson não tivesse perdido o emprego, se Helen ganhasse mais dinheiro, a família talvez não tivesse precisado se endividar tanto para sobreviver. O problema deles não era único. A renda da maioria dos americanos estava achatada havia 30 anos. De acordo com os números do Departamento de Recenseamento, um trabalhador do sexo masculino que recebesse o salário médio masculino levava para casa menos dinheiro, ajustado pela inflação, do que o trabalhador típico do sexo masculino três décadas antes.[9] Nos aproximadamente 20 anos que culminaram na recessão de 2008, impressionantes 56% do crescimento da renda nos Estados Unidos foram para os 1% mais ricos.[10]

Se a parcela da renda dirigida para a classe média tivesse sido maior, os consumidores não teriam se endividado tanto para manter o seu estilo de vida. Se os ricos tivessem recebido uma parcela menor, eles não teriam aumentado tanto o preço dos ativos.[11] A partir de uma perspectiva do sistema, o problema é uma economia que está atingindo os limites do seu funcionamento normal.

A desregulamentação deixou as corporações livres para fazer o que foram concebidas para fazer, que é maximizar os lucros dos acionistas. Em um nível mais amplo, isso significa que o sistema inteiro passa a se concentrar em aumentar os ativos dos ricos. No entanto, muitos desses ativos são as dívidas contraídas pela classe média. Com a renda da classe média se achatando, a capacidade para quitar esses empréstimos é refreada. Sendo assim, o movimento ascendente da riqueza, da economia real para a economia financeira, é reprimido. Deixada à vontade para fazer o que o seu *design* básico determina, a economia extrativa se torna sobrecarregada pelas reivindicações vindas de cima e abalada pelo colapso dos salários embaixo. O problema é que o sistema foi concebido para atender aos poucos, não aos muitos.

No entanto, no período de retração econômica que se seguiu à crise, o sistema continuou a seguir a sua lógica essencial: aumentar os lucros dos detentores da riqueza e reduzir os salários. Quando as corporações tiveram dificuldade em aumentar as vendas, mesmo assim elas desfrutaram de uma lucratividade recorde. Elas realizaram esse elegante truque cortando despesas, o que, em grande parte, significou salários — também conhecidos como empregos. As empresas usaram táticas como não recontratar, empregar trabalhadores temporários em vez de em período integral, aumentando a carga de trabalho, e deslocando empregos para o exterior. Como mostrou uma pesquisa realizada pelo Centro de Estudos de Mercado de Mão de Obra da Universidade Northeastern, o resultado em um período típico de seis meses, mais ou menos um ano depois do colapso financeiro, foi que os lucros corporativos antes dos impostos aumentaram de uma maneira gigantesca, 390 bilhões de dólares, enquanto os salários subiram minúsculos 70 bilhões.[12]

Se esse padrão parece particularmente irracional em uma ocasião em que os trabalhadores estão perdendo a casa e o emprego, isso não é nenhuma novidade. Mas existe um detalhe curioso. No contexto mais amplo das coisas, esse padrão — de maximizar o lucro para os proprietários, minimizando o lucro para os trabalhadores — tem estado em ação desde os dias dos industriais exploradores do século XIX. Por que ele de repente se tornara um problema no sistema mais amplo de funcionamento? Por que o colapso de algumas famílias como a Haroldson desencadeou uma reação tão gigantesca do sistema?

O efeito *threshold**

A resposta tem a ver com limites. Os limites são os motivos pelos quais um sistema pode, de repente, saltar para um tipo de comportamento que não tenha sido observado anteriormente. Como observou o teórico de sistemas Ervin Laszlo, os processos frequentemente não funcionam de uma maneira ininterrupta e linear. As coisas vão aumentando até que um limite crítico é atingido, e então uma mudança repentina é desencadeada. Pense em uma avalanche ou um deslizamento de terra.

Quando o gerenciamento de um sistema está voltado para uma única variável, o sucesso pode criar um crescimento exponencial seguido por um colapso. Esse é o *efeito threshold*: um ponto no qual um sistema muda de um estado para o outro, o qual é com frequência degradado. Há um distúrbio, mas a reação do sistema é desproporcional ao tamanho desse distúrbio. Nos sistemas naturais como nas florestas ou na agropecuária, um processo que desencadeia um efeito *threshold* é o esforço humano de conseguir a *máxima produção sustentada*. Como escreveu o ecologista C. S. Holling: "Colocar um sistema em uma camisa de força de constância pode fazer a fragilidade evoluir". Conduzir o aumento constante de uma única variável pode fazer com que instabilidades se desenvolvam silenciosamente em outros lugares. O gerenciamento intensivo de florestas pode aumentar a produção de madeira, porém ao mesmo tempo criar monoculturas mais vulneráveis a danos causados pela poluição industrial do ar. O hormônio de crescimento dado às vacas pode aumentar a produção de leite, mas torná-las simultaneamente menos saudáveis e abreviar a vida delas.[13]

Impedir que um sistema mude para um estrato degradado significa respeitar limites. Envolve reconhecer uma simples constatação a respeito dos sistemas:

Os sistemas se comportam de uma maneira diferente quando estão nos limites ou perto destes.

---

* Limiar, limite. (N.T.)

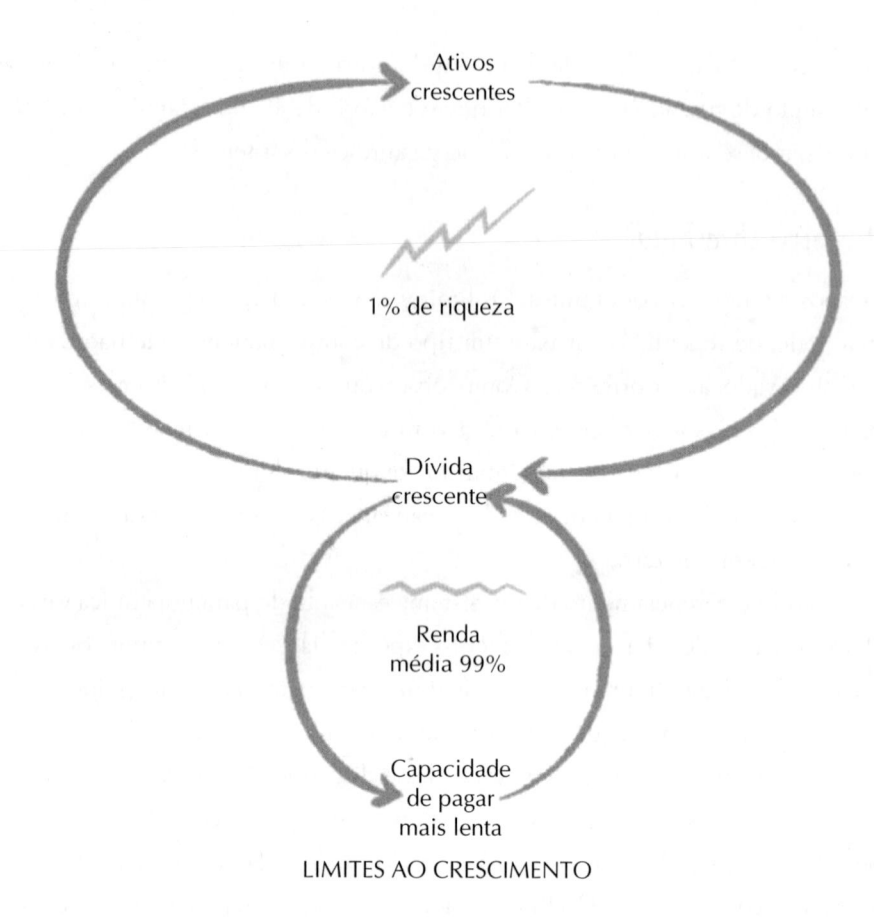

Ativos
crescentes

1% de riqueza

Dívida
crescente

Renda
média 99%

Capacidade
de pagar
mais lenta

LIMITES AO CRESCIMENTO

O economista Herman Daly afirmou o seguinte: "O que acontece na física se repete na economia: as teorias clássicas não funcionam bem em regiões próximas aos limites".[14] Devido ao excesso de financialização, o sistema econômico estava nos limites ou perto destes, com os direitos financeiros quatro vezes o PIB enquanto milhões de famílias estavam vivendo à base de cupons de alimentação. Esses eram resultados lógicos para o *design* na propriedade extrativa. A constância de buscar lucros máximos para uma elite financeira fez com que as instabilidades aumentassem, tornando todo o sistema vulnerável ao colapso.

Se o conceito ecológico dos *thresholds* parece convincente, trata-se simplesmente de uma analogia ou é algo mais? É correto aplicar o pensamento sistêmico ao mundo matemático das finanças?

Essa é uma pergunta que fiz certo dia ao meu colega no Tellus Rich Rosen, um físico que também estuda economia a fundo. Não existe dúvida de que a crise de 2008 foi um caso de excesso e colapso, me diz ele. Mas acrescenta que é difícil dizer se houve um limite isolado, claramente definido que foi ultrapassado. No caso do sistema financeiro, afirma, "não existe um conjunto tão claro de limites quanto o que podemos definir nos sistemas físicos". (Até mesmo no caso dos sistemas físicos, não raro é difícil dizer exatamente onde estão os limites, acrescenta.) A dívida cresceu dramaticamente em poucos anos nos Estados Unidos, mas por que o sistema sofreu um colapso em um ponto e não em outro? A resposta estava provavelmente ligada à *desigualdade da distribuição da renda*, afirma Rich. Em diferentes níveis de desigualdade de renda, diferentes níveis de dívida seriam sustentáveis.

"A restrição é a capacidade de pagar de volta", diz ele. "Isso funciona como uma espécie de limite físico."

O mundo financeiro operava com a suposição implícita de que a riqueza financeira poderia crescer indefinidamente, independente do PIB e dos níveis de salários. E teoricamente, afirma Rich, ele consegue imaginar um cenário no qual isso poderia acontecer: as pessoas ricas apostariam umas contra as outras, e a atividade especulativa cresceria.

"Mas não foi assim que a coisa funcionou", continua ele. "Na realidade, no mundo real, onde os ricos ficaram mais ricos em comparação com o resto da população, isso significa que, de algum modo, eles estão extraindo dinheiro do restante de nós." Com o abismo da riqueza aumentando e a renda da pessoa comum não acompanhando o ritmo, "a evidência me parece bastante convincente", diz ele. "Não se trata de pessoas ricas apostando umas contra as outras, e sim extraindo dinheiro do restante de nós."

"É como uma espécie comendo todo o manto terrestre de modo que resta menos para os outros animais?", eu pergunto.

"É mais como uma célula cancerosa, a qual tem a capacidade de crescer descontroladamente se o sistema imunológico não for capaz de refreá-la", declara ele. "As células cancerosas crescem, e matam o organismo biológico." Mas existe um limite para a extração da riqueza, acrescenta. Os sistemas vivos desequilibrados encontram maneiras de se corrigir. Alguma coisa muda. "Em algum momento, as pessoas se rebelam", afirma. Ele acrescenta algo que me parece um bom resumo de toda a confusão.

"Um sistema mais justo é um sistema mais resiliente."

Temos aqui uma espécie de moralidade secular, uma palavra para os limites sociais que estamos atingindo: *justiça*. Uma economia baseada na justiça, em *designs* voltados para uma distribuição de riqueza mais justa, está mais propensa a ser mais resiliente. Para que possamos evitar os efeitos *threshold* (também chamados de crises econômicas, que parecem ocorrer a cada dois anos), a nossa gestão precisa ter em vista não apenas os lucros ou o crescimento, mas também a resiliência. A *resiliência* é a capacidade de um sistema de se recuperar de distúrbios e manter as suas estruturas essencialmente intactas. O oposto de resiliente é quebradiço, propenso ao colapso.

A instabilidade do sistema econômico está relacionada com o seu código de ética. Em um sistema global interdependente, sobrecarregado com direitos financeiros, a ausência da justiça se torna perigosa. Os limites da honestidade e da atuação correta se revelam verdadeiros limites. Os limites éticos e da resiliência do sistema estão mostrando que são a mesma coisa. No final, um sistema injusto se romperá debaixo do seu próprio peso. E foi o que aconteceu.

O colapso das finanças do casal Haroldson é uma parte do que desencadeou o efeito *threshold* da crise econômica. Eu finalmente conseguira destrinçar o emaranhado da propriedade em torno da casa deles — identificando como o galho da propriedade que eles tinham cedido tinha passado de credor hipotecário para credor hipotecário, sido decomposto pela Aegis e colocado em um veículo de investimento estruturado, cujas partes foram vendidas para investidores. Quando a hipoteca do casal Haroldson apresentara problemas, uma lasca do galho de propriedade havia passado para a MERS, que deu início à execução da hipoteca, e outra lasca tinha ido para a Ocwen, que recebia uma remuneração supervisionando a casa enquanto estava vazia. Eu vira como esse sistema desagregado de propriedade tinha alimentado uma força crescente de extração financeira e como essa força estivera se desenvolvendo — movendo-se violenta e rapidamente em direção a um limite cuja existência o mundo financeiro era incapaz de conceber.

A crise resultante ainda está resolvendo as suas dificuldades. Embora o preço da moradia nos Estados Unidos tenha sofrido um colapso, grande parte da riqueza fantasma do outro lado da equação ainda está nos livros. As pessoas ainda estão fingindo que esses ativos são reais, tentando conseguir que esses direitos sejam pagos.

Descubro que o casal Haroldson ainda está sendo alvo dessas demandas. Quando a minha visita já está quase no fim, Michael menciona casualmente que ainda está recebendo cobranças da Ocwen informando ao casal que eles devem dinheiro — apesar da sua falência. "Recebo um extrato todos os meses", afirma Michael com calma embora eu não consiga acreditar. Ele sai da sala para buscar um, e quando me mostra o documento, vejo que está datado de vários anos depois que eles perderam a casa. O documento diz que o casal Haroldson deve cerca de 200 mil dólares.

"Eles estão telefonando para vocês?", pergunto.

"Não", responde ele. "Só mandam os extratos. Simplesmente não damos atenção a eles."

Digo que eu gostaria pessoalmente de oferecer ajuda, e que, se eu conseguir encontrar alguém que possa ajudá-los, entrarei em contato. Relutante, eu me levanto para ir embora. Helen me faz uma última pergunta:

"Você reparou na grande árvore no jardim da casa?", pergunta ela. "Nós a plantamos quando ela era apenas um pequeno galho. Costumávamos amarrá-la a uma estaca no inverno, e remover a neve. Agora ela é uma árvore enorme." Os seus olhos brilharam com orgulho.

"Isso é algo a respeito do qual você merece se sentir bem", replico, enquanto aperto a mão deles para ir embora. "Essa árvore ficará lá por um longo tempo."

Há muitas coisas que ainda não sei a respeito da situação do casal Haroldson, muitos detalhes jurídicos e financeiros que os advogados poderiam discutir.

Mas posso afirmar com razoável segurança: eles não foram tratados com justiça. Esse não foi o único motivo pelo qual eles perderam a casa, mas me pareceu uma razão fundamental. Foi uma das razões fundamentais pelas quais a economia mais ampla chegou perto do colapso. Dizem que o bater das asas de uma borboleta em São Paulo pode causar um furacão em Miami. O mesmo pode ser dito sobre as taxas hipotecárias injustamente cobradas, ou sobre os contratos assinados por meio do engodo, que podem desencadear um furacão nos mercados financeiros internacionais. Nos seus limites, um sistema injusto é um sistema instável.

Alguns poderão dizer que essa família fez escolhas imprudentes e está arcando com as consequências. Isso é verdade. Mas, se eles tivessem feito a escolha imprudente de comprar carne de má qualidade em um açougue negligente, nós não os culparíamos por isso. A nossa sociedade não permite a venda de carne contaminada. No entanto, as hipotecas contaminadas permanecem legítimas e eram, na realidade, incentivadas pelo *design* da propriedade extrativa.

Quando volto para casa, depois da visita ao apartamento do casal Haroldson, visito o site da empresa financeira, imobiliária e de seguros cuja placa estava no jardim da antiga casa da família. O site mostra fotos que retratam o piso de madeira com um novo acabamento e novos aparelhos elétricos, indicando que a renovação na casa da James Court 56 tinha sido tanto na parte interna quanto externa da casa. Esta foi dividida e está sendo vendida como duas unidades. Uma delas por 289 mil dólares e a outra por 279 mil. Faço um cálculo rápido. O agente imobiliário que comprou a casa, depois de ela ter permanecido vazia durante anos, pagou 206 mil dólares. Depois da reforma que deve ter custado, digamos, 100 mil dólares, o total investido na casa estaria em torno de 300 mil dólares. Ela agora está sendo vendida por 568 mil. Isso significa que os novos proprietários estarão embolsando cerca de um quarto de milhão de dólares: não é um mau lucro, que está indo para (surpresa) o setor FIRE.

II

O retorno à Terra

Os valores ecológicos como a sementeira de uma economia generativa

Redefinir os modelos de propriedade que formam a base da nossa economia não é um exercício jurídico mecânico. Os designs *de propriedade incorporam uma visão de mundo e um conjunto de valores. Os* designs *dominantes dos nossos dias são construídos ao redor de valores de individualismo, crescimento e a busca da máxima riqueza financeira. Uma sensibilidade ecológica emergente está moldando um novo conjunto de valores essenciais, como a sustentabilidade, a comunidade e a suficiência. Essa mudança de valores cria a sementeira para novos tipos de propriedade generativa e um tipo profundamente novo de economia. Em vez de estar radicada no mundo etéreo das finanças, essa nova economia encontra solo fértil na terra viva e na comunidade humana. Alguns dos modelos mais cativantes que incorporam essa nova visão de mundo são encontrados na propriedade das áreas comuns, que é o foco das jornadas da Parte II.*

O despertar

Da maximização dos lucros à sustentação da vida

Certa vez, ministrei um curso no Schumacher College no sul da Inglaterra intitulado "A Terra é Capaz de Sobreviver ao Capitalismo?". Comecei o curso falando a respeito dos problemas associados ao atual *design* do nosso sistema econômico — particularmente a financialização e o *design* da propriedade extrativa (embora eu ainda não estivesse usando essa linguagem) — e eu planejava avançar em seguida para soluções sobre a reestruturação das corporações. No entanto, constatei que a turma não estava preparada para esse passo seguinte.

A mente deles estava pensando em "colapso". Essa foi a palavra que ouvi sendo debatida nos corredores e durante o jantar, à medida que eu começava a compreender que muitos desses alunos — embora com um profundo conhecimento da ecologia — estavam convencidos de que o que estava à frente era o total colapso ecológico, depois do qual nós iríamos, se tivéssemos sorte, regenerar a nossa civilização no nível da aldeia. O Schumacher College fica perto de Totnes, a primeira das "Cidades de Transição" no Reino Unido que estão se preparando localmente para um mundo pós-carbono. A mudança local estimulava esses alunos, e com bons motivos. No entanto, eles pareciam imaginar subconscientemente que o sistema econômico mais amplo — as corporações, o mercado de ações, os bancos — de alguma maneira iria implodir e ser vaporizado, já que eles não conseguiam imaginar que ele um dia realmente pudesse mudar. Parecia mais fácil para eles imaginar o colapso da própria civilização.

"Existem duas visões de mundo nesta sala", disse eu, enquanto colocava de lado o meu plano de aula e abria uma hora de discussão não planejada. "Acho que é importante que as coloquemos na mesa." Uma delas é a visão de um completo colapso social. A outra é uma visão de transformação — não o advento de alguma utopia mas uma espécie de avanço por meio de tentativas e erros em direção a uma nova ordem social que surgiria daquela que nós temos. "Vocês não querem planejar baseados em um colapso total", disse eu. "Se isso acontecer, nós não vamos cultivar os nossos jardins comunitários. É mais provável que tenhamos que lidar com uma nova forma de fascismo."

Na hora de debate livre que se seguiu, foram apresentadas as mais diferentes ideias a respeito da maior transformação necessária na nossa civilização — todas as mudanças que seriam necessárias na lei, valores, fontes de energia, tecnologias de sustentabilidade, governança internacional, a reconstrução da democracia, o revigoramento das comunidades, e outras coisas. Concordamos que uma mudança total da visão de mundo se fazia necessária — uma nova maneira de pensar a respeito do nosso relacionamento com o planeta e de uns com os outros.

Com esse contexto mais em mente, pudemos avançar para discussões a respeito da reestruturação corporativa. Logo eles estavam debatendo questões de governança e se a participação acionária dos funcionários deveria ser exigida em todas as empresas. Alguns desses alunos tinham acabado de sair da faculdade, enquanto outros tinham passado décadas dentro de corporações de grande porte, mas todos foram capazes de entender as questões do *design* da propriedade. Na condição de professora, saí satisfeita — mas também de certo modo perturbada.

A pergunta de Stephan

Estava faltando alguma coisa, não no entendimento deles, mas no meu. As minhas ideias até aquele momento tinham se concentrado no *design* das corporações e nos mercados de capitais. Mas alguma coisa naquela abordagem tinha começado a parecer vagamente fora de foco para mim.

No meio da semana, a turma partiu em uma jornada de pesquisa científica que era uma parte tradicional da experiência do Schumacher College. Eu já fizera essa jornada anteriormente, quando fora feita uma pergunta que permaneceu comigo. Era uma pergunta muito mais ampla do que a reestruturação corporativa:

Que tipo de economia é compatível à vida
dentro de um ser vivo?

A pergunta foi formulada dentro de uma floresta não muito distante de Totnes, aonde tínhamos ido em uma jornada liderada pelo cientista ecológico residente da faculdade, Stephan Harding. Conduzindo-nos através de um caminho na floresta para debaixo de um baldaquino coberto de folhas em uma clareira, Stephan pediu que formássemos pares e déssemos a mão um ao outro, com os olhos vendados, para vivenciar a floresta por meio do toque. Fui conduzida a um encontro táctil com um ser vivo macio, arredondado, almofadado que estava enraizado no chão — mais ou menos do tamanho de um cantalupo e macio como um gatinho. No entanto, perturbadoramente, não consegui dar nome a ele.

Quando removi a venda, percebi que se tratava "apenas" de um montículo de musgo. Mas fiquei inexplicavelmente emocionada, e os meus olhos ficaram marejados. Foi uma experiência mais de intimidade do que de palavras. Uma experiência que eu chamaria de afinidade.

Stephan nos instruiu, então, a ir para algum lugar e ficar sozinhos durante algum tempo, e eu me sentei à beira de um riacho, sentindo algo inexprimível se abrindo em mim. Quando voltamos a nos reunir e ocupamos os nossos lugares sobre as árvores caídas, Stephan se levantou e deu uma palestra sobre ecologia profunda — a escola de pensamento que não reconhece nenhuma distinção entre os mundos humano e natural, que encara toda a atividade humana como um subconjunto do sistema vivo da Terra.

A ecologia profunda e o pensamento sistêmico estão estreitamente relacionados. São duas lentes diferentes na mesma mentalidade, que encara os sistemas vivos como o guia preeminente que precisamos para desenvolver todas as tecnologias físicas e os sistemas sociais. Essa perspectiva começa a partir da ideia de que os seres humanos não são mestres e donos da terra e sim membros dela. Tudo o que pensamos que "possuímos", tudo o que criamos ou construímos, não está *na* terra mas é *dela*, como um braço é parte do corpo.

"A matéria é consciência. Consciência é matéria", afirmou Stephan. Apanhando uma folha no chão da floresta, ele prosseguiu. "Esta folha é um indivíduo. O mundo é uma comunhão de indivíduos. Tudo tem interioridade."

Foi no final da palestra que ele formulou a pergunta. Era uma pergunta à qual ele próprio não conseguiu responder, explicou, mas esperava que nós pudéssemos, porque — e olhou para mim enquanto dizia isso — era uma pergunta da qual a vida na Terra dependia. *Que tipo de economia é compatível com a vida dentro de um ser vivo?*

Desvio através do comum

Levei muitos anos para entender a pergunta. Havia uma coisa básica, completamente simples, que eu não conseguia compreender. Precisei viajar para longe da linguagem das corporações e dos mercados de capitais para encontrar as respostas. Voltei do Schumacher College e o meu trabalho no Tellus avançou para uma nova fase quando aderi à iniciativa da Ford Foundation que examinava como a riqueza das comunidades rurais poderia ser mantida no local. Esses projetos me conduziram a pesquisas que investigaram uma variedade de *designs* de propriedade que funcionavam em parceria com o mundo natural — gerenciando florestas, administrando fazendas, utilizando o vento, pescando lagostas. Todos envolviam *designs* gerenciados por comunidades locais.[1]

Eu achava que aquele curso no Schumacher College tinha assinalado a conclusão da minha longa jornada no entendimento do *design* na propriedade. Em vez disso, eu me vi no início de uma jornada, que dizia respeito à propriedade e governança das áreas comuns. Muitos dos maiores desafios que assomam mais à frente para a civilização humana são problemas de ecologia: a mudança do clima, a acidificação dos oceanos, o desmatamento, a erosão do solo, o pico do petróleo, o desaparecimento das espécies, o esgotamento do lençol freático e outros. Que papel o *design* na propriedade está desempenhando nos problemas das áreas comuns e na sua possível mitigação? Eu me dei conta de que nenhuma tentativa de compreender a propriedade estaria completa sem algum entendimento dessas respostas.

Foi a segunda parte da pergunta — possíveis soluções — que atraiu inicialmente a minha atenção. Baseando-me no meu trabalho com a Ford Foundation, comecei a fazer um amplo exame, e entre os modelos de propriedade mais interessantes que encontrei estavam as *florestas comunitárias* do México. Esse país se tornara um líder mundial na administração das florestas concedendo direitos de propriedade às comunidades locais, muitas delas de povos indígenas, tribais — como os índios zapotecas de Ixtlán de Juárez no sul do México.

Há três décadas, a tribo zapoteca conquistou o direito de administrar comunalmente florestas anteriormente exploradas por empresas de propriedade estatal. Com o tempo, os problemas que atormentavam outras florestas no México, como o desmatamento e a derrubada ilegal de árvores, se tornaram relativamente desconhecidos em Ixtlán. O motivo é que os membros dessa comunidade têm incentivos para ser administradores da floresta, já que os empreendimentos florestais empregam trezentas pessoas para fazer trabalhos como extrair madeira, fazer mobília de madeira e cuidar da floresta. Nesse *design* de governança comum, a floresta não é isolada como uma reserva inexplorada, tampouco é derrubada para enriquecer proprietários absenteístas. Ela é uma *floresta funcional*, cujo controle está nas mãos daqueles que têm um incentivo para proteger os interesses a longo prazo tanto da comunidade humana quanto do mundo natural.

Essa é a Afiliação Interna em ação — atuando de mãos dadas com o Propósito Vivo. A floresta não é encarada como um objeto cujo único propósito é permitir que os seus donos extraiam quantidades máximas de riqueza financeira. Ela é uma floresta viva, uma comunidade de árvores e seres humanos. O propósito é viver bem juntos, sustentando a floresta viva e apoiando a comunidade humana. Como os direitos de governança estão nas mãos de seres humanos radicados naquele lugar, eles têm um incentivo natural para ser bons administradores. E são capazes de realizar a sua missão porque governam a floresta; trata-se da Governança Controlada pela Missão.

Descobri que hoje, no México, as florestas comunitárias representam o percentual impressionante de 60% a 80% de todas as florestas. Ao redor do mundo, mais de um quarto das florestas nas nações em desenvolvimento é administrada por comunidades locais. As florestas comunitárias prometem ser uma ferramenta importante na luta contra o desmatamento, o qual é responsável por quase um quinto das emissões totais de gases de efeito estufa. No entanto, eis a parte verdadeiramente extraordinária: a história das florestas comunitárias, como a história dos bancos cooperativos, permanece praticamente desconhecida. Até mesmo dentro do México, o fenômeno é em grande medida invisível.[2]

Outra solução em grande escala é encontrada no modelo de propriedade da *servidão de conservação*. Ela deixa a propriedade nas mãos de proprietários privados enquanto permite que os direitos de desenvolvimento* sejam mantidos separadamente — ficando, em geral, nas mãos de uma organização ambiental ou estatal. O objetivo é proibir permanentemente o desenvolvimento em trechos de terra específicos anexando servidões voluntárias, com força jurídica, às escrituras de propriedade. As servidões têm sido usadas para proteger os brejos, conservar as bacias hidrográficas, preservar terras agrícolas para fazendas familiares, e proteger corredores migratórios para os animais — como no caso do Malai Borderlands Group, uma organização de criadores no Arizona e no Novo México, que preservou cerca de 400 mil hectares de espaço aberto não fragmentado para a vida selvagem.

As servidões de conservação são uma maneira mais barata de interromper o desenvolvimento do que a compra imediata. Além disso, elas geram benefícios fiscais para os proprietários. Em todos os Estados Unidos, vários milhões de hectares estão sob a proteção de servidões de conservação. E o conceito está se espalhando para a América Latina, o Canadá, a Austrália, a região do Pacífico e as Ilhas do Caribe.[3]

---

* A palavra em inglês que está sendo usada nestes parágrafos, *development*, tem um sentido mais amplo do que em português. Ela quer dizer desenvolvimento no sentido de construir, urbanizar, fazer o beneficiamento da terra. (N.T.)

Um método semelhante que investiguei é o truste de terras comunitárias, no qual as famílias são donas de suas casas e uma organização comunitária é dona da terra debaixo delas. Existem centenas de exemplos nos Estados Unidos, e outros estão se formando depois da crise imobiliária. Também estudei as cotas de pesca, os direitos de propriedade ao uso das áreas de pesca, que foram usadas pela primeira vez para ajudar os pesqueiros em apuros na Austrália, Nova Zelândia e Islândia, e mais tarde para reviver o peixe vermelho no Golfo do México e o halibute no Alasca.[4]

Esses modelos representam uma interessante guinada na desagregação da propriedade — a ideia de que a propriedade é um feixe de direitos, os quais podem ser desembrulhados e distribuídos de novas maneiras. Eles mostram que o problema não é a desagregação em si, mas o propósito por trás dela. Quando o casal Haroldson entregou um galho de direitos de propriedade para um credor hipotecário, que o brandiu contra eles, o problema foi o propósito extrativo. Com os trustes de terras comunitárias e as cotas de pesca, os galhos de propriedade são entregues a pessoas com um Propósito Vivo. E, nesses casos, a desagregação ajuda a criar soluções.

O que esses modelos mostram é que uma economia compatível com a vida dentro da terra viva é uma economia que reúne, com eficiência, os interesses dos seres humanos e do mundo natural. Uma espécie de reciprocidade orgânica está em ação em muitos desses modelos. Quando os direitos de propriedade estão nas mãos de pessoas cujo interesse pessoal depende da saúde das florestas, dos peixes e da terra, elas têm uma tendência natural para a boa administração. O interesse pessoal e os interesses do todo se tornam os mesmos. A Afiliação Interna, o Propósito Vivo e a Governança Controlada pela Missão estão entre os padrões de propriedade que tornam isso possível.

A propriedade comum em novo tom

Outra coisa também me impressionou. Muitos dos modelos que encontrei nas áreas rurais colocam a propriedade nas mãos de pessoas de baixa renda. Um *design* que está particularmente próximo do meu coração é a *comunidade de propriedade dos residentes*, que foi inicialmente concebida em New Hampshire e depois se espalhou pelos Estados Unidos. Ela teve a sua gênese em 1983, quando residentes do Meredith Center Trailer Park estavam para ser despejados porque uma construtora de fora do estado queria comprar a terra que ficava debaixo das casas deles. Com um empréstimo do New Hampshire Community Loan Fund, os próprios residentes compraram o parque.

Esse golpe de criatividade, ou graça, ou seja lá o que tenha sido, se tornou o Manufactured Housing Park Program* do fundo de empréstimos, que usa um modelo de propriedade cooperativa para ajudar as pessoas que moram em casas sobre rodas e em outros tipos de casas móveis a comprar a terra onde estão as suas casas. O processo opera uma transformação jurídica na natureza da propriedade. As casas móveis anteriormente encaradas pelos bancos como propriedade pessoal (da mesma categoria que um carro ou um barco) se tornam *propriedade imobiliária.* Isso significa que os proprietários conseguem melhores condições de empréstimos. Também significa, como mostram as pesquisas, que os residentes plantam mais flores, participam mais das reuniões escolares, desfrutam valores mais elevados da propriedade e se mudam com menos frequência. Ao ser donos da terra onde moram, uma comunidade de baixa renda se torna uma comunhão de indivíduos, as suas casas não sendo mais uma coleção de objetos encarados por um senhorio ausente como uma maneira de extrair deles o maior aluguel possível.[5]

Aqui, novamente, está a Afiliação Interna em ação — levando uma transformação não para uma comunidade ecológica e sim para uma comunidade humana, por meio de uma propriedade radicada localmente e detida coletivamente. Na sua essência está o Propósito Vivo. E o *design* é alimentado pelas Finanças dos *stakeholders*, onde o capital se torna um amigo, não um patrão.

Acho intrigante que o modelo da comunidade de propriedade dos residentes tenha sido concebido por uma instituição financeira. Não foi um grande banco com executivos se esforçando para ganhar muitos milhões para si mesmos. No entanto, esse fundo de empréstimos administra quase 70 milhões de

---

* As Manufactured Housing (conhecidas popularmente nos Estados Unidos como *mobile homes*) são casas sobre rodas (*trailers*) pré-fabricadas e em grande medida montadas em fábricas, sendo em seguida transportadas para os locais onde serão usadas. O termo, nos Estados Unidos, é regulado por uma lei federal. (N.T.)

dólares. E paga aos investidores até 4% e 5% ao ano, em um momento no qual os certificados de depósito bancário estão pagando uma fração disso.

A diretora fundadora do New Hampshire Community Loan Fund — que permanece no cargo há mais de 25 anos — é Juliana Eades. Eu a conheci certo dia em uma conferência. O que me impressionou foi a maneira como ela parecia acessível e o quanto ela ria. O seu cabelo era grisalho e curto, ela não usava nenhuma maquilagem e vestia, descontraída, calças de algodão, enquanto quase todas as outras pessoas trajavam ternos e conjuntos. Juliana é completamente diferente de como imaginaríamos uma banqueira típica. Conversei com ela durante meia hora sem saber que ela era a presidente do fundo. Quando lhe perguntei qual era o seu cargo, ela simplesmente me disse que atuava no fundo desde a sua fundação.

A organização não está procurando construir um império tomando posse de todas essas comunidades de casas móveis, ou colocando hipotecas nelas e depois vendendo-as rapidamente para que outra pessoa possa extrair o seu valor. Em vez disso, a meta é ajudar pessoas comuns, não financializadas, a desfrutar os benefícios da plena propriedade. Quando o modelo demonstrou o seu valor em New Hampshire — com 90 comunidades de proprietários residentes com inadimplência zero —, foi criada uma nova organização, a ROC-USA, com o objetivo de levar o modelo para o país inteiro.

Uma extraordinária sensibilidade está em ação. Em vez do desejo de abocanhar cada vez mais para o eu, essa abordagem da propriedade personifica uma entrega, uma propagação da abundância. É o auge da propriedade generativa: a propriedade como generosidade personificada, mas ao mesmo tempo financeiramente prática. Essas pessoas não estão recebendo um presente; estão comprando terra. O fundo de empréstimos não está no ramo da filantropia; ele concede empréstimos que são quitados com juros. O objetivo final é a propriedade comum, de pessoas comuns — pessoas normais, membros da classe trabalhadora.

O domínio local

Outro modelo que ainda está se revelando viável é o *vento comunitário*. O melhor exemplo disso é a Dinamarca, onde um movimento de base lançou o impulso de construir fazendas de vento. Muitas turbinas erigidas na década de 1980 e no início da década de 1990 eram de propriedade das guildas eólicas, e hoje as cooperativas ainda são donas de uma parte substancial da capacidade instalada. Quando a Dinamarca aprovou em 2009 uma lei incentivando o desenvolvimento eólico, ela exigiu que os novos projetos eólicos oferecessem pelo menos 20% de propriedade para os habitantes do local. Sistemas semelhantes estão funcionando na Alemanha, onde metade da geração de energia renovável é de propriedade de agropecuaristas e outros cidadãos comuns.[6]

A propriedade comum do vento cria um poderoso benefício: reduz a resistência da comunidade que a energia eólica com frequência encontra no caso da propriedade absenteísta. Isso foi presenciado na Alemanha, no Canadá e em outros países além da Dinamarca. A propriedade comunitária é uma maneira de "democratizar a eletricidade", me disse o especialista em energia eólica Paul Gipe. No entanto, nos Estados Unidos, a energia eólica comunitária está apenas começando a se tornar mais amplamente conhecida. "Somente poucos de nós que estamos à margem da cultura predominante estamos falando a respeito da energia eólica comunitária", declarou Paul.[7]

Nos estados, a energia eólica comunitária geralmente assume a forma de propriedade municipal — a propriedade das comunidades locais. Desejosa de ver de perto esse modelo, reúno-me com alguns amigos na tarde nublada de uma quinta-feira em Rowe's Whart em Boston para fazer o trajeto de 45 minutos de barcaça até a instalação eólica em Hull. Em 2001, a pequena cidade de Hull levantou a primeira turbina em escala comercial da Costa Leste, e é isso que meus amigos e eu estamos indo ver — junto com outras 350 pessoas que compraram passagens de 10 dólares para a viagem conduzida pela Mass Energy Consumers Alliance. Ficamos na fila por quase uma hora antes de embarcar no barco *Freedom* e finalmente sentar nos nossos lugares dentro do grande recinto central da barcaça, onde as pessoas estão alegres, como se estivéssemos no churrasco de uma igreja ou em uma feira estadual. Esta é a sétima ou oitava viagem para Hull que a Mass Energy está realizando.

"Nós provavelmente deveríamos ter um segundo barco, porque tivemos que recusar passageiros", diz um dos organizadores no alto-falante.

Quando chegamos ao nosso destino, Pemberton Point, desembarcamos e caminhamos em direção à turbina. Lá, o organizador pergunta: "Quantos de vocês tocaram uma turbina de vento antes?". Muitos dão um passo à frente. Meus amigos e eu permanecemos onde estamos e observamos.

"Espero que olhemos para isto daqui a 20 anos e achemos estranho", diz Susan.

Katherine vai dar uma olhada e volta para dizer: "Não há muita coisa acontecendo lá. Uma escada e uma caixa".

"A 90 metros de distância, não se ouve nada", anuncia o organizador. Estamos a 15 metros de distância e eu consigo ouvir, mas não é alto. "É mais ou menos como o barulho de uma lava-louça", comenta Susan.

Reconheço um dos cidadãos organizadores que lideram a iniciativa de construir essa turbina, Andrew Stern, e vou bater um papo com ele. "Como tudo começou?", pergunto. "Quando você começou, o que você fez?"

"Você liga e marca uma reunião", diz ele. "Você participa de muitas reuniões com *donuts* e café" com pessoas como o gerente da fábrica e um membro do conselho municipal da cidade.

Quando ele os abordou, pergunto, o que eles disseram?

"Eles não disseram não", responde ele com uma risada.

Essa turbina foi construída porque existem pessoas locais com autoridade sobre a geração de energia — pessoas com quem você pode se sentar e tomar um café. Em outras palavras, ela fora construída porque a comunidade é dona da central energética. Como uma pequena placa em uma cerca de arame nos diz na saída, essa turbina é de propriedade da "Town of Hull Municipal Light Plant".*

Na minha cabeça, este lugar contrasta acentuadamente com Salem, onde a central elétrica (uma usina de carvão) é de propriedade da Dominion, uma empresa de capital aberto cuja matriz fica em Richmond, na Virginia. O nosso grupo de cidadãos em Salem espera há muito tempo que a usina seja fechada e uma usina eólica talvez possa ser construída lá. Mas o gerente local não

---

* Usina de Luz Municipal da Cidade Hull. (N.T.)

tem nenhuma autoridade sobre essas coisas. E o CEO da Dominion, Thomas Farrell, não é alguém para quem possamos dar um telefonema. Mesmo que, se por um milagre, ele pegasse um avião e fosse até Salem para comer *donuts* (uma probabilidade infinitesimal, considerando que a usina de Salem representa uma partícula da receita de 15 bilhões de dólares da companhia), ele provavelmente nos faria lembrar que o seu dever era para com os acionistas, não com a cidade de Salem.

Não que a Dominion careça de recursos para gastar com energia eólica. Alguns anos antes, Farrell conseguiu encontrar a gigantesca quantia de 6 *bilhões de dólares* "dando sopa", que ele gastou recomprando ações da companhia (em uma ocasião na qual a empresa estava dizendo a Salem que não tinha condições de pagar o imposto predial que um dia pagara).[8] Farrel é responsável diante de uma comunidade, e essa comunidade não é local.[9]

Hull é diferente. Lá o processo de construir um projeto de desenvolvimento eólico envolveu a comunidade. Em 1997, os professores Malcolm Brown e Anne Marcks conduziram reuniões de cidadãos, e o planejamento foi incluído no programa do curso de física de Marcks no ensino de médio. Brown, um professor de filosofia aposentado e ex-membro do Conselho Municipal de Administração de Luz de Hull, declarou à revista *E*: "A experiência de Hull demonstra que é mais fácil conseguir aprovação para projetos eólicos se os benefícios tiverem lugar perto de casa, sendo conduzidos para os residentes locais de uma maneira transparente e direta. Dessa maneira, o projeto é nosso, não deles. Nós somos tanto os investidores quanto os beneficiários".[10]

O despertar

Os *designs* generativos contribuem de várias maneiras para resolver problemas das áreas comuns. A energia eólica comunitária ajuda a eliminar os obstáculos à energia limpa. As comunidades de propriedade dos residentes propagam a riqueza. As servidões de conservação preservam os lugares naturais. As florestas comunitárias evitam o desmatamento. Depois de estudar esses *designs*, eu me dei conta do motivo pelo qual a minha abordagem original estava incorreta. Em face desses *designs* radicalmente diferentes, a monocultura do *design* corporativo da maximização do lucro começou a parecer um artefato da área industrial —

adequado em certas circunstâncias, tóxico em outras. Por mais generalizado que seja esse *design*, comecei a ter um vislumbre de que o seu dia poderá passar — quando as pessoas acordarem.

Comecei a perceber por que a ideia de reestruturar a corporação está fora de foco. Anos haviam se passado depois do que Stephan dissera na floresta, mas finalmente entendi. Não começamos com a corporação e perguntamos como reestruturá-la. Nós começamos com a vida, com a vida humana e a vida do planeta, e perguntamos: o que fazer para gerar as condições necessárias ao florescimento da vida?

Percebi por que eu tivera dificuldade em responder à pergunta de Stephan a respeito do tipo de economia mais adequado à vida dentro de um ser vivo. O conjunto de respostas parece diferente, dependendo de onde você está situado quando faz a pergunta. Se você se encontra dentro de uma grande corporação como a Dominion e pergunta que tipo de economia nós precisamos, as respostas consistem em uma mudança incremental a partir do modelo existente. A única maneira de iniciar essa conversa é encaixar os seus interesses dentro da estrutura da maximização dos lucros ("Eis como você pode ganhar mais dinheiro por meio de práticas de sustentabilidade"). Pedir a corporações que modifiquem essa estrutura é como pedir a um urso que mude o seu DNA e se torne um cisne.

Se você adotar a postura mais radical dentro da lei e perguntar como alterar a instrução de maximização dos lucros — que nós na Corporation 20/20 investigamos detalhadamente —, você dará consigo no mato sem sol da governança corporativa (atribuições dos diretores, direito comum, casos do tribunal de Delaware). Eu e meus colegas passamos anos vagando nesse mato, e vimos as gavinhas das coisas como elas são enlaçar os pés dos mais intrépidos exploradores. Poucos dos que entram nesse mato emergem com a sanidade mental intacta.

A geração fundadora dos Estados Unidos não começou recorrendo a essas abordagens. Essas pessoas não começaram com argumentos complicados a respeito da lei nem disseram ao rei que cuidar dos camponeses aumentaria o retorno dele sobre os investimentos. Elas proferiram verdades que consideravam autoevidentes. Foi o que Stephan fez naquela floresta. Ele simplesmente disse o seguinte:

"Uma coisa está certa quando aprimora a estabilidade e a beleza de todo o ecossistema, e está errada quando as prejudica."[11]

Essa afirmação está completamente correta. É outro fragmento da moralidade secular que pode nos guiar: a sustentabilidade do sistema mais amplo vem em primeiro lugar. Tudo o mais precisa se encaixar dentro *dessa estrutura*. Que tipo de arquiteturas sociais são compatíveis com um mundo vivo onde todos os seres podem florescer?

A emergência de um novo paradigma

Esta é a perspectiva do todo, e é a perspectiva a partir da qual Stephan falou. "O sistema econômico está travando uma guerra maciça contra a natureza", declarou ele. "Podemos falar à vontade a respeito de novos sistemas de negócios, mas, a não ser que tenhamos essa perspectiva" — colocando o bem do todo em primeiro lugar — "não seremos bem-sucedidos." Quando o todo está danificado, todos nós estamos danificados. Quando ele prospera, todos nós podemos prosperar. Esse entendimento é básico para o pensamento sistêmico, que se apoia em uma constatação fundamental:

Não existem sistemas separados.

Isso foi primordial para a revisão da ciência que os físicos tiveram pela frente no início do século XX, quando o pensamento sistêmico foi introduzido. Na visão de mundo mecanicista de Descartes e Newton, os cientistas imaginavam que a matéria era formada por partículas separadas. No entanto, os físicos encontraram um novo e estranho mundo nos níveis atômico e subatômico, o qual os colocou diante da lancinante necessidade de construir uma visão da realidade inteiramente nova. O físico Fritjof Capra escreveu o seguinte:

Em seus esforços para apreender essa nova realidade, os cientistas ficaram dolorosamente conscientes de que suas concepções básicas, sua linguagem e todo o seu modo de pensar eram inadequados para descrever os fenômenos atômicos. Seus problemas não eram meramente intelectuais, mas alcançavam as proporções de uma intensa crise emocional e, poder-se-ia dizer, até mesmo existencial.[12]

Eles compreenderam, no final, que o universo não é de modo nenhum composto por coisas, e sim por fluxos padronizados. "O que flui é uma coisa misteriosa, não individualizada, que chamamos de energia", escreveu Ervin Laszlo em *The Systems View of the World*. Parte dos fluxos de energia se organiza em padrões relativamente estáveis, que permite que "coisas" surjam, "como nós atados em uma rede de pesca", prosseguiu ele. Elas são partículas de matéria. Uma energia rodopiante aparece nos padrões relativamente estáveis de elétrons, os quais se juntam para formar padrões maiores chamados átomos. Os átomos se organizam em moléculas químicas; as moléculas formam células. As células se expandem em organismos, e os organismos se unem em "comunidades superorgânicas", tanto ecológicas quando sociais — como florestas, cidades e corporações. Essas comunidades vivas se unem para formar o sistema global de Gaia, a Terra viva. O todo tem "o caráter de um vasto sistema de energias equilibradas", escreveu Laszlo, "atuando em uma forma de coesão discernível".[13]

Essa mudança radical na visão de mundo conduziu Thomas Kuhn à ideia das *mudanças de paradigma* — quando os conceitos pelos quais uma comunidade descreve a realidade são profundamente reescritos. Ampliando o raciocínio de Kuhn, Capra fez menção a um *paradigma social*, uma constelação de concepções, de valores, de percepções e de práticas compartilhados por uma comunidade que dá forma a uma visão particular da realidade, a qual constitui a base da maneira como a comunidade se organiza.[14]

O paradigma que está agora recuando, continuou Capra, está conosco há séculos e consiste de ideias e valores fortemente arraigados — inclusive a ideia da economia como um sistema mecânico, da vida como uma luta competitiva e do progresso como um crescimento econômico e tecnológico ilimitado. "Por fim, mas não menos importante", escreveu Capra, está a crença de que é natural que "a mulher é, por toda a parte, classificada em posição inferior à do homem".[15]

Os paradigmas, valores e visões de mundo não são conceitos móveis, e sim conceitos que se incorporam aos *designs* institucionais. Hoje estamos diante de uma mudança de paradigma no capitalismo. Os sinais estão por toda parte, nas crises financeiras e ecológicas. No entanto, a antiga visão de mundo permanece arraigada nos *designs* de propriedade das corporações e dos mercados de capitais. Em silêncio, esses *designs* põem em prática a visão da atividade econômica que nasceu com a era industrial: a visão dos negócios como uma máquina, a qual se alimenta de "recursos naturais" e "recursos humanos" a fim de produzir mercadorias e serviços. Nos mercados de capitais, o ponto de vista é o das corporações como objetos de propriedade dos acionistas, cujo propósito é a produção rápida e contínua de fluxos intermináveis de lucros como uma linha de montagem.

O domínio

Esse é o paradigma do domínio — o domínio dos seres humanos sobre o mundo natural, do homem sobre a mulher, dos brancos sobre as outras raças, do capital sobre o trabalho. A palavra *domínio* vem do vocábulo latino *dominium*, que significa "propriedade", que vem de *dominus* ("senhor"). Nas palavras do teórico jurídico William Blackstone do século XVIII, a propriedade confere ao proprietário o direito ao "domínio exclusivo e despótico".[16] Essa é a visão tradicional de propriedade. É o conceito fundamental de todo o paradigma.

Os *designs* generativos para a propriedade das áreas comuns agregam um diferente modelo de propriedade, que não envolve o domínio e sim a inclusão. Esse modelo envolve o sentimento de que pertencemos a algo maior do que nós mesmos, um todo comum. E essa não é uma questão de sentimentalismo e sim de uma verdade literal. É uma questão de realidade biológica. A vida da qual todos participamos — a vida das florestas, dos peixes, da terra — torna a nossa vida possível. A ideia de indivíduos isolados, que vivem em segurança em uma esfera financeira acima do restante de nós, é uma fantasia. É uma impossibilidade biológica, pois a vida em isolamento simplesmente não existe. "A vida sustentada é propriedade de um sistema ecológico e não de um único organismo ou espécie", como afirmou o biólogo Harold Morowitz.

> "A vida é uma propriedade dos planetas
> e não dos organismos individuais."[17]

Embora os novos *designs* de propriedade das áreas comuns estejam mais baseados na realidade, isso não significa que eles sejam a resposta completa para como construir uma nova economia. Os modelos que estudei não são panaceias. Algumas pessoas dizem que as cotas de pesca são uma má ideia e não uma boa ideia. As autoridades das empresas municipais de serviços públicos frequentemente se mostram surdas às recomendações dos cidadãos. As servidões de conservação na sua forma agrícola — planejadas para proteger as terras agrícolas da urbanização e dos projetos de construção civil — frequentemente não conseguem impedir o longo declínio das comunidades rurais.[18] Os fundos para empréstimos comunitários operam de uma maneira prática e profissional, a maioria ainda precisa da renda de subvenções.

Esses modelos não são perfeitos. Eles não são uma ferramenta mágica capaz de acabar com todos os problemas das áreas comuns. A mudança do clima não pode ser interrompida pela modificação dos *designs* de propriedade; outros tipos de ações mais rápidas da parte do governo se fazem necessários. Neste momento, os *designs* de propriedade das áreas comuns representam ferramentas para o despertar. A nossa mente foi de tal maneira colonizada pelo paradigma do capitalismo da era industrial que perdemos a capacidade de imaginar outras maneiras de organizar uma economia. Esses humildes *designs* nos fazem lembrar que existem muitas maneiras. Depois do longo voo da fantasia do capitalismo financializado, os *designs* de propriedade generativa para as áreas comuns são maneiras de começarmos a "cair na real". A propósito, eles funcionam.

Eu encontrara a respostas para a primeira pergunta que eu estipulara na minha jornada nas áreas comuns para investigar o papel dos *designs* de propriedade na resolução dos problemas dessas áreas. O que eu planejava explorar em seguida era a outra parte da minha pergunta: qual era o papel do *design* da propriedade em *causar* os problemas das propriedades comuns? Eu sabia por onde começar essa jornada. A resposta tinha algo a ver com um conceito fundamental no paradigma industrial: a ideia do crescimento.

A ilha

Do crescimento à suficiência

Seguro o e-mail impresso com as instruções do trajeto em uma das mãos enquanto dirijo com a outra. À esquerda depois de Kingdom Hall, 500 metros em uma estrada de terra, à esquerda na placa da Red Arrow Road na árvore. Entro na estrada de terra e me vejo dirigindo através de uma floresta que parece esquisita, mas levo alguns instantes para compreender por quê. Esse grupo de carvalhos não é jovem, mas as árvores não ficaram altas. Elas retêm a altura da perpétua juventude, mas têm o aspecto rugoso e nodoso da idade. O meu anfitrião me conta depois que isso é resultado da adaptação das árvores aos ventos nessa ilha de Martha's Vineyard e ao solo arenoso onde elas crescem.

"A nossa casa é a última à esquerda ao lado da lagoa", diz a nota. Estaciono em um estacionamento de cascalho, além do qual descortino um aglomerado de casas de dois andares, cobertas por telhas de madeira, todas com aquele reconfortante tom cinzento emprestado pelo clima da Nova Inglaterra. Dezesseis dessas casas estão aninhadas juntas na floresta, com varandas voltadas para um jardim interno. No entanto, "jardim interno" é um nome excessivamente sofisticado para essa longa área comum, coberta por uma folhagem natural, não tratada. Um caminho de terra serpenteia pelo meio do jardim. O lugar tem um ar palpável de sossego e tranquilidade.

O meu anfitrião, John Abrams, com uma barba meio grisalha e óculos com aro de metal, sai da casa ao lado da lagoa — umas das maiores casas do agrupamento — e vem ao meu encontro. John é um velho amigo dos meus dias na *Business Ethics* e um antigo participante da Corporation 20/20, mas essa é a primeira que vez venho à sua casa. Ele caminha comigo pelo caminho de terra e me mostra o local. Vizinhos nos cumprimentam quando passamos, e crianças andam de bicicleta.

"Até mesmo crianças de 3 anos podem brincar sozinhas aqui", diz John, "porque carros não são permitidos no espaço interior e há muitos olhos observando." Essa é Island Cohousing, a comunidade onde John mora, que foi construída pela sua empresa, a South Mountain Company.

Algumas casas têm uma estrutura de propriedade que garante que elas mantenham um preço acessível para residentes de baixa renda, ao passo que outras têm *designs* de propriedade tradicionais, mas não consigo diferençá-las. Cada casa é substancialmente construída a partir de madeira sustentável recuperada e certificada. Algumas têm painéis solares. E as casas são firmemente protegidas pelo isolamento térmico, explica ele, o que significa que são frescas no verão e tépidas no inverno.

"Todas têm banheiros de compostagem", prossegue. "Essa foi uma das decisões mais arriscadas que tomamos ao construir o local — as pessoas comprariam banheiros com privadas sem descarga? As autoridades as aprovariam? Os bancos as financiariam? Em todos os casos, a resposta se revelou afirmativa. As pessoas as escolheram." As casas são dimensionadas para o conforto e não para a ostentação. Elas têm de dois a quatro quartos, a maior com cerca de 160 metros quadrados.

John me conduz em um *tour* pela casa de uso comum, com uma varanda protegida das intempéries e salas de bom tamanho no primeiro andar e quartos de dormir no andar superior. Aqui, os membros da comunidade dão festas e hospedam pessoas de fora da cidade. É onde jantares em que todos contribuem com a comida são realizados e aulas de ioga são ministradas.

Durante o jantar, John e a sua esposa, Chris, falam a respeito de como foram viver, acidentalmente, nessa pequena ilha ao largo da costa de Massachusetts — cuja área total é de apenas 260 quilômetros quadrados — que atua como uma comunidade de *resorts* de segundas residências para os ricos. Os dois eram "*hippies* das duas costas dos Estados Unidos", declarou John, e foram para a ilha ajudar os pais dele a construir uma casa, e depois simplesmente ficaram por lá. E continuaram a projetar e construir, trabalhando com outras pessoas para criar a South Mountain Company.

Um *tour* dessa empresa é o pretenso propósito da minha visita. Ela é uma das raras companhias que encontrei que pratica conscientemente o crescimento lento. Fiz essa viagem porque quero vivenciar a resposta viva para uma simples pergunta:

Como se parece uma empresa que avançou além do crescimento?

O que possibilita que algumas empresas desconsiderem a necessidade do crescimento, enquanto outras parecem estar presas nele como em um alicate de pressão? Quero ver a resposta de perto nesse lugar. A Island Cohousing parece um espetáculo secundário. Somente depois eu compreendo que ela é, na verdade, bem mais do que isso.

Bastante

Na manhã seguinte, pego o mesmo caminho que conduz à comunidade habitacional e sigo um pouco mais além, já que a South Mountain Company ocupa parte do mesmo pedaço de terra de 15 hectares que a Island Cohousing. Logo avisto o escritório central dessa empresa de 8 milhões de dólares com 33 pessoas — uma estrutura de dois andares coberta por telhas de cedro que parece mais uma pousada do que um escritório. O seu interior tem um ar de conforto relaxado, com tapetes sobre o piso de madeira e o teto alto com vigas aparentes de madeira clara. Reparo que os pés da mesa na sala de reuniões mantêm a forma original de galhos, despojados da casca e lixados, mas sem ser industrializados de outra maneira. Do lado de fora da sala de John, uma poltrona de couro estofada me convida a me sentar.

Enquanto espero por John, um funcionário entra no prédio a fim de bater um papo com a recepcionista, comentando que estivera no estacionamento ouvindo o final de uma entrevista com Lawrence Ferlinghetti. Ele passa a descrever essa entrevista com certo detalhe. São 9h15, e ninguém parece preocupado com o fato de essa pessoa ter chegado "atrasada" ao trabalho.

John e eu nos sentamos no seu escritório e conversamos por um longo tempo naquele dia, com a floresta visível do lado de fora da sua janela e o sol iluminando a sala. Ele chama atenção para a turbina de vento que a empresa levantou — junto com painéis solares —, que supre 90% da eletricidade da companhia. Na hora do almoço, damos uma volta de carro para ver locais que a empresa construiu. Visitamos uma casa projetada para se aproximar do consumo de energia zero, que pode inserir na rede o excesso de energia dos painéis solares e é aquecida apenas por um fogão da pelota. Ele me conduz ao longo do "Jenny Way", um agrupamento de dez casas que inclui as primeiras casas para famílias individuais, a um preço acessível, com certificação LEED platina, nos Estados Unidos (LEED é a sigla de Leadership in Energy and Environmental Design*).[1] Uma fonte de madeira para casas como essas são toras recuperadas do fundo dos rios — "cipreste afundado", como diz John.

Nessa comunidade de *resorts* onde os imóveis são extraordinariamente dispendiosos (vi um anúncio de uma "caminhada de dois quartos até a água" por 5 milhões de dólares), a empresa usa alguns lucros que recebe ao construir casas altamente sofisticadas para criar casas a preços acessíveis. Ela oferece auxílio-moradia aos funcionários e conduziu o desenvolvimento do Island Affordable Housing Fund sem fins lucrativos. A South Mountain mantém relacionamentos a longo prazo com os seus clientes, oferecendo "assistência após a ocupação". Se a porta de um armário apresenta defeito dez anos depois, ela é consertada. Eu me reúno separadamente com vários funcionários, entre eles o *designer* Derrill Bazzy, que começou a trabalhar na empresa como carpinteiro. Ele descreve como muitos clientes se tornaram amigos chegados.

"Os padrinhos do meu filho são clientes, e nós somos padrinhos dos filhos deles", diz ele. "Quando existe certo nível de satisfação dentro de uma empresa, é fácil estender isso aos clientes."

O que achei mais cativante foram as políticas não convencionais da empresa com relação ao crescimento. Elas começaram em 1994, depois que a empresa assumiu projetos que duplicaram a sua receita e representaram o aumento de funcionários. Como John descreve no seu texto: "A empresa estava tomada pela

---

* Liderança em *Design* Energético e Ambiental. (N.T.)

ansiedade, pela insatisfação e pelo estresse. Parecia haver o sentimento geral de que crescêramos em excesso, rápido demais". Para avaliar melhor a situação, ele convocou uma reunião da equipe. Ele pendurou um quadro na parede e traçou uma linha vertical pelo meio denominada: "Manter o tamanho atual". À esquerda, havia os dizeres "Diminuir o tamanho" e, à direita, "Continuar com o crescimento lento". Foi solicitado a cada funcionário que colocasse uma marca adesiva em um lugar que indicasse a sua preferência.

Quando todo mundo deu um passo atrás, a maioria das marcas estava agrupada perto do centro, um número significativo estava espalhado à esquerda, e várias estavam bem no meio. O consenso, escreveu John no seu livro, *Companies We Keep*, foi de que "deveríamos pisar com menos força no acelerador, ajustar-nos ao nosso crescente crescimento, errar para o lado da cautela e reduzir um pouco a velocidade". A partir de então, a empresa tem realizado reuniões de crescimento semelhantes de anos em anos. Em determinado ponto, ela manteve o mesmo nível de receita durante quase uma década. E, com frequência, a companhia recusa trabalhos que não se encaixam nos seus valores ou planos.[2]

A South Mountain é livre para adotar essa abordagem por causa da sua estrutura de propriedade. Ela é uma empresa de propriedade dos funcionários e dirigida pelos funcionários. As pessoas que sentem os efeitos do crescimento podem controlá-lo. O conselho diretor é formado por funcionários, que não sentem nenhuma necessidade de ter membros de fora no conselho. Como a empresa financia a si mesma com os seus próprios lucros, ela não tem investidores externos. Os donos-funcionários optam por se concentrar em *bastante* (*suficiente*) em vez de *mais* — nas palavras de John: "lucros suficientes para reter e compartilhar, uma remuneração suficiente para todos, saúde e bem-estar suficientes, tempo suficiente para conceder ao trabalho a atenção que ele merece, suficiente para administrar, dores de cabeça suficientes, erros suficientes".

Outra palavra para *bastante* é suficiência, escreveu Thomas Princen em *The Logic of Sufficiency*. Ela é diferente do ideal industrial de eficiência, que é a ideia de que mais, mais rápido, mais barato é sempre melhor. Suficiência, declarou Princen, é "a noção de que, à medida que praticamos cada vez mais uma atividade, pode haver o bastante e pode haver demais".[3] A suficiência é natural nos sistemas vivos. Ela surge como um princípio operacional nessa empresa, porque a afiliação está radicada nas mãos vivas dos funcionários, e porque a Governança Controlada pela Missão confere a esses funcionários a oportunidade de dar a sua opinião.

A adesividade do crescimento

O bem-estar que a South Mountain sente com o crescimento lento está muito distante da corrente predominante dos negócios. No *design* da propriedade extrativa, o princípio operacional é de que o crescimento contínuo do rendimento financeiro é o bem supremo. Se todas as empresas americanas fossem até a sala de John e colocassem as suas marcas adesivas no quadro, elas se agrupariam compactamente à direita — no território rotulado de "continuar o crescimento rápido para sempre". Ao longo dos anos, vi esse imperativo conduzir às crises éticas da Enron, da Worldcom, da Adelphia e de outras companhias. Em vez de admitir que o aumento nos lucros se tornara difícil, elas manipularam a contabilidade para manter a fantasia viva por mais tempo. A mesma mentalidade levou os bancos de investimento a promover a expansão das hipotecas subprime, porque se mostraram avessos a admitir que todos os empréstimos apropriados tinham acabado.

A busca do crescimento foi o motivo pelo qual a Dominion gastou inconcebíveis 6 bilhões de dólares para recomprar as próprias ações — uma manobra contábil destinada a remover ações de circulação para fazer subir o preço das remanescentes. Ela não produziu nada no mundo real: nenhuma turbina de vento, usinas de gás natural ou instalações de energia solar. O que essa jogada produziu foi um pico no preçodas ações. Na Dominion, esse pico significou que o CEO terminou aquele ano com 15 milhões de dólares, em grande medida por causa das opções de co mpra de ações. No entanto, o preço das ações da Dominion logo caiu. Em menos de dois anos, a ação estava valendo *menos* do que antes da recompra. Essa empresa de energia gastou 6 bilhões de dólares em puro ar. Ela fez isso quando o futuro do planeta depende das nossas escolhas energéticas. Isso foi Nero fazendo manipulações em uma escala planetária.

A curto prazo, as Finanças de Cassino e a Governança de Mercados podem fazer milagres, para algumas pessoas. A longo prazo, elas podem causar um desastre para todo mundo. A Dominion e a Enron se comportaram da maneira como se comportaram por causa do seu *design* de propriedade. É o modo como a propriedade extrativa, da era industrial, vincula os lucros aos mercados de capitais, e o modo como esses mercados tecem moléculas de lucros em corpos maiores de riqueza — transformando um dólar de lucro, por meio de um coeficiente P/L aumentado, em 20 ou 30 dólares. Essa mágica encerra um fascínio irresistível, porque ela "cria" uma riqueza financeira além dos sonhos mais extravagantes de qualquer pessoa. São os CEOs que dão continuidade a ela. Mas, se todos os CEOs de todas as grandes empresas fossem abduzidos amanhã por alienígenas, outros simplesmente os substituiriam. Nada mudaria. O problema não são as pessoas e sim o *design* de propriedade que incentiva, amplia e gratifica o comportamento delas.

Poderia o CEO de uma empresa de capital aberto acordar certa manhã e decidir, bem, chega de receitas e lucros; vamos diminuir o ritmo e permanecer em um agradável patamar de prosperidade? Poderia essa empresa, em outras palavras, se tornar uma economia de estado estacionário em menor escala? Não sem que ocorra um pandemônio.

O efeito multiplicador só se mantém firme se os investidores esperarem que os lucros futuros sejam maiores. Se ficarem estacionários ou caírem, o processo se inverte. O preço das ações despenca. Rolam as cabeças dos CEOs. Outros são chamados para fazer funcionar a máquina de crescimento.

Manter inflado o preço das ações não é a única razão pela qual as empresas gostam do crescimento; elas querem conquistar uma fatia do mercado, alcançar economias de escala e assim por diante. Mas os mercados financeiros criam um *desejo compulsivo* de crescimento, transformando uma preferência em uma necessidade repleta de tensão e ansiedade.

O crescimento é uma imposição das finanças,
não dos negócios em si.

"O verdadeiro segredo é manter os negócios privados", me diz John. "Assim que você se torna uma empresa de capital aberto, a sua missão social acaba. Você não consegue resistir à pressão de Wall Street."

A máquina emperrada no ponto máximo

A maior parte do discurso público a respeito do crescimento se concentra em questões como a mudança do clima, o consumismo e a obsessão dos estrategistas econômicos pelo PIB. Mas essas grandes questões são inseparáveis do que acontece dentro das empresas. Tomemos o consumismo. Sempre que um consumidor compra alguma coisa, outra parte está vendendo essa coisa. Essas transações não estão acontecendo em vendas de garagem. A venda é feita por empresas. A renda das vendas das grandes corporações representa a maior parte do PIB total.

O encaixe entre o consumo, o foco da empresa no crescimento e o PIB intumescido é muito justo. É tudo um processo só. A pressão para o crescimento surge nos três pontos, ou seja, no individual, no empresarial e no nacional. No entanto, a pressão talvez seja mais intensa nas empresas e nos mercados financeiros.

As corporações e os mercados de capitais são o motor de combustão interna da economia capitalista. É aí que o processo começa acelerado e segue em frente. E é onde ele se descontrola. Quando as empresas visam aumentar irrestritamente os lucros, às vezes elas se colocam em marcha acelerada e correm além das tolerâncias normais. Vedações estouram. Motores ficam superaquecidos. Pedestres são atropelados. Dentro da companhia, a pressão provoca o excesso de trabalho, a ansiedade, demissões, terceirizações, cortes salariais, reduções dos benefícios de assistência médica e relatórios contábeis adulterados. Fora da empresa, a pressão se propaga pela economia como uma carga elétrica por um fio — obrigando os consumidores a comprar mais do que precisam, famílias a contrair mais dívidas do que podem administrar, ecossistemas a absorver mais resíduos do que é possível.

O que mantém a pressão no ponto máximo é o *design* da propriedade extrativa. Como as ações de propriedade das grandes empresas são, na grande maioria, negociadas nos mercados públicos, essas empresas são impulsionadas pelo mesmo algoritmo de crescer a qualquer custo. O produto que elas criam resulta em uma economia grande demais para a capacidade biótica da biosfera. Nas palavras de Fritjof Capra: "A ideia de que os sistemas organizacionais são agora a principal força motriz dos sistemas ecológicos é simplesmente alarmante".[4]

A maioria das pessoas não reconhece que o *design* da propriedade desempenha uma grande parte na propulsão da coisa toda. As pessoas enxergam o impulso em direção à acumulação da riqueza como semelhante à gravidade. E a ganância nasce naturalmente no coração humano. Mas o mesmo podemos dizer da compaixão. O *design* da propriedade extrativa seleciona um impulso natural e o institucionaliza, regulamenta e magnifica.

A curto prazo, as empresas que visam maximizar os lucros podem favorecer uma rápida transição para uma economia ecologicamente mais limpa. No entanto, em um prazo um tanto mais longo, essa transição poderá representar um breve momento no tempo. Se a civilização humana e os ecossistemas planetários ainda estiverem funcionando bem daqui a 50 anos (e este é um grande ponto de interrogação), o que dizer dos 50 anos depois deles? E dos 100, 200 ou 1.000 anos além disso? Que tipo de economia será adequado para a vida contínua dentro da Terra viva? Será uma economia dominada por gigantescas corporações cujo único objetivo é aumentar os lucros? Essa possibilidade não parece provável. Quando examinamos os efeitos a longo prazo, a pergunta se inverte:

Conseguiremos sustentar indefinidamente uma economia de baixo crescimento ou nenhum crescimento sem modificar os designs de propriedade dominantes?

Isso parece extremamente improvável. Provavelmente impossível.

Meteoros atingindo a Terra

O maior desafio de abandonar o paradigma de crescimento é reconhecer quanto nós estamos nele. Desde o fim da Segunda Guerra Mundial, temos vivido em uma explosão inconcebivelmente grandiosa de crescimento econômico.

"As pessoas que vivem em uma explosão são diferentes, assim como as pessoas que vivem em uma zona de guerra são diferentes", declara John Stutz, meu colega no Tellus. "A reação normal a uma explosão é procurar abrigo e esperar que ela acabe." Em contrapartida, nós partimos do princípio de que a nossa explosão vai durar para sempre.

John, que tem ph.D. em matemática, estuda números da maneira como outros estudam livros de receitas culinárias. Ele é um estudante do crescimento. Um pesquisador a quem ele frequentemente recorre é Angus Maddison, que reúne estimativas do PIB total desde o primeiro ano. (Algumas pessoas ficam sentadas só fazendo isso.) Os números de Maddison oferecem uma perspectiva sobre o crescimento em uma escala geológica. E eles são reveladores. Certa tarde, no meu escritório, John explica como, em comparação com eras anteriores, a partir de 1950 o crescimento foi fora de escala.

"O crescimento que experimentamos nos últimos 50 anos foi tão gigantesco, que ele distorceu toda a experiência da espécie", diz ele. "Suponhamos que o seu salário vinha subindo 100 mil dólares por ano. Então, em determinado ano, você recebeu um aumento de 50 mil dólares. Você ficaria realmente zangada. Esse é o tipo de distorção que se instalou, na qual uma mínima redução no crescimento parece uma catástrofe."

Em uma escala global, o PIB se alterou muito pouco nos primeiros 1.800 anos da Era Cristã. Depois, com o início da Revolução Industrial em 1820, o crescimento começou a se acelerar. O PIB global tornou-se oito vezes maior em 1950. No entanto, a partir de 1950, o crescimento decolou verticalmente como um foguete, indo de pouco mais de 5 trilhões de dólares para assombrosos 51 trilhões em 2008. A produção de 1950 equivaleu a apenas 10% desse novo nível. Os 90% restantes do PIB global surgiram em pouco menos de 60 anos.[5]

Nas palavras de John, "É como se uma cidade que tivesse passado 100 anos construindo algumas casas acordasse, de repente, certa manhã, e construísse Nova York em um dia".[6]

Para tornar visível esse tipo de crescimento econômico exponencial, diferentes pessoas criaram experiências de pensamento. Eis uma que eu idealizei. Imagine que estamos em um cinema, assistindo a um filme de duas horas de duração que retrata graficamente o crescimento do PIB global. Na tela, há um simples quadro com 100 quadrados, representando 100% da atividade econômica em 2008. Dois mil anos se passarão em duas horas. Quando as luzes se apagam e o filme começa no ano 1, assistimos enquanto um único quadrado lentamente é preenchido. Isso leva uma hora e 45 minutos. Estamos agora no ano de 1750, pouco antes das revoluções americana e francesa. A atividade econômica equivale a 1% da atividade na nossa era.

Assistimos enquanto mais quatro quadrados são preenchidos. Isso leva cerca de 10 minutos e representa um século e meio. Estamos em 1913, pouco antes do início da Primeira Guerra Mundial. O ritmo se acelera. Mais dois minutos e chegamos a 1950. Saímos da época de Jesus e chegamos à época de Dwight D. Eisenhower, e 10 quadrados agora estão preenchidos.

Nos três minutos finais do filme — de 1950 a 2008 — *90 quadrados* são rapidamente preenchidos. A atividade econômica é agora *quase dez vezes* a de 1950. Isso é aproximadamente a amplitude de uma vida humana: a minha.

Mas a cineasta tem um bônus. Ela entra no palco e explica: "Vamos supor que o crescimento nas próximas duas décadas, até o ano de 2030, seja de aproximadamente 2% ao ano no mundo rico e um tanto mais elevado no mundo em desenvolvimento. Vamos observar como o próximo minuto e meio do tempo terrestre se desenrolaria". Ela nos convida a olhar em volta, e vemos uma segunda tela inteira ser preenchida, e a atividade transborda para uma terceira tela, em um piscar de olhos.[7]

Em 2030 — mais ou menos quando a minha sobrinha que está no jardim de infância terá terminado a faculdade alguns anos antes — a atividade econômica global poderia ser *mais do que o dobro* do que é hoje. Essa atividade (se ela se revelasse possível) ocorreria no nosso planeta que já se encontra em *overshoot* ecológico. Se for razoável comparar o impacto da atividade econômica humana atual com a de um meteoro atingindo a Terra, como fizeram alguns, então, nas próximas duas décadas, poderíamos ver o impacto de um segundo gigantesco meteoro. E o que dizer dos 20, 100 ou mil anos depois disso?

"As ilhas são laboratórios", escreveu John Abrams. "As ilhas são sistemas semi-fechados. Quando você desembarca do navio ou do avião e pisa em Martha's Vineyard, sabe imediatamente que está em um lugar com limitações." Os limites fixos criam as condições para a inovação. "Desafiar o falso evangelho do crescimento incontrolado", como John o chama, faz parte da experiência da South Mountain de viver bem dentro de limitações.

E há uma segunda parte: aprender a viver bem quando o crescimento para. Essa foi a nova realidade que atingiu a South Mountain Company depois do desastre financeiro de 2008 e do colapso imobiliário que se seguiu. "O ano de 2009 foi o nosso ano de avaliação", escreveu John em uma análise crítica da companhia. Essa empresa de propriedade dos funcionários teve que enfrentar o inimaginável: a falta de trabalho suficiente para todos. Em um rigoroso esfor-ço para evitar demissões, a firma recorreu a licenças, cortes salariais, grandes operações de marketing e ao desenvolvimento da qualificação dos funcionários. No entanto, em janeiro de 2011, cinco funcionários com comprometimento a longo prazo (dois deles ex-proprietários) não estavam mais na empresa.

O grande volume de trabalho que a companhia desfrutara durante tanto tempo estava encolhendo. A South Mountain começara a pegar serviços me-nores, a fazer mais reformas e a trabalhar mais com energia. À medida que a empresa reinventava a si mesma, escreve John, "passamos a compreender que queríamos ficar menores *mesmo que não tivéssemos obrigatoriamente que fazer isso*". Heresia em cima de heresia. Aqui estava uma firma que não apenas estava desa-fiando o evangelho do crescimento, como também voluntariamente (embora de uma maneira um tanto dolorosa) optara por encolher — e fazer isso da maneira mais humanitária possível.

Aprender a viver bem dentro de limitações. Foi isso que eu vi em ação na mi-nha visita a Martha's Vineyard. O que poderia significar começar a se adaptar à possibilidade emergente do não crescimento, do crescimento lento ou do "de-crescimento", como alguns o estão chamando. Entretanto, a South Mountain Company, ao que se revelou, não era a mais interessante das experiências de pós-crescimento de John. Foi na Island Cohousing que eu vi mais vividamente algo realmente diferente — não simplesmente a ausência do crescimento, mas a *presença* de outra coisa. Podemos chamá-la de suficiência. Podemos chamá-la de bem-estar. Ela diz respeito a nos permitir desacelerar e apenas viver. A disposição de John de viver simplesmente na Island Cohousing era totalmente compatível com a sua disposição de compartilhar a propriedade com os funcionários e aceitar que a sua empresa precisava encolher. É tudo o mesmo sistema de valores. A suficiência caminha de mãos dadas com a justiça e a comunidade, porque, quando não estamos mais temerariamente determinados a espremer cada centavo possível do aumento de lucros para nós mesmos, podemos começar a reparar nas necessidades das outras pessoas. Quando nos deslocamos mais lentamente, satisfeitos com o que temos, é mais fácil tratar bem as outras pessoas. Financializar cada molécula de propriedade a fim de fazer crescer infinitamente os nossos ativos financeiros começa a parecer insensato.

Essa abordagem da suficiência está institucionalizada e regulamentada em Island Cohousing. As famílias são donas das suas casas individuais e da terra, mas a floresta e as áreas comuns são controladas em conjunto. As pessoas que moram lá concordam que essas áreas comuns não estão destinadas à venda (embora possam estar, caso três quartos dos proprietários votem a favor dessa opção). Além disso, os proprietários das casas concordam voluntariamente com pactos a respeito de como viver juntos: concordando em respeitar o *design* ecológico e tornar algumas casas disponíveis para residentes de baixa renda. A liberdade individual é respeitada, mas os interesses da comunidade são tratados *de acordo com um design*. Não o *design* da legislação. O *design* da propriedade comum.[8]

Reinventando as áreas comuns

A ideia de manter a terra em comum para a comunidade é antiga. Ela ainda é encontrada na tradição britânica da *town common* na Nova Inglaterra. O México teve certa vez o sistema *ejido*, que envolvia o controle da aldeia sobre terras comunitárias. Tradições da propriedade comum da terra eram conhecidas na antiga China e na África. Em Israel, há o Fundo Nacional Judeu, uma instituição pública, porém não governamental, estabelecida há mais de um século para conservar terras que seriam, nas palavras do seu fundador, "propriedade do povo judeu como um todo". Hoje, o fundo ainda tem o direito de propriedade de uma quantidade substancial de terras em Israel. Ele é supervisionado por gestores que arrendam partes delas para colônias agrícolas (os *kibutzim*) e outros que as utilizam em prol do interesse público.[9]

A tradição dos índios americanos abraçava a ideia mais ampla de propriedade comum, que se baseava em algo mais próximo da afinidade do que da propriedade. Como eles encaravam a terra como uma mãe, o solo sagrado de todos os seres, os índios consideravam inconcebível que uma única pessoa pudesse reivindicar a posse exclusiva da terra. Contam a história do chefe guerreiro Tecumseh e a sua reação incrédula quando colonizadores brancos sugeriram que os nativos vendessem a terra.

"Vender o território?", perguntou Tecumseh para eles. "Por que não vender o ar, as nuvens, o grande mar?" Para os índios americanos, ser dono da terra era incompatível com ser um membro da sua comunidade viva. Mas, no *design* da Island Cohousing, as ideias aparentemente contraditórias da propriedade individual e do relacionamento são conciliadas.[10]

A Island Cohousing e outras experiências semelhantes ajudam a redespertar uma antiga sabedoria a respeito de as pessoas viverem juntas em comunidade, que foi perdida durante a propagação do capitalismo. O historiador Karl Polanyi, na sua obra de 1944, *The Great Transformation*, associou as crises do capitalismo ao fato de ele ter "desinserido" a atividade econômica da comunidade. Ele disse que, ao longo de toda a história humana, a atividade econômica estivera inserida na sociedade, sendo parte de uma ordem social mais ampla que incluía a religião, o governo, as famílias e o ambiente natural. A Revolução Industrial destruiu isso. Ela transformou o trabalho e a terra em *commodities* de mercado — insumos da grande máquina da indústria. Eles deveriam ser "comprados e vendidos, usados e destruídos, como se fossem meras mercadorias", escreveu Polanyi. Mas essas eram *commodities* fictícias, já que eram nada menos do que seres humanos e a terra.[11]

O aspecto econômico da terra — o seu preço no mercado — é apenas uma das suas inúmeras facetas. A terra é a base da vida. Ela é o planeta, as estações, a fonte da subsistência. Comercializá-la, transformá-la em uma *commodity*, governada apenas pelas forças de mercado, significa ameaçar a rede da vida que depende dela.

Um lugar como a Island Cohousing executa esse processo ao contrário. Ela "descomercializa" a terra, colocando-a novamente sob o controle da comunidade – por meio de um *design* que é sensível às forças de mercado, mas não está sujeito a elas. A Island Cohousing reinsere a atividade econômica no contexto cultural e ecológico. Ela reinsere a propriedade na comunidade.

Com uma inteligência silenciosa, esses *designs* mostram como os profundos projetos do entendimento cultural podem ser retraçados. Isso faz parte da "reconstrução metafísica" que E. F. Schumacher afirmou que seria necessária para transformar a nossa economia. Quando a propriedade está projetada de uma maneira generativa, ela não envolve mais um domínio exclusivo e despótico. Ela não envolve manter-nos afastados dos objetos que possuímos e extrair cada centavo deles. Ela diz respeito a permanecer entrelaçados com a vida que nos cerca.

De objetos para relacionamentos

A "mudança das partes para o todo é o aspecto fundamental da revolução conceitual que precisamos agora", declarou Fritjof Capra. Na mecânica newtoniana clássica, o comportamento das partes individuais determina o comportamento do todo. Mas no pensamento sistêmico, o todo determina o comportamento das partes.

Na nova realidade que os físicos conceberam na virada do último século, eles reconheceram que as "partículas" subatômicas não são coisas e sim *interconexões entre coisas*. Nas palavras de Henry Stapp, uma partícula elementar é, "em essência, um conjunto de relacionamentos que se estendem para fora em direção a outras coisas". O que chamamos de uma parte é simplesmente um padrão em uma rede de relacionamentos. "A mudança das partes para o todo também pode ser vista como uma mudança de objetos para relações", afirmou Capra.[12] Uma mudança do domínio para a comunidade.

A escolha entre o crescimento e nenhum crescimento não é o lugar adequado para começar a redesenhar a atividade econômica. O lugar para começar é com relacionamentos: uns com os outros e com a terra viva.

Na noite em que cheguei e jantei com John e Chris, fiquei impressionada não apenas com o sentimento acolhedor de comunidade da Island Cohousing, mas também pela simplicidade da casa onde esse presidente de uma empresa morava. No dia seguinte, quando John me levou de carro para conhecer o local, ele me mostrou a casa onde ele e Chris tinham morado antes, que era maior e mais valiosa do que a casa atual deles. A casa *cohousing* deles era simples. Quatro quartos. E, no primeiro andar, um espaço que incluía a cozinha, a sala de jantar e a sala de estar. O pilar do corrimão da escada era um galho sem acabamento de um dos carvalhos velhos da propriedade, desencapado e lixado, mas sob outros aspectos não industrializado. Havia um único tapete sobre um piso de madeira rústico e algumas peças simples de mobiliário. Era só isso. John e Chris não têm um estilo de vida ostentoso — não porque não tenham condições para isso, mas porque não o desejam. Eles parecem ter encontrado o que buscavam tanto no seu relacionamento quanto na comunidade.

Isso é a suficiência em ação — um sentimento genuíno de ter o bastante, de se sentir satisfeito. Outro termo para suficiência é felicidade.

Ainda assim, por mais cativantes que sejam Island Cohousing, South Mountain e os outros *designs* de áreas comuns, sinto que estou vendo predominantemente uma versão atomizada, individualizada da economia generativa. O que a mantém unida? Como ela pode começar a ser coesa e se tornar um autêntico sistema econômico? Esta é a minha próxima jornada. Quero ver, em um único lugar, um ecossistema social de *design* generativo completo.

A geração de um mundo

Do individualismo à comunidade

O chão estala debaixo do meu pé à medida que o asfalto dá lugar à terra, a terra se torna areia, e a areia desce em direção à praia onde o Golfo do Maine se estende em direção ao horizonte. Um pequeno barco branco de pesca de lagosta atraca na doca mais embaixo. Nas proximidades, uma tabuleta escrita à mão pregada em uma árvore me diz que esta é a North End Lobster Co-op — uma das mais de 20 cooperativas de lagosta encontradas no Maine. Por todos os lados erguem-se imponentes pilhas de armadilhas para lagostas, com dois metros de altura, cada uma do tamanho de uma mesinha lateral. Atrás de mim, barcos para a pesca de lagosta estão empilhados em plataformas, fora da água por causa da estação do ano. O inverno se aproxima, e a maioria dos membros da cooperativa parou de pescar lagostas, embora alguns robustos pescadores pesquem o ano inteiro. Um cachorro amarelo se aproxima saltitante para me cumprimentar, mas o seu dono não está à vista.

Depois da pequena e sofisticada utopia de Martha's Vineyard, cheguei à costa do Maine para um teste de realidade. Modelos econômicos generativos podem ser ativados no estado que é o primo pobre da Nova Inglaterra? E se isso for possível, de que maneira? Qual é o maior *design* sistêmico que o torna possível? Parece-me que essa cooperativa de pesca de lagosta, onde se estima que as pessoas ganhem de 30 mil a 50 mil dólares por ano oriundos de um duro trabalho braçal, poderá oferecer algumas lições úteis.

Tenho ao meu lado Keith Bisson da Coastal Enterprises, Inc. (CEI), de Wiscasset, Maine — a *corporação de desenvolvimento comunitário* (CDC) que ajudou um grupo de cinco pescadores de lagosta a conseguir um financiamento de 380 mil dólares para comprar esse lugar em 2002. Vinte e quatro pescadores de lagosta são hoje membros da cooperativa, e a atividade dessa propriedade sustenta mais de 40 famílias.

"Muitos desses homens costumavam pescar no cais da cidade", me diz Keith. Eles tinham que transportar a própria isca e combustível todos os dias. Quando iam comprar isca, prossegue ele, "eram passados para trás pelos atacadistas". Possuir terra lhes confere a garantia do acesso à água, bem como um lugar seguro para armazenar os barcos e as armadilhas no inverno. Eles construíram um refrigerador de iscas no local, o que lhes permite ter um suprimento armazenado disponível. Ao comprar coletivamente as iscas, eles conseguem preços melhores. Eles também tomaram providências para que um comprador de lagosta venha regularmente à cooperativa — todos os dias, na alta temporada — para que as lagostas sejam transportadas de uma maneira eficiente.

"O acesso à água é importante", afirma Keith. "É difícil para os trabalhadores cuja subsistência depende da água ter condições de comparar propriedades à beira-mar." Dos 8.500 quilômetros de praia existentes no Maine, somente 40 quilômetros ainda são usados para a pesca e indústrias marinhas. Para preservar essa terra como orla marítima de trabalho, a CEI ajudou essa cooperativa de pesca de lagosta a colocar uma *servidão de orla marítima de trabalho* na propriedade. O modelo desse *design* de propriedade inovador foi uma servidão de conservação, e ele foi criado pela CEI e fundado por um programa de títulos estaduais* ao custo considerável de 6,75 milhões de dólares. Cerca de duas dúzias dessas faixas de orla marítima de trabalho foram preservadas, possibilitando que centenas de famílias de pescadores promovam o próprio sustento. A servidão é uma

---

* *State Bond Program*, no original. (N.T.)

cláusula que está permanentemente anexada à escritura de propriedade, garantindo que a terra sempre será usada para a pesca comercial. Essencialmente, isso envolve vender os direitos de desenvolvimento para o Estado do Maine. Essa cooperativa de pesca de lagosta recebeu um cheque de 135.250 dólares, mas ela retém a propriedade e o uso da terra.[1]

Outro poderoso *design* de propriedade representado aqui é o da Coastal Enterprises, uma corporação privada sem fins lucrativos com uma missão generativa. Na qualidade de uma CDC, ela remonta as suas origens ao movimento de direitos civis da década de 1960. O seu fundador, Ron Phillips, é um ex--seminarista que abandonou a pregação para buscar a justiça social por intermédio do desenvolvimento econômico. A CEI não é uma agência de assistência humanitária tradicional, oferecendo incentivos fiscais para atrair grandes corporações. A sua missão é criar comunidades saudáveis nas quais todo mundo possa alcançar o seu pleno potencial. Ela se concentra em criar a propriedade local e riqueza local. Uma ênfase particular — como indica o seu nome — é a atividade costeira. A pesca.

Com uma equipe de 85 pessoas, a CEI também opera como uma instituição financeira de desenvolvimento comunitário (CDFI), com mais de 700 milhões de dólares sob a sua administração. Ela é uma das mil que são encontradas nos cinquentas estados americanos, e é particularmente inovadora ao definir cláusulas sociais e ecológicas nas transações. É solicitado às indústrias de pesca que assinem contratos concordando em tomar parte em um projeto Fishtag, coletando dados biológicos difíceis de obter.[2] Poderá ser solicitado a um fabricante tomador de empréstimo que assine um Contrato de Contratação e Treinamento (ETAG), para contratar os desempregados, ou oferecer treinamento para imigrantes.[3] Em resumo, a CEI pratica as Finanças dos *stakeholders*, onde o capital é um amigo da comunidade.

Além dos mercados e do estado

Aqui, agarrada às costas rochosas do Maine, está a economia generativa apalpando o caminho em direção à existência. As pessoas estão ganhando a vida em circunstâncias difíceis e modelando uma economia inclusiva ao longo do caminho. As áreas comuns ecológicas estão sendo substancialmente beneficiadas.

Em uma época em que a grande maioria das populações de peixes do mundo é excessivamente explorada, a indústria da lagosta no Maine permanece vigorosa. Desde o final da década de 1980, as safras de peixes têm estado em níveis elevadíssimos, apesar da intensa atividade comercial. Enquanto as populações de peixes do fundo do mar — como o bacalhau e o halibute — comportam apenas cinquenta barcos de pesca no Golfo do Maine, essas mesmas águas comportam 5.600 barcos de pesca de lagosta.[4] A indústria da lagosta no Maine é frequentemente citada como exemplo de uma ação coletiva bem-sucedida em "administração de recursos de uso comum".

"Os dilemas da ação coletiva vêm recebendo uma enorme atenção dos cientistas sociais, principalmente porque eles descrevem um grande número dos problemas mais complicados que castigam a humanidade", escreveu James Acheson em *Capturing the Commons: Devising Institutions to Manage the Maine Lobster Industry*.[5] O problema é "a tragédia das áreas comuns", como o descreveu Garrett Hardin no seu artigo de 1968. Hardin disse que, se houvesse um pasto comum no qual todo mundo pudesse levar as suas vacas para pastar, logo a terra seria alvo de um excesso de pastagem e se tornaria imprestável. As únicas soluções, escreveu ele, seriam o controle do estado ou a propriedade privada — "ou o socialismo ou o privatismo da livre iniciativa".[6]

No entanto, em 2009, Elinor Ostrom ganhou o Prêmio Nobel de economia (a primeira mulher a recebê-lo) por uma pesquisa que demonstrou que a velha dicotomia era falsa. Ela e colegas encontraram, no mundo inteiro, comunidades que descobriram espontaneamente maneiras de administrar com êxito as áreas comuns. Entre elas estão os sistemas de irrigação nas Filipinas, as florestas na África e na Ásia, os sistemas de pastoreio na Suíça e os regimes de lençol freático na Califórnia. Como Ostrom escreveu, muitos desses envolvem "ricas combinações de instituições 'semelhantes às privadas' e 'semelhantes às públicas' que desafiam a classificação em uma dicotomia estéril". Ela intitulou a sua palestra do Prêmio Nobel de "Além dos Mercados e Estados*".[7]

Algo fascinante está em ação na indústria da lagosta no Maine. Indo além das antigas ideias da propriedade privada *versus* a intervenção do Estado, toda

---

* "Beyond Markets and States", no original. (N.T.)

uma gama de novas arquiteturas econômicas está em uso. *Designs* de propriedade alternativos desempenham papéis fundamentais. Entretanto, eles fazem
isso dentro de um quadro mais amplo de infraestrutura de apoio – um *ecossistema social* de *design* generativo.[8] A lei opera em segundo plano para ajudar essa
economia a adquirir vida e mantê-la funcionando – no entanto, o seu papel é
mais inovador do que uma regulamentação de cima para baixo. Um arsenal de
instituições e regras de apoio evoluíram aqui predominantemente a partir da
base para cima – com "base", nesse caso, significando o fundo do oceano, onde
a lagosta vive e procria, e a partir do qual os pescadores ganham a vida.

Eu viera para o Maine para experimentar duas coisas nessa minha jornada
final através das áreas comuns. Primeiro, eu queria ver um exemplo vivo do
papel do governo no apoio a uma economia generativa. Segundo, eu queria
ver toda uma família de *designs* de propriedade generativa *in situ*. Eu queria ca-
tegorizar os diversos modelos e ver tudo operando como um sistema completo.
Eu esperava captar nesse lugar o espírito do ecossistema social da economia
generativa.

O cientista pescador

Marquei um encontro com Ted Ames, o cientista pescador que ganhou em
2005 um prêmio MacArthur (o chamado prêmio do gênio), e consigo falar com
ele no seu escritório na Bowdoin College em Brunswick, onde ele está atuando
como acadêmico visitante durante um ano. Ele é um homem baixo com uma
energia jovial e o rosto castigado pelo clima de alguém que passou anos na água.
Em meados da década de 1990, ele e a sua esposa, Robin Alden – na época,
funcionária do Departamento de Recursos Marinhos do Maine –, ajudaram a
implantar um plano inovador para proteger a indústria da lagosta, o qual Ted
chama de "abordagem colaborativa, baseada no ecossistema".

Houve uma época, me diz ele, em que a indústria da lagosta no Maine se encontrava no mesmo estado de colapso em que as outras indústrias de pesca estão
hoje. "Na década de 1930, a pesca da lagosta foi praticamente interrompida",
declara ele. As fábricas de conservas estavam comprando e processando lagostas
de todos os tamanhos, e não havia regulamentações restringindo o que poderia ser capturado. Pequenas lagostas e espécimes reprodutores estavam sendo

capturados, o que estava dizimando a geração seguinte de lagostas. Grandes barcos também tinham começado a fazer pesca de arrasto no Golfo do Maine — uma abordagem imensamente extrativa que destruía o *habitat* e danificava as armadilhas. A pesca da lagosta se tornara "excessivamente eficiente, industrial demais", explica Ted, caso desejássemos preservar o *habitat* para produzir outra safra. Uma nova lei foi aprovada em 1947, que dizia, nas palavras de Ted, "Não pescarás lagosta no Maine com nada além de uma armadilha para lagostas".

Isso fazia parte de uma série de regulamentos ecológicos básicos que evoluíram com o tempo no Maine. O uso de armadilhas protege o *habitat*. Outras regras proíbem a captura de fêmeas com ovos, protegem os espécimes jovens até que estejam apropriadamente grandes e protegem lagostas mais velhas que são sabidamente boas para a reprodução. Os pescadores de lagosta foram providenciais ao fazer *lobby* em defesa de todas essas regras, algumas das quais evoluíram a partir de melhores práticas já em uso.

No entanto, as regras ecológicas não foram suficientes. Era preciso dar atenção às *arquiteturas sociais*, porque a questão não era apenas *o que* podia ser capturado mas *como* e *por quem*. Zelar por essas questões foi o objetivo das regulamentações de 1995. À medida que a indústria da lagosta se recuperava e se tornava firmemente produtiva, ela foi sendo alvo de uma crescente pressão de grandes barcos e de novas tecnologias. Para refrear isso, em 1995, o legislativo aprovou a lei do gerenciamento de zonas, que faz três coisas: estabelece limites para as armadilhas individuais, controla o ingresso na indústria e, o que é mais inovador, delega grande parte da autoridade a pescadores de lagosta locais, por meio do sistema de gerenciamento de zonas.

A lei divide a costa em sete zonas, cada uma administrada por um conselho eleito por pescadores de lagosta licenciados. As zonas contêm distritos detentores de licenças da pesca da lagosta que elegem representantes para o conselho da sua zona. Esses conselhos tecnicamente são consultivos para as autoridades dos estados, mas as suas recomendações são em geral adotadas. Eles têm certas áreas de supervisão. Podem estabelecer limites de armadilhas, que diferem de zona para zona, desde que não excedam o máximo do estado. Eles ajudam a determinar regras para controlar o ingresso na indústria, como exigências educacionais ou de aprendizado. Além disso, eles têm voz ativa em outras questões preciosas para o coração do pescador de lagosta, como quantas armadilhas podem ser penduradas em uma boia.[9]

"Isso se chama democracia", diz Ted. "Não é um conceito original?"

Ele é incrivelmente original, de várias maneiras. A lei estipula que a pesca da lagosta em águas perto da costa só pode ser feita por *barcos operados pelo dono*. Os grandes braços de propriedade de corporações ainda são necessários em águas mais distantes da costa, declara Ted, porque somente os barcos grandes podem operar em segurança nessas águas. Entretanto, os barcos das corporações não podem mais pescar nas sensíveis águas costeiras, onde ocorre a reprodução. Esse é um uso poderoso do *design* de propriedade como uma ferramenta para proteger tanto as áreas comuns quanto as comunidades pesqueiras. De acordo com James Acheson, a regra da propriedade se destina explicitamente a impedir que corporações como a Shaftmaster Corporation — que opera a partir de New Hampshire, usando grandes traineiras com capitães contratados e tripulações que cuidam de um grande número de armadilhas — venham para o Maine e dominem e destruam a região do fundo do mar onde vivem as lagostas.[10]

Grandes barcos como esses "poderiam esvaziar uma área e se deslocar para outra", diz Ted. "O plano de negócios desse tipo de operação é completamente diferente do empresário em pequena escala, cujos barcos invariavelmente pertencem a pessoas isoladas ou famílias." A regra da propriedade é suplementada por outra cláusula que exige um período de aprendizagem. Ninguém pode obter uma licença para pescar lagosta sem trabalhar dois anos em outro barco para a pesca da lagosta, onde são aprendidas tradições de administração e normas de comportamento com relação à lagosta.

Essas regras preparam o terreno para os conselhos das zonas. A votação para esses conselhos é feita com um voto por pessoa, o que é muito diferente do mundo corporativo, onde os direitos de voto são proporcionais à posse da riqueza. Isso dá poderes a pescadores com empreendimentos de pequeno e médio porte. Como escreveu Acheson, "Esses homens tinham ficado cansados de observar 'os grandes pescadores' ou 'pessoas gananciosas' pegar uma quantidade desproporcional de lagostas e causar enormes emaranhados nas armadilhas nesse processo". Ao aprovar limites para armadilhas nas suas zonas, os "pequenos" refreiam esse comportamento.[11]

Construindo a economia generativa

Tanto as lagostas quanto as famílias pesqueiras prosperam no Maine, porque o sistema atua em muitos níveis para reprimir o comportamento extrativo e incentivar o comportamento generativo. Existem muitos tipos de regras aqui, mas operando em segundo plano, como uma espécie de *wireframe* que respalda o sistema, existem diferentes tipos de arquiteturas. Acheson escreveu o seguinte:

> De acordo com a lei do Maine, todos os oceanos, lagos e rios são propriedade pública. As águas do oceano são mantidas sob a custódia do Estado para todos os cidadãos. Todas as praias do oceano até a marca da maré alta são de propriedade do Estado. E todos os cidadãos têm legítimo acesso a elas.[12]

Nesse nível, o conceito de propriedade dominante é a antiga noção da *custódia*: manter uma coisa em custódia para o bem comum e para as gerações futuras. Na condição de curador, o estado do Maine invoca o conceito de propriedade conhecido como *usufruto* — o direito temporário de usar uma propriedade que pertence a outra pessoa, desde que a propriedade não seja danificada — para criar regras para o direito de acesso. Em certo sentido, o Maine detém o feixe de galhos de vários direitos de propriedade. E ele separa desse feixe os direitos de usufruto, reservando alguns desses direitos para empreendimentos de pequenos proprietários, deixando um diferente conjunto de direitos para proprietários corporativos.

Essa *lei do oceano* é uma estrutura de apoio nesse caso. Outra estrutura é fornecida por vários *designs de propriedade de empreendimentos*, como as cooperativas, as CDCs e as CDFIs. Devido a esses robustos padrões de segundo plano, a Coastal Enterprises pode emergir como uma CDC/CDFI, outra parte do ecossistema de apoio para os pescadores de lagosta.

A CEI, por sua vez, concebeu uma nova forma contratual de *design* de propriedade com *a cláusula da orla marítima de trabalho*, que ajuda a manter as propriedades à beira-mar nas mãos de famílias pesqueiras. Esses *designs* de propriedade emergem do segundo plano em vários pontos como nós em uma rede de pesca, moldando as energias do sistema em padrões estáveis que tendem a criar resultados generativos.

O que está explicitamente proibido nesse quadro é o *design* extrativo. Os grandes barcos das corporações só podem operar em áreas designadas. Em vez de permitir uma liberdade ilimitada para que os proprietários absenteístas busquem a riqueza — por intermédio de trabalhadores contratados, indiferentes aos costumes locais —, o Estado do Maine colocou em prática um novo padrão dirigente. Ele opera por meio de princípios generativos, com o princípio de que o direito de extração tem limites. Que o direito de ganhar a vida vem antes do direito de ganhar uma bolada. Que a justiça para os muitos é mais importante do que a maximização para os poucos. Que sustentar a prosperidade de sistemas de vida mais amplos, tanto humanos quanto na natureza, é a condição fundamental para o florescimento de todos. E que esses novos princípios econômicos devem estar arraigados na governança da comunidade, pela comunidade e para a comunidade. *Justiça, sustentabilidade, comunidade*: os valores fundamentais da economia generativa estão todos em ação. Por meio do *design*.

Na condição de pescador e de filho de pescador, Ted Ames não usa esses termos imponentes. "Funcionou — essa é a parte maravilhosa", diz ele. "Quando as regras básicas são examinadas pelos próprios pescadores, você tem uma dinâmica diferente." Embora o papel dos Estados seja poderoso nesse ecossistema social, grande parte do que aconteceu no Maine veio dos pescadores, das suas práticas, da ação de *lobby* deles, das suas necessidades — e, por extensão, das necessidades de vida das lagostas.

A ideia das zonas de lagostas teve a sua gênese em uma história de territorialidade na indústria da lagosta no Maine que recua várias gerações. Um recém-chegado não pode simplesmente aparecer e começar a jogar armadilhas na água sem se expor à ira dos habitantes locais. De acordo com uma tradição consagrada pelo tempo, os pescadores de lagosta usam pequenas áreas perto do seu porto natal, trabalhando em águas em que as suas famílias trabalham há décadas, que eles defendem vigorosamente.

Acheson escreveu o seguinte: "Em algum momento, os direitos usufrutuários se fortaleceram em uma acepção de propriedade, conferindo às pessoas uma justificativa para defender as áreas contra as incursões de outras". Os territórios de pesca da lagosta eram uma propriedade embrionária. Esse sistema territorial, prosseguiu ele, é "a instituição fundamental que regulamenta a indústria da lagosta, tornando possível a geração de outros tipos de sistemas de regras". O sistema territorial, declarou Acheson, "ajudou a produzir um sentimento de gerenciamento e um dos programas de preservação mais eficazes em qualquer indústria de pesca no mundo industrializado".[13]

A emergência como um caminho para a mudança em grande escala

Na indústria da lagosta do Maine, vemos um processo que o pensamento sistêmico chama de emergência. Em vez de impor conceitos abstratos, em grande escala, de cima para baixo, as políticas diretivas, nesse caso, emergiram da comunidade. Como enfatiza Fritjof Capra, a mudança eficaz precisa ser um processo vivo. Nos sistemas naturais, observa ele, a mudança transformacional acontece quando os padrões tradicionais alcançam "pontos críticos de instabilidade", criando uma crise que é resolvida pela emergência espontânea de novos padrões ordenados. Ela é conhecida como *auto-organização*, ou, simplesmente, *emergence*,* ou "surgimento". "A criatividade — a geração de formas novas — é uma propriedade fundamental de todos os sistemas vivos", afirma Capra. "A vida dilata-se constantemente na direção da novidade."[14]

Encarar a emergência de uma nova economia como um processo natural é diferente de pensar na competição de duas ideologias que disputam a dominância, que é o paradigma do capitalismo *versus* o comunismo. A mudança como um processo emergente não significa a ausência de crise ou conflito. Ambos estavam presentes no Maine. E não significa, tampouco, que algum resultado amado universalmente seja alcançado. As soluções adotadas no Maine geralmente favoreciam um grupo à custa de outro. Esses aspectos são naturais nos sistemas sociais. O que emergência efetivamente significa, como uma abordagem à formulação de políticas, é começar pequeno, prosseguir organicamente, aumentar a escala da prática existente e acreditar que uma solução criativa está

---

* A tradução desse termo por "emergência" presta-se a confusões, de modo que preferimos traduzi-lo por "surgimento", que expressa exatamente a mesma ideia. (N.T.)

presente nas próprias circunstâncias que estão causando uma crise. Emergência também significa que soluções podem aparecer primeiro nos negócios e não nas políticas. Um dos papéis das políticas é formalizar e aumentar a escala do que emergiu.

Podemos ver esse processo em ação no desenvolvimento de outros *designs* generativos, como as *microfinanças*. Começou com o exemplo isolado do Grameen Bank em Bangladesh concedendo minúsculos empréstimos para mulheres pobres e que, com o tempo, se transformou rapidamente em uma gigantesca indústria internacional. Hoje em dia, as microfinanças têm as suas próprias agências de avaliação, consultores, conferências, institutos e muitos bilhões de dólares em empréstimos. A Ásia Central sozinha abriga mais de mil instituições de microfinanças. Na Índia, o número de clientes de microfinanças aumentou dez vezes e ultrapassou a casa dos 10 bilhões de dólares.[15] O processo da emergência reflete o da evolução, a natureza descobre *designs* por meio da tentativa e erro. Uma variedade de novos *designs* são experimentados, e os que são bem-sucedidos são reproduzidos e disseminados.

Nos sistemas sociais, como aventou Margaret J. Wheatley do Berkana Institute, a formação de redes é fundamental para a emergência — como as redes e os institutos que respaldam as microfinanças. "Não precisamos convencer um grande número de pessoas a mudar", escreveu Wheatley; "em vez disso, precisamos nos conectar com espíritos afins" que compartilhem uma visão comum. Dessa maneira, ações locais separadas, desconexas, começam a aparecer simultaneamente. Quando elas "se conectam umas com as outras como redes, elas se fortalecem como comunidades de prática e, surpreendentemente, um novo sistema surge em um nível mais elevado da escala". Poderosos fenômenos emergentes podem aparecer sem aviso, como o movimento dos alimentos orgânicos. O que não pode ser alcançado por meio de políticas ou estratégias simplesmente acontece.[16]

O que pode bloquear a emergência é a falta de modelos mentais claros. O esgotamento dos recursos ocorre com frequência, escreveram Elinor Ostrom e o seu coautor, quando os governos adotam medidas para privatizar ou centralizar o gerenciamento de recursos de maneiras "que minam ou destroem os direitos comunitários". Os problemas surgem, prosseguiu ela, "porque o Estado não reconhece ou apoia os regimes informais de propriedade comum". Por carecer de um simples modelo mental que lhes permita enxergar o que está acontecendo, os líderes governamentais cometem um erro estúpido.[17]

A ausência de parâmetros de *design* claros pode permitir que fenômenos emergentes se extraviem de outras maneiras — como acontece com as microfinanças. Em anos recentes, alguns concessores de empréstimos abandonaram o *status* de organizações sem fins lucrativos e venderam a propriedade em mercados públicos de ações. A financiadora de microempréstimos mexicana Compartamos fez isso em 2007, e a SKS Microfinance na Índia fez o mesmo em 2010. Na busca de lucros mais elevados para os acionistas, esses bancos aumentaram as taxas de juros e começaram a perseguir mais agressivamente a cobrança das dívidas. Como Muhammad Yunus explicou, a empatia um dia demonstrada para com os mutuários desapareceu, e "os mutuários passaram a acreditar que os financiadores estavam se aproveitando deles". Na Índia, alguns pararam de pagar os seus empréstimos, e uma crise completa explodiu na área. As microfinanças tomaram um rumo errado porque careciam de parâmetros de *design*. Se a indústria adotasse padrões éticos limitando a propriedade extrativa — como fez a indústria da lagosta no Maine —, ela poderia novamente preparar um terreno resiliente em direção à excelência.[18]

Designar ajuda a enxergar

Grande parte do trabalho de criar modelos mentais claros é um processo de designação. No amplo campo do *design* da propriedade generativa, esse trabalho ainda não está muito avançado. A mera abundância de *designs* torna difícil ver que um fenômeno unificado está em ação. Pode ser proveitoso pensar em função de uma única *família* de *design* generativo. Dentro dela, podemos separar diferentes *categorias* e *subcategorias* amplas. No entanto, como os limites entre estas frequentemente não são claros, também pode ser proveitoso pensar em função de *padrões de design*, como uma maneira de revelar configurações comuns na profusão (esses padrões são discutidos mais detalhadamente na Parte III).

Encontrei no meu trabalho quatro amplas categorias de *design* de propriedade generativa — muitas das quais eu vi no Maine. Em vez de uma categorização
conclusiva, considere isso um agrupamento pouco rígido, possivelmente um
ponto de partida para um trabalho posterior de outras pessoas.

1. **Propriedade e governança das áreas comuns.** Aqui, os ativos são controlados ou governados em *comum*. O oceano, a floresta, a terra, um parque,
   uma central elétrica municipal (como a Hull Wind) são controlados ou
   governados *indivisivelmente por uma comunidade*.
2. **Propriedade dos *stakeholders*.** Trata-se da propriedade de pessoas com
   um *interesse humano em um empreendimento privado* — em contraste com
   um interesse puramente especulativo, financeiro. Ela inclui cooperativas,
   sociedades, uniões de crédito, empresas de seguro mútuo, firmas de propriedade de funcionários e empresas controladas por uma família. Mas,
   para que esses modelos sejam generativos, o seu propósito precisa servir
   à vida (nem toda propriedade mútua, de funcionários ou familiar, pode
   ser considerada generativa).
3. **Empresa social.** Essas organizações têm uma *missão social ou ambiental
   primária* e usam métodos comerciais para cumpri-la. Elas podem ser empresas sem fins lucrativos, subsidiárias de empresas sem fins lucrativos ou
   empresas privadas. As empresas sociais às vezes têm limites indistintos
   entre o comercial e o não lucrativo.
4. **Corporações controladas pela missão.** São corporações com uma forte
   missão social cuja *propriedade* segue as linhas convencionais (frequentemente com ações negociadas na bolsa), mas elas mantêm o *controle dirigente* nas mãos de pessoas voltadas para a missão. Entre elas estão as
   grandes empresas controladas por fundações que são comuns no norte
   da Europa. Uma família ou um truste também pode estar no controle.

A lei que regulamenta as águas do oceano no Maine é um exemplo de propriedade de áreas comuns. As cooperativas de lagosta são uma forma de propriedade dos *stakeholders*. A Coastal Enterprises, Inc., é um exemplo de uma

empresa social. Esses diferentes empreendimentos usam diferentes *designs* de propriedade com fins semelhantes — para criar as condições para a vida.

O *design* generativo, em essência, significa tipos de propriedade que têm um Propósito Vivo, com pelo menos outro padrão de *design* que atua para manter ativo esse propósito (caso contrário, não temos um *design* e sim apenas uma boa intenção). No caso da Hull Wind, o padrão de *design* mais importante é a Governança Controlada pela Missão. O propósito não é maximizar os lucros e sim gerar eletricidade para uma comunidade a um preço acessível; a empresa é dirigida com esse objetivo em mente. No caso das cooperativas de pesca da lagosta, a Afiliação Interna é o elemento definidor; as pessoas que usam as instalações são donas delas — elas são os membros. Elas também as dirigem. Na condição de instituição financeira para o desenvolvimento da comunidade, a Coastal Enterprises pratica as Finanças dos *stakeholders* para cumprir a sua missão; a sua finalidade não é extrair riqueza financeira das comunidades mas sim ajudá-las a prosperar. No entanto, ela concede empréstimos, não doações. Ela torna indistintos os limites entre o comercial e o sem fins lucrativos, porque usa métodos comerciais para atingir um propósito social. Por ser uma CDFI, a Coastal Enterprises também faz parte de uma Rede Ética de outras CDFIs, compartilhando metas semelhantes (as CDFIs são formalmente reconhecidas na legislação federal).

Assim como existem mais tipos de *design* generativo do que muitas pessoas percebem, a escala de atividade também é maior do que poderíamos supor. Nos Estados Unidos, mais de 130 milhões de americanos são membros de uma cooperativa ou união de crédito. Um número maior de americanos é membro de cooperativas do que têm ações na bolsa de valores.[19] No mundo inteiro, as cooperativas empregam mais pessoas do que todas as multinacionais combinadas.[20] Na Colômbia, a SaludCoop presta serviços de assistência médica a um quarto da população. A União Cooperativa dos Consumidores Japoneses atende a 31% das unidades familiares do país. Na Espanha, a Mondragon Corporacion Cooperativa é a sétima maior empresa industrial da nação. As cooperativas são responsáveis por 71% da produção pesqueira na Coreia, 40% da agricultura no Brasil e 36% do mercado varejista na Dinamarca. As cooperativas representam 45% do PIB do Quênia e 22% do PIB na Nova Zelândia.[21]

Ou então tomemos a propriedade dos funcionários. Nos Estados Unidos, o National Center for Employee Ownership* informa que existem 11.300 empresas de propriedade de funcionários, com cerca de 14 milhões de participantes. E, na Europa, grandes companhias têm quase 10 milhões de funcionários proprietários. A propriedade dos funcionários vem crescendo em países como a Espanha, a Polônia, a França, a Dinamarca e a Suécia.[22]

É bem verdade que nem todas essas empresas são generativas se não tiverem uma missão generativa (e muitas podem não ter). Mas mesmo assim o impacto delas no bem-estar dos funcionários ainda pode ser significativo. Trabalhadores de empresas americanas com planos de participação acionária dos funcionários demonstraram ter 2,5 vezes os ativos de aposentadoria que funcionários comparáveis em outras empresas.[23] E pode haver um maior potencial para a atividade generativa quando a maioria dos proprietários das companhias é de funcionários; uma estimativa coloca o número dessas companhias nos Estados Unidos entre 2 mil e 3 mil, com cerca de 1 milhão de funcionários.[24]

A geração de um mundo

Se o *design* generativo é um domínio tão grande, como ele conseguiu permanecer tão invisível? A resposta tem algo a ver com a designação — no pensamento sistêmico, *a cognição.*

De acordo com a Teoria da Cognição de Santiago, desenvolvida por Humberto Maturana e Francisco Varela, nós, seres humanos, não percebemos o mundo exterior de uma maneira direta, filtrando-o, em vez disso, através dos nossos mapas internos. Quando encontramos novas situações, alteramos esses mapas internos. É assim que ocorre o aprendizado. Por meio desse processo de elaboração do nosso modelo interior, construímos o mundo em que vivemos. Como escreveu Fritjof Capra, a cognição "não é a representação de um mundo que existe independentemente e por si, mas antes a contínua produção de um

---

* Centro Nacional da Propriedade dos Funcionários. (N.T.)

mundo através do processo do viver". O ato de conhecer gera um novo mundo dentro de nós. Quando aprendo a identificar um pássaro particular, começo a vê-lo mais regularmente. Percebo uma coisa que eu deixara escapar. Designar nos ajuda a enxergar.[25]

O processo é mais do que individual, porque a linguagem representa uma *realidade compartilhada* – o mundo da cultura. A consciência humana é um fenômeno social. Quando uma cultura carece de palavras exatas para as coisas, temos dificuldade em percebê-las. Houve uma época em que carecíamos da linguagem para sexismo e discriminação racial. A geração dessa nova linguagem ajudou um novo mundo a emergir, no qual as mulheres e as minorias raciais adquiriram poder. As palavras têm impacto quando elas designam alguma coisa que está prestes a emergir na consciência coletiva, um impulso coletivo que busca reconhecimento e liberação.

Quando o Grameen Bank concede microempréstimos para ajudar os pobres e toda uma indústria de microfinanças rapidamente passa a existir, algum impulso coletivo está buscando a liberação. Quando Elinor Ostrom nos diz que comunidades no mundo inteiro estão gerenciando com êxito as áreas comuns, é como se uma fonte de água fria tivesse brotado. Uma coisa que precisávamos foi designada, e agora podemos vê-la. Como nós a vemos, podemos gerar uma quantidade maior dela. Isso pode acontecer com os modelos e processos da economia generativa. O que começa como uma experiência em um lugar pode ser reproduzido e propagado, como rebentos que crescem em uma nova floresta.

Depois que conversei com Ted Ames, ele retornou ao seu trabalho no Penobscot East Resource Center, a empresa sem fins lucrativos que ele fundou com a esposa. O seu *website* me disse que ele estava arrumando o seu barco para ir pescar nas temporadas do verão e do outono.[26]

Encontrei um texto que ele mencionara, em que sugere que as lições da indústria da lagosta do Maine poderiam ser aplicadas à pesca do bacalhau, do hadoque, do linguado e de outros peixes que vivem no fundo do mar. A abordagem envolveria unidades de gerenciamento costeiro de um tamanho razoável, com áreas perto da costa administradas de uma maneira colaborativa pelos conselhos locais. Os locais de desova seriam protegidos pela proibição de que os grandes barcos das corporações se aproximassem deles e pela exigência de um "equipamento amigável ao *habitat*". Tradução: não pescarás com nada a não ser um anzol e uma linha.[27]

As áreas de pesca depauperadas na região têm potencial para a renovação, me disse ele, porque várias barragens estão cedendo nos rios onde os peixes que vivem no fundo do mar costumavam nadar, e centenas de quilômetros de antigos *habitats* de desova estarão reabrindo. Ninguém até agora levou o seu plano a sério, disse ele. Mas ele permanece esperançoso. "Acho que poderíamos recriar grande parte da abundância original que existia aqui", declarou. "Temos a capacidade sinistra de estragar as coisas, mas também temos a capacidade de melhorá-las."

III

Criando empresas vivas

Os cinco elementos fundamentais do *design* da propriedade generativa

Todos os atos de design *são governados por uma linguagem de padrões. Os padrões se repetem quando a linguagem que usamos para formar o nosso mundo se torna amplamente compartilhada. Entre os elementos mais básicos que criam padrões de propriedade estão o propósito, a afiliação, a governança, o capital e as redes. Eles formam uma linguagem simples de* design *de propriedade. Com esses elementos, podemos criar uma variedade de tipos de propriedade, assim como a linguagem comum nos permite criar uma variedade de frases. Na sua forma generativa, esses elementos são o Propósito Vivo, a Afiliação Interna, a Governança Controlada pela Missão, as Finanças dos Stakeholders e as Redes Éticas. Empregados para criar condições para a vida, esses elementos se combinam para formar uma estrutura firme para as empresas vivas. Caso esses tipos de empresas se tornem um dia uma nova norma, elas poderão atuar como a raiz e o galho de uma economia generativa, onde toda a vida poderá florescer durante várias gerações. A busca para ver esses padrões de* design *em ação em empresas de tamanho substancial configura as jornadas da Parte III.*[1]

O propósito vivo

Criando as condições para a vida

Uma das empresas vivas mais extraordinárias que eu conheço é uma minúscula livraria infantil em Minneapolis chamada Wild Rumpus, aonde eu adoro levar amigos e parentes no mesmo espírito com que poderia levá-los para visitar um museu, uma igreja que eu apreciasse ou um bosque sagrado. Visitar essa loja é um evento. Com frequência decidimos passar a manhã lá, e inevitavelmente acabamos ficando mais tempo. Mostro para a minha sobrinha o camundongo debaixo do vidro no chão, um aglomerado de vida literalmente debaixo das tábuas do assoalho. Digo a ela que preste atenção nas galinhas — são galinhas engraçadas, sem cauda, cuja cabeça mal é visível, de maneira que elas parecem pedaços de penugem branca andando de um lado para o outro. E há então os gatos, os gatos Manx, os gatos mais amistosos do mundo, que se submetem o dia inteiro às carícias ininterruptas das crianças, extraordinariamente sem reclamar. São os animais que me atraem para esse lugar, e uma vez que chego lá, folheio os livros, e levo para casa uma revista para mim, um presente para guardar para o meu sobrinho no natal ou um marcador de livro para a minha parceira. Tenho um sentimento de propriedade com relação a essa loja. Eu me sinto em casa lá, sempre. Ela está viva. É um lugar que tem o que o arquiteto Christopher Alexander chama de "graça sonolenta e desajeitada proveniente de uma perfeita descontração". Saio dali com um sentimento de gratidão.

Poderíamos imaginar que o que dá vida ao local são os animais. No entanto, essa livraria é muito diferente do Rainforest Café que fica do outro lado da cidade, no Mall of America, que também exibe animais. É bem verdade que são animais de pelúcia: papagaios de pelúcia pendurados em poleiros, emitindo o seu grito mecânico quando passamos por ele. A Wild Rumpus também é muito diferente da PetSmart, que tem animais, vivos, todos em jaulas e gaiolas em ordeiras fileiras sobre um imaculado piso de linóleo.

A diferença é mais do que os animais. É um espírito, um sentimento de vitalidade, não apenas nos animais mas também em mim quando estou no local, e em todas as pessoas que já levei até lá. Visitei muitas empresas na área de negócios socialmente responsáveis, e senti esse espírito em outros lugares, grandes e pequenos. Já vi esse espírito ser expulso de empresas mais vezes do que consigo contar. No meu terceiro conjunto de jornadas, eu queria especificar com mais exatidão o que ele é, o que faz com que ele aconteça, o que o mantém vivo ao longo do tempo, o que o destrói.

O que torna uma empresa uma empresa viva?

O que torna uma empresa não apenas responsável, ética ou possuidora do alvará correto, mas literalmente viva, um lugar aonde desejamos ir e onde nos sentimos vivos quando estamos lá? O respeito pela comunidade viva da terra é um ponto de partida crucial, mas por si só não é suficiente. As empresas vivas envolvem mais do que a sustentabilidade, como é comumente compreendida. Do ponto de vista comercial, sustentabilidade significa, com excessiva frequência, tornar verde uma linha de produção mas manter a máquina de crescimento funcionando no máximo, conservando as pessoas que fabricam e vendem os produtos em um estado de subordinação, e tratando os clientes como pouco mais do que fontes de lucro.

Uma empresa realmente viva encerra uma sensibilidade mais ampla que eu queria ver em ação. Tem a ver não apenas com *tecnologias físicas*, mas também com *arquiteturas sociais*: como as empresas em si ficam vivas em um sentido humano e social. O que eu queria ver nesse conjunto de jornadas era como os relacionamentos vivos que compõem uma empresa se tornam processos vivos. Não processos insensibilizadores, como se tornou o mecanismo de criação das hipotecas, e sim sistemas vivos que parecem vivos para os que estão dentro deles e que ajudam a criar as condições para a vida em geral.

A qualidade sem um nome

A pergunta que eu faço a respeito da arquitetura social das empresas é a mesma que Alexander faz a respeito da arquitetura física dos prédios: o que faz com que eles se tornem vivos? Ele explora as respostas no seu original trabalho sobre arquitetura, *The Timeless Way of Building*, publicado em 1979 e até hoje um clássico amplamente lido. Ele começa da seguinte maneira:

> Existe uma qualidade central que é o critério básico da vida e do espírito em um homem, uma cidade, um prédio ou em uma parte da natureza selvagem. Essa qualidade é objetiva e precisa, mas não pode ser designada. A busca que fazemos dessa qualidade, na nossa vida, é a busca fundamental de qualquer pessoa, e o ponto crucial da história de qualquer pessoa particular. É durante a busca desses momentos e situações que estamos mais vivos.[1]

Alexander chamou esse critério básico de "qualidade sem um nome". Ela não pode ser designada com exatidão, afirmou ele, porque nunca é a mesma duas vezes, sempre assumindo a sua forma a partir do lugar particular onde ocorre. Chamamos frequentemente essa qualidade de *vitalidade*. Poderíamos também usar palavras como *completa, confortável* ou livre, disse ele. Ele sugeriu ainda *desprovida de ego* ou *eterna*. Eu acrescentaria a palavra *genuína*.

"Ela é um tipo sutil de liberdade com relação a contradições internas", escreveu Alexander. "Um sistema tem essa qualidade quando está em harmonia consigo mesmo; ele carece dela quando está dividido. Ele a tem quando é fiel às suas forças interiores; ele carece dela quando é infiel às suas forças interiores." Reconhecemos essa qualidade quando a encontramos em uma pessoa, prosseguiu, porque, quando uma pessoa "é fiel a si mesma, nós sentimos de imediato que ela é 'mais autêntica' do que as outras". Quando o nosso mundo tem essa qualidade, as pessoas podem ser vivas e autocriativas. Quando o mundo carece dessa qualidade, diz ele, as pessoas não poderão estar vivas e serão autodestruidoras e miseráveis.[2]

Para definir essa qualidade em um prédio ou uma cidade, Alexander sugeriu que começássemos por reconhecer que cada lugar recebe o seu caráter em função dos padrões de eventos que estão sempre acontecendo ali. Cada prédio e cidade é formado por esses padrões no espaço e por nada mais. Quanto mais padrões vivos existirem em um lugar, "mais ele tem essa chama autossustentadora que é a qualidade sem um nome". Nós sentimos essa qualidade, continuou, em "uma minúscula igreja gótica, uma velha casa na Nova Inglaterra, uma aldeia alpina na montanha, um antigo templo zen, um local em um riacho na montanha, um pátio coberto de cerâmica azul e amarela no meio da terra". Para descobrir os segredos de como gerar essa qualidade, "precisamos primeiro aprender a descobrir padrões que sejam profundos e capazes de gerar vida". E depois precisamos encontrar maneiras de falar uns com os outros a respeito desses padrões. Precisamos de uma linguagem para descrevê-los: *uma linguagem de padrões.*

Enquanto os prédios são formados por padrões no espaço, as empresas e organizações são formadas por *padrões de relacionamentos.* Uma pessoa entra na Starbucks e pede um café descafeinado com leite de soja, e o funcionário o prepara na hora, especialmente para ela. Um investidor compra ações de uma empresa, e os seus executivos medem o sucesso como o preço ascendente da ação. Eu entro na Wild Rumpus e mostro o camundongo para a minha sobrinha. Os padrões que compõem uma empresa são criados a partir dos padrões de interações entre várias partes: proprietários, investidores, funcionários, clientes. Quando entro em um banco, não vou para trás do balcão e começo a imprimir documentos de empréstimos e tomar decisões sobre as taxas de juros. Esse é o papel do banqueiro. Na qualidade de investidora, eu não digo para os funcionários de uma empresa quantas vezes por mês eles devem encerar o piso. Isso é função deles.

Os padrões de eventos que acontecem no Beverly Cooperative Bank são nitidamente diferentes dos da Aegis. Conceder um empréstimo para um vizinho, manter o empréstimos nos registros, lidar com o mutuário quando ele passar por maus momentos — esse é um padrão de relacionamento fiel às suas forças internas. Trata-se de um sistema radicado em um lugar particular, concentrado em um Propósito Vivo de servir a essa comunidade humana. É um sistema capaz de harmonizar as suas próprias forças, manter as suas próprias energias e favorecer quase todos os envolvidos. É um padrão de relacionamentos muito diferente daquele que está em ação quando um corretor hipotecário da Aegis contrata uma hipoteca com o casal Haroldson com cláusulas que eles não entendem e depois vende barato esse empréstimo para investidores, sabendo que poderá causar problemas. Essa é uma empresa que não é fiel às suas próprias forças. Isso significa libertar forças que só serão harmonizadas quando o casal Haroldson perder a sua casa, quando os investidores sofrerem uma perda e, em última análise, quando a própria Aegis for à falência.

Os padrões de relacionamentos muito diferentes dessas duas empresas financeiras são mantidos coesos, mais fundamentalmente, por um *conjunto de valores*, e por um *propósito* baseado nesses valores, que está institucionalizado na organização. A Aegis está concentrada na riqueza financeira para os seus proprietários. O Beverly Cooperative Bank está concentrado na contínua vida do banco e da comunidade.

Quando a empresa diz que está concentrada na comunidade e está efetivamente concentrada na comunidade, ela está livre de contradição. Quando os sistemas estão livres de contradições internas, afirmou Alexander, "eles ocupam o seu lugar na ordem das coisas situadas fora do tempo". Eles se tornam *eternos*. O que os torna eternos, declarou ele, é a sua normalidade.[3] O Beverly Cooperative Bank não precisa ser, e não é, uma instituição heroica. Ele não é um líder nacional em todas as coisas socialmente responsáveis. É um banco que se dedica à verdadeira atividade das operações bancárias, de uma maneira semelhante à árvore que se dedica à atividade de ser uma árvore. Ele é simplesmente ele mesmo. Ao ser um banco genuíno, ele está naturalmente a serviço da comunidade, porque essa é a razão pela qual as comunidades permitem que os bancos existam.

O Propósito Vivo — estar a serviço da comunidade como uma maneira de alimentar o eu — é a condição *sine qua non* de todo o *design* de propriedade generativa. Ele é núcleo único e irredutivelmente necessário de todo empreendimento generativo. Vemos o Propósito Vivo em ação no *design* da indústria da lagosta no Maine, no trabalho do Grameen Bank, nas florestas comunitárias do México, na propriedade comunitária da Hull Wind, na propriedade dos funcionários da South Mountain Company.

As forças ocultas do propósito financeiro

Essas entidades podem ou não ter uma declaração de missão formal emoldurada e pendurada na parede em algum lugar. Como observou a teórica de sistemas Donella Meadows, "A função ou propósito de um sistema não é necessariamente falado, escrito ou expresso explicitamente, a não ser por meio da operação do sistema". Ela disse que a melhor maneira de determinar o propósito de um sistema é observar como ele se comporta. O propósito não diz respeito à retórica ou a metas declaradas. Ele diz respeito ao comportamento.[4]

> *O propósito do sistema se revela com o tempo*
> *como uma série de eventos.*

Um sistema é fiel a si mesmo quando os valores que ele adota — como a ética, a sustentabilidade e o serviço comunitário — estão em harmonia com o seu comportamento ao longo do tempo. A Enron tinha um código de ética encantador, que não tinha praticamente nada a ver com o seu comportamento. Era uma companhia que abrigava "forças ocultas", usando o termo de Alexander. Como ele escreveu, "quando as forças de uma pessoa estão em harmonia, ela nos faz nos sentir à vontade, porque nós sabemos, por meio de um sexto sentido, que não existem outras forças inesperadas espreitando secretamente". Em contraposição, quando um sistema não é fiel a si mesmo, ele terá forças ocultas operando em segundo plano. "Quando um lugar é inanimado ou irreal, existe quase sempre uma inteligência dominante atrás dele", escreveu Alexander. "Ele está tão abarrotado com a vontade do seu criador que não há espaço para a sua própria natureza." Ele está dividido contra si mesmo.[5]

Vi muitas vezes forças inesperadas espreitando secretamente nas empresas quando eu publicava *Business Ethics*. Para dar um exemplo, observei empresas de vestuário e calçados adotarem códigos éticos de conduta para os seus fornecedores, chegando ao ponto de enviar auditores para fábricas no exterior para avaliar o cumprimento das normas. O objetivo era estabelecer um ciclo de *feedback* que dissesse: respeitem as leis salariais, tratem os trabalhadores com respeito. E os participantes envolvidos pareciam sinceros. No entanto, o trabalho deles foi sutilmente neutralizado por um ciclo de *feedback* mais forte operando em segundo plano, que enviou uma mensagem contraditória. Os seus sinais chegaram aos fornecedores quando compradores das mesmas empresas declararam: entreguem as suas mercadorias para nós pelo menor preço possível, no menor prazo possível. Custos baixos e prazos curtos não criam condições propícias ao bem-estar dos trabalhadores. No entanto, os fornecedores sabiam que os seus rendimentos dependiam de eles satisfazerem as condições dos compradores. Os sinais dos compradores chegaram, por assim dizer, com cheques anexados.

O dinheiro fala mais alto do que os códigos de ética. E é o dinheiro que alimenta as demonstrações de resultados das empresas, que são baseadas em um modelo de maximização de renda e minimização de custos. No caso das empresas de capital aberto, essas demonstrações de resultados se concatenam com mercados financeiros, nos quais os ciclos de *feedback* dizem: mantenham os lucros/receitas em constante crescimento a fim de que o preço das ações aumente sempre. O preço das ações, por sua vez, se concatena com opções de compra de ações para os executivos. É desnecessário dizer que esse ciclo de *feedback* financeiro é mais forte do que o ciclo de *feedback* fraco de um código de ética, por mais sinceros que sejam os auditores.

A maximização dos lucros financeiros espreita no pano de fundo das empresas de capital aberto porque isso está na sua estrutura de propriedade fundamental. Mais basicamente, isso é a essência do propósito delas. Com excessiva frequência, o treinamento ético, a responsabilidade social corporativa (RSC) e os programas de sustentabilidade não penetram na essência da questão. Eles não alteram o *propósito da empresa*. Essa é a razão pela qual observei indústrias inteiras se desenvolverem no treinamento ético, em programas de RSC e no resto — apenas para ficar pasma ao constatar que a maximização dos lucros permanecia impermeável a todos os tipos de códigos de ética lançados na sua direção.

O papel da lei

Durante muitos anos, acreditei que o problema estava na lei. Eu não estava sozinha nessa ideia. Ainda hoje, a ideia de que as corporações de capital aberto têm a obrigação legal de maximizar os lucros dos acionistas continua a ser a sabedoria convencional. Ela é amplamente aceita pelas elites empresariais e de formulação de políticas nos Estados Unidos e em grande parte do resto do mundo, e tem sido a teoria dominante do propósito corporativo desde a década de 1990. *Mas isso não é verdade.* É a opinião de um crescente número de teóricos jurídicos, entre eles Lynn Stout, professora de legislação corporativa e valores mobiliários da Cornell Law School. No seu livro, *The Shareholder Value Myth*, ela afirma que a legislação corporativa dos Estados Unidos não exige, nem nunca exigiu, que os diretores das corporações de capital aberto maximizem a riqueza dos acionistas.

Essa suposta obrigação se baseia em suposições factuais incorretas, prossegue ela, inclusive a ideia errônea de que os acionistas "são donos" da corporação. Na realidade, o que os acionistas possuem são *as suas ações*, não a corporação em si, afirma Stout. A ideia de que as corporações têm a obrigação legal de maximizar os lucros dos acionistas é simplesmente uma ideologia. E é uma ideologia que está cada vez mais obsoleta, sendo desafiada por novos artigos especializados que aparecem quase todos os dias, observa Stout. "Como uma teoria de propósito corporativo", acrescenta ela, "ela está posicionada para o colapso intelectual."[6]

Muito mais pode ser dito a respeito do debate jurídico em torno do propósito corporativo. Fique prevenido: este é o mato do qual poucos emergem com a sanidade mental intacta. Para as almas intrépidas desejosas de se aventurar mais profundamente nesse território, recomendo o livro de Stout.

Enquanto os juristas discutem, outros estão trabalhando para estabelecer um novo modelo corporativo mais generativo — a *corporação de benefícios* — com um propósito mais amplo inserido nos seus documentos jurídicos de gestão. As corporações de benefícios, como é reconhecida nas leis de alguns estados, visam beneficiar a sociedade e o ambiente além dos seus acionistas. Uma pequena variação do modelo é a corporação B, criada por meio de um processo de certificação privada que exige que as empresas declarem um propósito social nos seus documentos de gestão e satisfaçam padrões independentes de desempenho social e ambiental.[7]

O amplo conceito da corporação de benefícios se baseia, em parte, nas ideias de Leslie Christian, presidente da Portfólio 21 Investments. Durante a sua longa participação na Corporation 20/20, observei enquanto ela formulou e lançou um novo tipo de empresa chamada Upstream 21, uma *holding* do Oregon que compra e controla pequenas empresas locais comprometidas com a sustentabilidade. A legislação do estado do Oregon — como a legislação de vários estados americanos e a legislação de muitas nações do mundo — diz que os diretores corporativos precisam agir tendo em vista, em primeiro lugar, os principais interesses da corporação e dos seus acionistas. Trabalhando dentro dessa estrutura, a Upstream 21 adotou artigos de incorporação que dizem que os "principais interesses" da companhia abarcam não apenas os interesses dos acionistas mas também aqueles do ambiente, dos clientes, dos fornecedores e das comunidades locais. A empresa também modificou os direitos de voto, de maneira que aqueles com uma participação viva na empresa — como os funcionários e os investidores diretos iniciais — têm mais poder de voto do que aqueles que possam comprar ações da companhia de fonte secundária. Os direitos de voto diminuem quando passam dos investidores diretos para investidores no mercado secundário.[8]

Inspirando-se na linguagem de propósito concebida pela Upstream 21, os fundadores do B Lab — Jay Coen Gilbert, Bart Houlahan e Andrew Kassoy — criaram um modelo-padrão para um novo tipo de empresa, construído em torno desse propósito expandido. Eles projetaram e adicionaram um conjunto de padrões de desempenho social. E conseguiram permissão de Heerad Sabeti, um empresário social que lidera o trabalho para novos tipos de empresas sociais, para usar o nome que ele inventou: a empresa de "benefícios".[9] Em 2010, Maryland tornou-se o primeiro estado a aprovar a legislação da corporação de benefícios, formalizando essa nova opção em lei. Outros estados logo fizeram o mesmo, entre eles Vermont, Nova Jersey, Nova York, Virginia, Havaí e Califórnia, com muitos outros se mostrando interessados.[10]

Em dois anos, cerca de 500 empresas se registraram para ser Corporações B, inclusive algumas companhias relativamente de grande porte, como a Seventh

Generation, uma distribuidora nacional de produtos domésticos para uma vida sustentável, com 150 milhões de dólares em vendas. É aqui, contudo, que a trama se complica.

Em direção à nova geração

A Seventh Generation foi fundada há mais de vinte anos, e um dos seus co-fundadores, Jeffrey Hollender, estava ativo na Corporation 20/20. Ele estava entre muitos fundadores de empresas socialmente responsáveis que enfrentavam o desafio de manter vivo o seu legado social à medida que essas empresas cresciam, atraíam investidores e começavam a passar a liderança para a geração seguinte. Era um desafio que nós, na *Business Ethics*, apelidamos de o "problema do legado".[11] Apenas um pequeno número das empresas que eu examinei o resolveu de uma maneira plenamente satisfatória.

Muitas empresas que um dia tinham sido idealistas viram a sua missão social debaixo de pressão quando abriram o capital ou foram vendidas para companhias de capital aberto. Foi o caso da Ben & Jerry's, vendida para a Unilever contra os desejos dos seus fundadores; a Aveda, vendida para Estée Lauder; a Stonyfield Yogurt para o Groupe Danone; a Kashi para a Kellogg; a Tom's of Maine para a Colgate, a Odwalla para a Coca-Cola. Lembro-me de ouvir o fundador da Odwalla, Greg Steltenpohl, falar em uma reunião depois de ter vendido a sua empresa, comentando pesarosamente, "Eu estava no ramo de fabricar um excelente suco; agora estou no ramo de ganhar dinheiro".

Jeffrey Hollender parecia ter o desafio sob controle. Durante seis anos, a Seventh Generation fora uma empresa de capital aberto, mas, em 1999, Jeffrey a tornou privada novamente, porque descobriu que os custos e a pressão de abrir o capital eram maiores do que os benefícios. Ele permaneceu na direção, pessoalmente empenhado, nas palavras de um "Relatório de Consciência Corporativo" de uma empresa, em abraçar "um modelo de negócios mais profundo, no qual o crescimento econômico está amalgamado com a justiça social".[12] No caso de Jeffrey, eu sabia que esse compromisso era genuíno. Quando ele registrou a Seventh Generation como uma Corporação B fundadora, ele parecia estar a caminho de resolver o problema do legado social. Como ele escreveu no livro *The Responsability Revolution*: "Talvez não exista uma maneira mais certa para uma empresa viver à altura do autêntico imperativo [...] do que se tornar uma Corporação B".[13]

Chegou, então, o dia em que eu estava ajudando a organizar um encontro sobre o *design* de empresas e Jeffrey estava programado para se juntar a nós mas teve que desistir no último minuto. Uma nova liderança estava sendo introduzida, explicou por telefone, e ele precisava cuidar dos incêndios em casa, porque estava envolvido em uma batalha pela alma da empresa. Poucos meses depois, recebi a notícia de que, no final de 2010, Jeffrey tinha sido expulso da empresa da qual ele fora cofundador.

Embora a Seventh Generation não fosse mais uma empresa de capital aberto, ela sucumbira à pressão de crescer e maximizar os lucros. Ela contratara um novo CEO com uma mentalidade tradicional, recebera 30 milhões de dólares de investimentos externos e definira um plano para levar a empresa de 150 milhões de dólares em vendas para a impressionante soma de 1 bilhão de dólares. Um crescimento como esse pode ser esmagador para os funcionários de uma companhia.[14] E, como Jeffrey reconheceu, uma empresa voltada exclusivamente para o crescimento pode nem sempre estar concentrada nas rigorosas escolhas necessárias com relação às aquisições de recursos e produtos ecológicos, tampouco preparada para fazer os sacrifícios ocasionais necessários para ser verdadeiramente sustentável. Ele e o conselho diretor tinham sérias divergências filosóficas a respeito de questões como a transparência, a propriedade dos funcionários e a melhor maneira de criar o valor do acionista. Além disso, disse-me Jeff, o seu conselho não o considerava um "gestor profissional", apesar do seu estupendo desempenho quando fez a empresa crescer para 150 milhões de dólares. Finalmente, o conselho o colocou porta afora.[15]

Falando publicamente mais tarde a respeito de toda a experiência, na conferência Sustainable Brands em junho de 2011, Jeffrey declarou que falhara por não ter implantado as proteções adequadas ao *design* de propriedade. "Eu não institucionalizei valores na estrutura corporativa", afirmou. "Aceitei dinheiro demais das pessoas erradas. Deixei de dar uma parte suficiente da empresa para os funcionários que teriam protegido o que havíamos construído."[16] Uma lição da história parecia clara:

A linguagem da corporação de benefícios
nos documentos da empresa não é suficiente.

Lynn Stout está certa. O problema não se encontra essencialmente na lei. Mudar a linguagem jurídica de artigos e regulamentos não atinge necessariamente o verdadeiro propósito de uma empresa.

Quero acrescentar rapidamente o seguinte: o movimento da corporação de benefícios é, sem dúvida, um passo enorme na direção certa. Ele representa uma codificação vital de uma nova sensibilidade emergente. O certificado de Corporação B desenvolve a consciência do consumidor, promove empresas responsáveis e cria uma potencial comunidade de empresas voltadas para o aprendizado. À medida que a sociedade for se tornando mais familiarizada com o conceito das corporações de benefícios, o conceito também poderá ajudar a criar consciência cultural que promoverá reformas sistêmicas adicionais. O modelo da corporação de benefícios é fundamentalmente importante.

E, na maneira como existe neste ponto, não é um *design* completo. É como uma casa com um excelente piso porém desprovida de teto e apenas uma parede parcial: um bom lugar para começar a construção mas não uma estrutura terminada. O meu sentimento é de que os criadores da Corporação B são caras espertos, interessados em desenvolver o modelo ao longo do tempo. Talvez o que seja necessário é um conjunto maior de padrões análogos a um código de edificações, semelhante aos padrões LEED para os prédios verdes. Da mesma maneira como os prédios LEED são classificados como prata, ouro e platina, os *designs* de propriedade poderiam receber classificações graduadas semelhantes para a excelência progressiva do *design*. Nesse meio-tempo, empresas isoladas poderiam adotar a certificação B como uma base e construir as suas próprias adições de *design* sobre ela.[17]

O teste das corporações de benefícios será o quanto elas
serão bem-sucedidas ao longo do tempo, nos momentos
em que os fundadores deixam de ter o controle.

Um desses momentos é quando uma empresa recebe um capital substancial ou abre o capital. Como um padrão temporal, podemos chamá-lo de Infusão de Capital. O segundo momento é quando o fundador se aposenta ou vende a empresa. Poderíamos chamar isso de padrão temporal da Partida do Fundador. Esses são os momentos em que as forças das finanças têm a chance de exercer a sua influência magnética, puxando boas empresas para fora da sua órbita anterior. O poder das finanças é aquele fascínio quase irresistível do potencial de embolsar enormes quantidades de riqueza financeira. Só aqueles claramente focados em algo mais inspirador, que têm em vista uma aspiração tão clara que sabem quem são e o que estão fazendo, conseguem resistir à forte influência dessa oportunidade. E isso lhes permite implantar estruturas resistentes, firmemente arraigadas, que incorporam esse Propósito Vivo — *com outras proteções de design também integradas*. Boas pessoas fortalecidas por um bom *design*: esse é o objetivo. E nenhum padrão de *design* isolado constitui um sistema completo capaz de realizar isso. Como nos diz o pensamento sistêmico:

> *A resiliência surge de padrões de muitos ciclos de* feedback, *que operam por meio de mecanismos diferentes e redundantes — de modo que, se um falha, outro entra em operação.*[18]

No *website* da Corporação B há uma poderosa declaração que diz que as corporações de benefícios "precisam tomar decisões que sejam boas para a sociedade, não apenas para os seus acionistas".[19] É uma meta meritória, mas o modelo da Corporação B ainda não chegou lá. Os fundadores da empresa terão que ser pioneiros e tornar esses *designs* mais sólidos se quiserem garantir que essa missão social seja sustentada e passada para as gerações subsequentes, além da era dos fundadores.

Uma coisa é ter uma empresa realmente viva quando você é uma minúscula livraria infantil e o fundador ainda está no controle. Essa situação é análoga à de praticamente todas as Corporações B. Outra coisa é manter vivo esse espírito quando a empresa arrecada um capital substancial ou precisa de ajuda para auxiliar os investidores a recuperar o seu dinheiro. Ou quando os fundadores querem retirar a sua parte em dinheiro. Ou quando a empresa se torna grande.

Até mesmo na mais perfeita economia do futuro, as grandes empresas certamente serão necessárias. Há uma tese a ser defendida — como E. F. Schumacher o fez com tanta eloquência — de que o pequeno é belo, que as melhores empresas podem sempre ser relativamente pequenas. Este é um tema importante para futuras pesquisas: existe uma escala ideal para as empresas generativas? Espero que colegas na área do *design* de propriedade se dediquem a essa questão e encontrem a resposta definitiva. Mas esta é uma conversa para outro dia.

O que eu esperava resolver, no meu conjunto final de jornadas, era uma pergunta diferente: existem empresas substancialmente maiores do que pequenas lojas de família, das quais os fundadores já foram embora há muito tempo, que são verdadeiramente empresas vivas?

*Existem grandes companhias que
resolveram o problema do legado?*

Alguns ativistas e teóricos aventariam que essa é a pergunta errada, que a verdadeira questão é como obrigar todas as grandes empresas a ter um *design* responsável. Eles querem começar com a lei, com a regulamentação. Os meus instintos me dizem o contrário: que é preciso começar com *modelos positivos*. As energias de um sistema não podem se organizar ao redor de uma negativa (não faça isso, não faça aquilo). Precisamos de uma visão positiva do *design* generativo que seja forte a ponto de exercer o seu próprio poder magnético, atraindo as pessoas — assim como a visão da democracia magnetizou as pessoas ao redor do mundo. As sementes desse *design* se encontram nas pequenas empresas vivas locais. Mas, se nós não conseguimos resolver o problema de manter viva a alma dessas empresas depois da partida dos seus fundadores, como poderemos possivelmente esperar fazer uma mudança genuína em grandes empresas através de todo o sistema?

Talvez não precisemos de uma complicada fórmula jurídica e sim de descrições de padrões simples que todos possamos usar. Como escreveu Christopher Alexander, precisamos de linguagens "cujos padrões sejam tão intensos, novamente tão cheios de vida, que o que fizermos dentro dessas linguagens comece, quase espontaneamente, a cantar".[20]

É possível que esses padrões já estejam vivos e em funcionamento em grandes empresas? Esse me pareceu um teste decisivo de toda a ideia do *design* generativo. Essas empresas existem? Caso afirmativo, o que as faz funcionar? Se a linguagem jurídica não completa os seus *designs*, o que o faz? Comecei a descobrir que empresas que apontam para as respostas são encontradas no mundo inteiro. Uma que eu queria ver, que eu considerava absolutamente irresistível, era a John Lewis Partnership em Londres.

DEZ

A afiliação interna

A propriedade em mãos vivas

"Trabalhei no meu antigo emprego na Safeway durante 18 anos, e recebi durante esse tempo uma única bonificação de 50 libras (82 dólares)", me diz Emma. Quando a loja fechou há alguns anos, essa mulher de 30 e poucos anos, com uma filha pequena, foi trabalhar perto dali em uma loja do Waitrose, próxima à estação King's Cross do metrô. Ela e eu estamos agora conversando dentro dessa loja, que não fica longe do palácio da rainha em Londres. A loja faz parte de uma cadeia de supermercados de propriedade da John Lewis Partnership (JLP). Emma cuida do caixa e arruma as prateleiras. Essa função no Waitrose lhe dá direito a uma bonificação anual; em uma das últimas ela recebeu 2 mil libras (3.264 dólares). "Fui até as Ilhas Canárias nas férias", me diz ela. "Foram as minhas primeiras férias em quatro anos."

O açougueiro do balcão das carnes que vem conversar comigo – um homem de meia-idade chamado John* – usa um chapéu de feltro branco, uma camisa branca engomada debaixo de um avental com listras verdes e uma gravata-borboleta. Ele explica que todos são obrigados a usar chapéu, mas vestir uma gravata todos os dias é uma escolha dele. "Eu simplesmente me sinto mais arrumado", me diz ele. As pessoas reparam em pequenos detalhes como esse no Waitrose,

---

* Tanto Emma quanto John me pediram que usasse apenas o seu primeiro nome.

onde os aumentos de salário são concedidos em função do desempenho, o que inclui coisas como "ser uma pessoa asseada", declara John. Ele fala a respeito da irmã, Carol, que também trabalha no Waitrose e acaba de ter um diagnóstico de câncer. "Eles têm sido realmente muito bons", afirma ele, referindo-se à empresa. "Há um orçamento reservado para pessoas assim. Ela já está sem trabalhar há três meses, e eles estão mantendo o emprego dela. Eles me pedem que diga a ela para não se preocupar."

Quando funcionários do Waitrose e de outras lojas da JLP enfrentam uma emergência pessoal ou familiar como John e Carol enfrentaram, eles podem pedir uma doação ou um empréstimo à Comissão de Assistência Financeira. Essa comissão, composta e eleita por funcionários, controla o orçamento especial que John mencionou, tomando decisões fora da cadeia de gestão. A ajuda desse fundo — aliada ao compromisso de manter o emprego de Carol — "pôs de lado o aspecto financeiro das preocupações", declara John. A minha irmã se submeteu a duas cirurgias importantes em menos de uma semana. "Quando cheguei hoje à loja", acrescentou, "a primeira coisa que o gerente perguntou foi: 'Como Carol está passando?'."

A auxiliar Emma e o açougueiro John são donos da loja que estou visitando. Eles estão entre os 76.500 funcionários-proprietários da John Lewis Partnership, a maior rede de lojas de departamentos do Reino Unido, com 35 lojas de departamentos e 272 lojas de supermercado Waitrose. A receita dessa empresa é de 8,2 bilhões de libras (13,4 bilhões de dólares). Isso significa que, se ela fosse uma companhia americana, incluída na lista das maiores corporações da Fortune 500, estaria situada mais ou menos no 180º lugar.[1] Essa classificação é mais elevada do que a da Monsanto e a da ConAgra. E ela é uma empresa que pertence integralmente aos seus funcionários — ou, como a empresa os chama, aos seus sócios.

A empresa é de propriedade exclusiva e benefício daqueles que trabalham nela, e estes possuem uma série de direitos de propriedade. Primeiro, o propósito da companhia é servir aos interesses, à "felicidade" de todos os seus membros, por meio de "um emprego meritório e satisfatório em um negócio bem-sucedido". Segundo, eles participam dos lucros todos os anos. E terceiro, eles têm voz ativa formal na maneira como a empresa é gerida.

Afiliação: definindo quem está dentro e quem fica de fora

Vim fazer essa visita porque quero ver essa empresa mais de perto. Os padrões do seu *design* de propriedade parecem genuínos, mas quero sentir melhor a coisa toda, para ver se é real. "As pessoas podem se envolver nos tipos mais surpreendentes e complexos de discordância a respeito das 'ideias' em um padrão, ou da filosofia expressada no padrão", escreveu Christopher Alexander. No entanto, prosseguiu ele, "as pessoas concordam, em um grau extraordinário, a respeito da maneira como diferentes padrões as fazem se sentir".

> *"Vá para os lugares onde existem os padrões,*
> *e observe como você se sente lá", recomendou ele.*

Quando um padrão é criado a partir do pensamento, ele não nos faz sentir nada. Quando os padrões surgem das forças efetivas de uma situação e harmonizam com sucesso essas forças, conseguimos sentir esse equilíbrio. A razão, declarou Alexander, é que "os nossos sentimentos sempre lidam com a totalidade de qualquer sistema".[2]

No período em que trabalhei na *Business Ethics*, desenvolvi um faro muito bom para determinar se as empresas passavam no teste da "cheirada", se elas pareciam estar genuinamente se orientando por uma missão generativa. Eu lera muito a respeito dessa empresa, e tínhamos convidado um dos seus executivos, Ken Temple, para participar de uma das nossas reuniões na Corporation 20/20. Fiquei intrigada. Quando tive que ir a Londres tratar de outros assuntos, decidi ficar mais alguns dias para sentir esse lugar na pele, para ver se ele tinha a alma de uma empresa viva.

Na John Lewis Partnership, o *design* de propriedade começa com uma missão clara e profundamente diferente. Essa empresa tem um estatuto escrito, impresso e publicamente disponível, que declara que o propósito da empresa é respaldar "a felicidade de todos os seus membros". Quero fazer uma pausa aqui e comentar o seguinte: essa é a única grande corporação que encontrei que declara que o seu propósito é *servir à felicidade dos funcionários*. Isso é assim, na JLP, *não* porque incremente os retornos para os acionistas. Na John Lewis Partnership, a felicidade dos funcionários não é um caminho para alguma outra meta. Ela *é* a meta.

E é mais do que uma declaração nos documentos jurídicos da companhia. Ela está inserida em outro padrão de *design* fundamental: a maneira pela qual os limites da afiliação são definidos. Se é verdade que não existem sistemas separados, somente subsistemas do único sistema da terra, é igualmente verdade que a vida depende de limites, de coisas como paredes e membranas celulares. Nenhum sistema vivo é uma sopa de energia informe. Nenhuma empresa é uma entidade sem limites que abarca todos os seres vivos, servindo igualmente a todos os *stakeholders*. Cada empresa tem um conjunto claramente definido de membros.

Quem *é* a empresa? Quem pode reivindicar um direito ao seu excedente? Quem tem direito ao que sobrar, caso os seus ativos sejam vendidos e as suas dívidas, liquidadas? Essas são perguntas a respeito do que tradicionalmente chamamos de propriedade — que podemos chamar de *afiliação*, para distingui-lo de outros aspectos do *design* de propriedade.

Se a prerrogativa suprema de ser um proprietário é o direito de embolsar parte do lucro que resta depois que as contas são pagas, então os funcionários da John Lewis Partnership são proprietários genuínos. Todos os anos, depois que a empresa separa uma parte de lucro para reinvestir no negócio, o restante — geralmente entre 40% e 60% do lucro depois dos impostos — é distribuído pelos funcionários. Essa é a bonificação anual que permitiu que Emma fosse às Ilhas Canárias. Todo empregado, do vendedor da loja ao presidente, recebe o mesmo percentual do salário individual. Como me disse certo gerente: "No pior ano ao longo dos últimos trinta anos, foi 8% e, no melhor ano, 24%" do salário.

Em um ano recente, o percentual anual foi anunciado em março com grande alarde na principal loja da empresa na Oxford Street, onde um sócio segurou um cartaz com o número "18%", e os funcionários bateram palmas e aclamaram. Esse bônus equivalia a cerca de nove semanas de pagamento. Para um repositor que ganhasse 22 mil dólares, esse percentual correspondia a quase 4 mil dólares. Para o presidente Charlie Mayfield, o salário com a bonificação chegou a 950 mil libras (1,6 milhão de dólares). É uma bela soma sob qualquer parâmetro. No entanto, é modesta se comparada com a daqueles CEOs do S&P 500, que com as opções de ações levaram para casa uma média de 10 milhões de dólares no mesmo ano.[3]

A participação nos lucros na John Lewis Partnership é vista como uma boa prática empresarial. Ela faz parte do que os executivos descrevem como um "circulo virtuoso" — o lucro volta para os sócios, o que os motiva a prestar um excelente atendimento ao cliente. É a maneira como a empresa privada deve trabalhar: se você ajuda a criar o sucesso da empresa, você participa das recompensas financeiras. A propriedade dos funcionários na JLP de fato contribui para um notável sucesso comercial. Um estudo do desempenho ao longo de vinte anos dos principais concorrentes varejistas mostrou que a John Lewis Partnership tinha uma classificação "muito elevada em lucratividade e produtividade". Além disso, o estudo descobriu que "o lado humano do negócio" era "de enorme importância" para esse sucesso.[4]

As empresas como comunidades vivas

Além do Propósito Vivo, essa companhia emprega o segundo padrão de *design* na Afiliação Interna: a propriedade nas mãos de *stakeholders* intimamente envolvidos com o funcionamento tangível da empresa. A Afiliação Interna é um aspecto fundamental do processo de trazer as empresas de volta à realidade — radicando-as novamente na economia real. Ela resulta de uma visão das empresas como comunidades vivas de seres humanos, e não simplesmente como ações cujo valor financeiro aumente perpetuamente.

Existem muitas maneiras de criar a Afiliação Interna. Nas uniões de crédito e bancos cooperativos, a afiliação está nas mãos de *clientes*, depositantes. Algumas cooperativas fixam a afiliação nas mãos de *fornecedores* — como a Ocean Spray, uma grande cooperativa de cultivadores. Na Hull Wind, a afiliação está radicada na *comunidade*, por meio da propriedade municipal da usina elétrica da cidade. Algumas empresas generativas, como a S. C. Johnson, fixam a afiliação nas mãos da *família fundadora*. Todos esses são variedades de *stakeholders*, aqueles

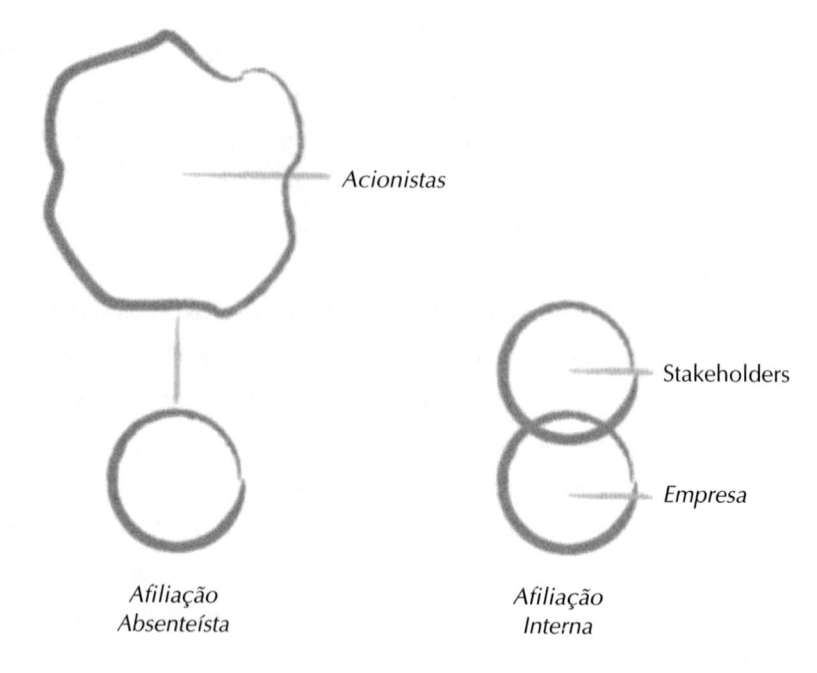

Afiliação
Absenteísta

Afiliação
Interna

Acionistas

Stakeholders

Empresa

AFILIAÇÃO ABSENTEÍSTA *VERSUS* AFILIAÇÃO INTERNA

que têm um interesse na vida real da empresa. A John Lewis Partnership fixa a afiliação nas mãos dos *funcionários*. Estes últimos são a empresa. Ken Temple diz o seguinte para mim: "Nós nos definimos simplesmente como sendo todos os nossos funcionários. Não enxergamos nenhuma distinção entre o negócio e o seu pessoal".

Quando a JLP traça um limite para definir quem está dentro da empresa, ela traça esse limite em volta dos funcionários. Os provedores de capital, por outro lado, estão fora do perímetro da empresa. Eles são fornecedores que fornecem capital e não membros da empresa. Essa disposição na JLP corrige uma esquisitice na nossa economia na qual raramente reparamos: na empresa extrativa, as pessoas que vão à empresa todos os dias para trabalhar, os funcionários, são considerados pessoas de fora. Aquelas que nunca botam os pés no local, os acionistas, são pessoas de dentro.

No caso da Afiliação Absenteísta das empresas de capital aberto, a alma da companhia está fora de si mesma, trocando de mãos milhares de vezes por segundo nos mercados de capitais. Isso torna a empresa, nos termos de Alexander, dividida contra si mesma. Mostra como a visão tradicional da propriedade é potencialmente um conceito insensibilizador. Na visão clássica dos direitos de propriedade, a fonte da vida e da vitalidade é o proprietário. O que é possuído é subordinado, desprovido de qualquer vontade ou integridade próprios, inteiramente sujeito aos caprichos do patrão. Nas palavras de William Blackstone, o proprietário possui o "domínio exclusivo e despótico" sobre o que é possuído.

Na lei corporativa, essa tradição de pensamento torna o relacionamento do empregador com o empregado um relacionamento entre patrão e servo. Na tradição da lei consuetudinária, esse padrão de relacionamento envolve um dever de lealdade de mão única. O funcionário tem um dever de lealdade para com o empregador, mas o empregador não deve nenhuma lealdade ao funcionário. O empregador pode fazer com que os funcionários trabalhem cada vez mais, sem nenhuma obrigação de compartilhar com eles os frutos do próprio trabalho deles. Muito pelo contrário, os empregadores tradicionalmente têm o propósito de pagar aos empregados o menos possível e podem demiti-los à vontade. Esse relacionamento entre mestre e servo surge com excessiva facilidade do *design* da Afiliação Absenteísta e da Governança dos Mercados. Esses padrões estão na origem de alguns dos resultados mais destrutivos do capitalismo moderno.

Um dos resultados contemporâneos é a maior velocidade nos locais de trabalho visível nos anos recentes em toda a Europa, no Japão, nos Estados Unidos e em outros lugares.[5] Em uma entrevista com a revista *Strategy+Business*, Margaret J. Wheatley disse que notara nos últimos anos níveis crescentes de ansiedade em locais de trabalho anteriormente progressistas, com todo mundo trabalhando mais arduamente e, no entanto, vendo anos de um trabalho de qualidade serem destruídos. As pessoas são obrigadas a produzir mais com menos recursos, declarou ela, e "a nova liderança é altamente restritiva e controladora, usando o medo como um importante motivador".[6] O motivo é que as forças que estão no controle estão fora da vida da empresa, nos mercados de capitais, que já estão intumescidos com o excesso mas que exigem mais e mais, a cada trimestre.

Essa é uma situação muito diferente do que a que ocorre na South Mountain Company de propriedade dos funcionários, onde as pessoas que sentem a pressão são capazes de controlá-la. Ambos os resultados retrocedem à maneira como os limites de uma empresa são traçados. Existe uma Afiliação Absenteísta — com a propriedade desconectada da vida da empresa? Ou uma Afiliação Interna — com a propriedade em mãos vivas? A empresa é vista como um objeto inerte ou um conjunto de relacionamentos vivos? Lidar com essa distinção envolve mais do que palavras escritas nos estatutos de uma corporação.

O design generativo começa com relacionamentos.

Trata-se de um processo humano, já que, quando não estamos mais afastados da cena — não estamos mais concentrados nas abstrações dos mercados de capitais ou das teorias jurídicas —, mas estamos, em vez disso, em uma relação íntima com outras pessoas que estão fazendo o trabalho de uma única empresa genuína, é difícil evitar o mais humano dos imperativos: a justiça.

Um ideal de justiça

Quando as pessoas que fazem o trabalho de uma empresa controlam o seu próprio destino, é mais provável que elas sejam tratadas com justiça e, como consequência, se sintam vivas quando vão trabalhar. Sinto isso na John Lewis Partnership. Sento-me certa tarde a uma longa mesa, com oito ou dez funcionários, no escritório da gerência da loja de departamentos Peter Jones, situado atrás do departamento de roupa íntima masculina, e ouço pessoa após pessoa falar a respeito da sua longa história familiar de trabalho nessa companhia.

Janice diz que trabalha aqui há 28 anos. "Venho de uma família que faz parte da sociedade solidária", me diz ela. "O meu pai trabalhou aqui. O meu filho trabalha aqui. A minha irmã trabalha aqui. Fui ao meu primeiro evento social da sociedade solidária aos 2 anos de idade."

A história de Andrew é semelhante. "Uma amiga da minha irmã veio trabalhar aqui; depois, a minha irmã também veio; em seguida, eu vim", diz ele.

Um auxiliar de arquivista,[7] Bob Rosch Illes, conta a história de quando a empresa precisou fechar um dos seus depósitos, e de como todos os funcionários tiveram a opção de escolher uma função em outros setores da companhia. Os que foram embora receberam oito semanas de salário, tiveram permissão para receber uma pensão precoce e obtiveram ajuda da equipe da JLP para preparar um currículo. Ele fala a respeito de um alcoólico em recuperação que estava com a JLP havia 12 anos e a empresa o ajudou a arranjar emprego em um serviço ferroviário. "O homem tomava psicotrópicos e estava bastante vulnerável", diz Bob. "Eu me ofereci para acompanhá-lo no seu primeiro dia de trabalho no novo emprego mas não foi necessário. Telefonei para ele uma semana depois e descobri que ele estava encantado por ter um desconto nas passagens de trem."

Depois de conversas como essas, perdi o interesse no meu teste da "cheirada". Quero saber mais a respeito do que faz a John Lewis Partnership funcionar, de como tudo começou. A Peter Jones foi a sementeira, porque foi nessa loja que se desenvolveram os princípios da propriedade democrática da companhia. Mais cedo no mesmo dia, eu chegara para as minhas entrevistas e entrara pela entrada dos funcionários da Peter Jones, que tem, na parte de cima, uma inscrição gravada em pedra: "Eis aqui a Sociedade Solidária na escala da indústria moderna". Algo extraordinário, em grande escala, está, de fato, em ação nessa empresa. E começou pequeno, em um único coração humano.

A missão da empresa foi originalmente enunciada pelo seu fundador, John Spedan Lewis. Como explicava um folheto da empresa, o seu "ideal era uma visão pessoal de 'justiça'". Spedan, como é habitualmente chamado, nasceu em 1885, filho de um pai notoriamente ditatorial, proprietário de uma loja de tecidos em Londres que tinha o seu nome, John Lewis. Ele prosperara tanto com ela, que comprou outra loja, a Peter Jones. O jovem Spedan ficou horrorizado ao tomar conhecimento de que a sua família, na qualidade de proprietária daquelas lojas, ganhava mais do que todos os funcionários combinados. Como escreveu mais tarde, ele teve a impressão de que "o atual estado de coisas é uma deturpação do funcionamento adequado do capitalismo", e que "os dividendos pagos a alguns acionistas" que não faziam nada eram obscenos quando "os trabalhadores ganham pouco mais do que um salário de sobrevivência".

Ele decidiu mostrar que havia outra maneira. Enquanto trabalhava para o pai, introduziu um novo sistema nas lojas da família que incluía dias de trabalho mais curtos, férias adicionais remuneradas e uma comissão de funcionários. Quando o seu pai começou a se mostrar alarmado com essas práticas, os dois brigaram. O pai, então, propôs um acordo ao filho. Spedan poderia ter o controle total da deficitária Peter Jones se se mantivesse afastado da outra loja. Isso aconteceu em 1914. Spedan aceitou o acordo e disse aos membros da sua equipe que, se a loja passasse a dar lucro, eles participariam dos lucros. Daí a alguns anos, ele cumpriu a promessa. Em 1920, introduziu o primeiro plano de participação nos lucros da firma, bem como um conselho representativo dos funcionários. Depois da morte do pai, ele recebeu a propriedade total de ambas as lojas. Pouco depois, ele criou o primeiro estatuto. Uma década mais tarde, começou a entregar a propriedade aos funcionários e, em 1950, abdicou da sua participação remanescente. Ele recebeu a parte correspondente à sua transferência de propriedade ao longo de trinta anos, sem juros.[8]

Não foi apenas a propriedade da empresa que Spedan passou para os funcionários. Com o tempo, os sócios passaram a ser donos de Leckford Abbas, um solar coberto de hera, com uma biblioteca forrada com lambris de carvalho e uma sala de bilhar que foi um dia a casa de campo de Spedan e hoje funciona como um hotel para os sócios. A sociedade também é, hoje, dona hoje de toda a propriedade rural Leckford Abbas, com uma dúzia de cabanas, dois campos de golfe, duas piscinas, quadras de tênis e *fly-fishing* no rio Test. Essa era a casa da família para onde o excêntrico Spedan — um ávido naturalista — um dia levara um minizoológico e mantinha pavões, destinados a viver no jardim, mas que frequentemente fugiam e iam para a aldeia, causando confusão. Hoje, os sócios se hospedam lá pagando diárias baixas. O local também funciona como uma fazenda produtiva, abastecendo Waitrose com cevada, aveia, leite orgânico, maçãs, cogumelos e ovos caipiras. Ela é um de cinco centros de férias para os sócios.

Esse é o *design* generativo em uma forma plenamente desenvolvida, tendo se desenvolvido ao longo de quase cem anos, realizando o seu *design* de maneiras que o mantêm fiel ao seu ideal fundador de justiça. Não há como colocar em dúvida que ideais morais estão na essência dessa grande corporação. Em 1954, Spedan publicou um livro, *Fairer Shares*, no qual ele deixou claro que o seu objetivo fundamental com a John Lewis Partnership era criar "uma experiência em democracia industrial", que ele acreditava representar, como dizia o subtítulo, "um possível avanço na civilização".

A justiça que Spedan buscava não era uma igualdade nivelada do tipo tentado pelo comunismo ou que eu vi experimentada em uma cooperativa de trabalhadores. A Williamson Street Grocery Cooperative em Madison, Winsconsin, onde atuei como presidente do conselho administrativo durante muitos anos, em determinado momento pagou a mesma coisa para todo mundo — do gerente geral daquela loja de 1 milhão de dólares à pessoa recém-contratada para ser repositor. Nós, do conselho, lideramos uma iniciativa para pagar mais ao gerente, para elevar o salário dele para níveis mais próximos dos padrões do mercado. A equipe discordou vigorosamente, o que resultou em mais de um ano de tumulto. No entanto, finalmente, a cooperativa instituiu salários diferentes, elevando substancialmente a remuneração do gerente. Como muitos de nós insistimos, simplesmente não era justo pagar a mesma coisa para todo mundo. O gerente merecia ganhar mais. Justiça não é a mesma coisa que igualdade.

"Grandes diferenças nos rendimentos parecem necessárias para que aqueles que possuem habilidades incomuns as descubram em si mesmos e as exerçam como requer o bem comum", escreveu Spedan. "Mas as diferenças atuais são grandes demais", prosseguiu ele. "O nosso mundo de milionários e favelas está cada vez mais vulcânico." No entanto, na cabeça de Spedan, deixar de pagar impostos sobre parte de alguns lucros e dar um pouco para os trabalhadores na forma de cupons de alimentação ou assistência social era um *design* ineficaz. Era melhor colocar a riqueza nas mãos certas em primeiro lugar, por meio de uma distribuição justa dos lucros que os próprios trabalhadores criam.[9]

Seguir essa ideia não significou que a família de Spedan desistiu da sua riqueza. Spedan recebeu pelas suas cotas de propriedade uma quantia que Ken Temple estima que hoje equivaleria a mais de 100 milhões de dólares. Assim como Spedan não tinha nenhum interesse em renunciar à riqueza, tampouco estava interessado em distribuir um pouquinho dela com uma mão benevolente. Ele estava buscando a *justiça em uma grande escala* — a escala das grandes indústrias — e, na sua visão mais ampla, a escala da própria civilização. É a justiça projetada na maneira como as empresas são possuídas e geridas.

Além das monarquias do capital

Nas palavras da filósofa contemporânea Martha Nussbaum, criar esse tipo de ordem social avançada não é uma questão de *caridade* e sim de *justiça*.[10] Diz respeito à retidão moral essencial de uma disposição que respeita a dignidade do trabalho. "O supremo problema", escreveu Spedan, é a "prevenção de uma irritante sensação de qualquer tipo de inferioridade desnecessária" e a prevenção do sentimento de "ser explorado, vitimado, para benefício de outra pessoa". Teoricamente, prosseguiu ele, isso será alcançado no empreendimento privado se todos os trabalhadores compartilharem "o mais igualmente possível todas as vantagens da propriedade, não apenas o lucro mas também o poder, a segurança, o interesse intelectual, o mero divertimento".[11]

Traçar limites sociais como faz a John Lewis Partnership — abraçando cada funcionário como membro da empresa — é tão revolucionário na sua importância quanto o *design* da democracia política. Em uma democracia, as pessoas são o Estado, ao contrário de um mundo aristocrático, onde o rei é o Estado (na famosa máxima de Luís XIV: "*L'État, c'est moi*").

Hoje, a oligarquia governante na nossa economia é o capital, pois o capital é soberano dentro da empresa. Somente o capital tem o direito de voto dentro da maioria das empresas de capital aberto, e somente o capital tem direito aos lucros. O capital é o patrão. O trabalho é o servo. O motivo é a maneira pela qual a sociedade opta por traçar os limites de afiliação da empresa.

Os limites sociais são criação nossa. Retraçá-los mais expansivamente ao longo do tempo é fundamental para o movimento do progresso social. Na tradição anglo-saxônica, houve uma época em que somente os homens brancos, proprietários, eram considerados membros do regime democrático e qualificados para votar. No entanto, a sociedade democrática retraçou esses limites e passou a incluir os negros e as mulheres. A formação de uma economia generativa é o próximo passo nesse movimento histórico. "Podemos nos perder falando a respeito dessa abstração, a corporação", declarou o jornalista William Greider em uma reunião da Corporation 20/20. "O relacionamento de pessoas com o seu trabalho é uma das próximas tendências fundamentais na história humana. É uma história de direitos naturais, direitos humanos." Estruturada como uma questão de direitos humanos, uma questão essencial poderia ser formulada da seguinte maneira:

As pessoas têm direito aos
frutos do seu próprio trabalho?

Este é um princípio frequentemente enunciado na história da democracia. Thomas Jefferson defendeu o direito "à aquisição da nossa própria indústria". Abraham Lincoln disse: "O trabalho é o superior do capital e merece a mais elevada consideração". Thomas Paine disse que a questão era o *status* do homem comum e "se os frutos do seu trabalho serão desfrutados por ele". Paine enunciou adicionalmente uma visão de "todo homem como um proprietário". Como no mundo moderno não é prático que todas as pessoas pudessem fundar e ser donas de uma empresa, a versão contemporânea do ideal de Paine é *todo funcionário é dono.*[12]

Estamos nos aproximando de um ponto de inflexão histórico nos Estados Unidos, no qual realizar essa visão pode estar ao nosso alcance, tendo em vista a iminente aposentadoria dos empresários *baby boom*. O momento da Partida do Fundador está prestes a ocorrer em uma escala maciça. De acordo com um Levantamento do Financiamento ao Consumidor do Federal Reserve, apenas 50 mil empresas mudaram de dono em 2001 nos Estados Unidos; mas, em 2009, esse número foi estimado como tendo totalizado 750 mil. Uma onda de vendas de empresas de capital fechado está começando, e está projetado que ela continue durante vinte anos. Essas empresas correspondem a quase metade da folha de pagamentos do setor privado e, na última década, geraram oito em cada dez novos empregos no setor privado. Segundo um estudo da White Horse Advisors, somente um em cada sete fundadores dessas empresas espera passar o negócio para a família. Uma "onda etária" da transferência de propriedade está se aproximando.[13]

A propriedade dessas empresas se deslocará para as mãos do capital ou do trabalho? Dos poucos ou dos muitos? Com os incentivos fiscais corretos e um ecossistema social sustentador, poderíamos ver um incremento maciço na propriedade dos funcionários. Como demonstra uma empresa como a JLP, a propriedade dos funcionários pode funcionar em empresas de grande escala. E tanto nos Estados Unidos quanto no Reino Unido, a propriedade dos funcionários é um modelo que demonstrou agradar politicamente tanto à direita quanto à esquerda. Políticas para promover a propriedade dos funcionários também estão sendo adotadas pelo governo em Cuba, na África do Sul e em outros lugares.[14] A propriedade dos funcionários pode ser um modelo cuja hora chegou.

No entanto, para representar uma alternativa verdadeiramente generativa, esse *design* encerra outras coisas além de traçar corretamente os limites de afiliação. Muitas empresas de propriedade de funcionários ainda consideram que o seu propósito é maximizar os lucros e não dar voz ativa aos funcionários na governança. Em termos de sistema, simplesmente mudar os jogadores em um jogo não muda muita coisa. Se tirarmos todos os jogadores de um time de futebol e colocarmos novos jogadores — o jogo continuará a ser futebol. Como nos diz a teoria dos sistemas:

> A *abordagem mais poderosa*
> é *modificar as regras do jogo.*

Foi o que Spedan Lewis fez. Ele não alcançou isso simplesmente substituindo um grupo de proprietários por outro — retirando os provedores de capital e colocando funcionários no lugar deles. E ele não realizou isso simplesmente criando aquela elegante declaração de propósito, a respeito de servir à felicidade dos funcionários. O Propósito Vivo e a Afiliação Interna foram um começo vital. Mas algo mais ajudou a criar os ciclos de *feedback* que engendraram a coisa toda e a mantiveram em funcionamento durante mais de cem anos. Esse algo foi a Governança Controlada pela Missão.

ONZE

A governança controlada pela missão

Humanos no controle

Um dos pontos altos da minha visita à John Lewis Partnership foi percorrer a loja de departamentos Peter Jones, um empório com paredes de vidro em Sloane Square no bairro de Chelsea em Londres. Confesso que sou fã de lojas de departamentos suntuosas: a Marshall Field's em Chicago, aonde a minha avó me levava quando eu era criança, e cujas elegantes caixas verdes apareciam na nossa árvore de Natal todos os anos; a velha Dayton's em Minneapolis, onde percorrer os seus corredores era sentir as riquezas do mundo na ponta dos dedos (sim, eu sei, excesso de consumismo e tudo o mais: mencionarei novamente essa questão em outro momento). Ao entrar na Peter Jones em Londres, temos essa mesma sensação de abundância. O átrio central oval se estende oito andares em direção ao céu, deixando a luz natural cair sobre peças coloridas de tecido no departamento de tapetes e cortinas, situado no centro da loja.

É nesse espaço repleto de luz pelo qual estou passando, um pequeno cortejo de executivos acompanhando uns aos outros (mais exatamente, eu os estou acompanhando, em último lugar), que topamos com um distinto cavalheiro, um gerente de nível médio do andar. "Oh, eis um dos membros do Conselho Societário", diz um dos executivos. Eu lera a respeito do *design* de governança bicameral da JLP, que tem um conselho diretor tradicional e também uma segunda câmara de funcionários, o Conselho Societário, diretamente eleito pelos funcionários. Aqui está a minha chance improvisada de ter uma ideia de como isso funciona. Esse conselho central de funcionários é o corpo no qual esse cavalheiro atua. Ele se apresentou como Harry Goonewardene.

"Como você entrou no conselho?", pergunto. "Você fez campanha?"

"Sem dúvida", respondeu ele. "Eu ficava na porta e agarrava as pessoas, dizia a elas, oi, eu sou assim." Ele se comporta como um membro da câmara municipal, de uma maneira calma, com um ar de dignidade que é notável – quase impressionante. Ele está impecavelmente vestido em um terno escuro e tem a pele escura, cor de azeitona, de uma pessoa do Oriente Médio – do Sri Lanka, sou informada mais tarde. Ele não passa aquela impressão estressada, aflita, que frequentemente encontramos nos gerentes de andar de outros estabelecimentos varejistas de preço baixo. (Esta é uma empresa cujo *slogan* é: "nunca vende intencionalmente por menos", uma empresa que compete baseada tanto no preço quanto na qualidade – não é do tipo top de linha como a Hermes, que é uma cadeia varejista de luxo.) Teremos em breve uma reunião do Conselho Societário, me diz ele.

"O que vocês vão discutir?", pergunto.

"Uma retificação do plano de pensão está sendo proposta", responde. Todo funcionário da JLP está qualificado para o plano de pensão depois de cinco anos. A cada ano, a companhia contribui para as contas dos funcionários com uma quantia que não é muito inferior ao salário anual deles; os funcionários não precisam contribuir com nada. As pessoas estão achando que esse período probatório significa que elas estão perdendo cinco anos de contribuições para a pensão e questionam se não deveria ser feito um ajuste. "Uma comissão vem examinando essa questão, e vamos levá-la de volta aos constituintes e apresentar um plano", diz ele. Com "constituintes" ele quer dizer os funcionários que ele representa. (Descubro mais tarde que a empresa, de fato, aprovou uma mudança, abreviando o período de qualificação de cinco para três anos.) Outra questão está em discussão, declara ele. "Doações para caridade – qual é a direção delas no futuro?" Na próxima reunião, me diz Harry, "nós vamos efetivamente tomar a decisão".

Ao conceder aos funcionários-proprietários uma voz ativa genuína na tomada de decisões de alto nível — voz ativa na governança da empresa —, a John Lewis Partnership ajuda a conferir vida ao seu propósito. Isso muda as regras do jogo. Mais tarde, durante o dia, Ken Temple e eu caminhamos até um *pub* próximo, o Constitution, e conversamos a respeito disso enquanto tomamos uma cerveja.

Esse homem elegante, em boa forma física, na casa dos 60 anos, impressionaria a maioria das pessoas como um improvável revolucionário, mas existe uma chama inconfundível no seu coração. Isso ficou claro para mim desde o momento em que entramos em contato pela primeira vez. Eu dera uma palestra em Londres, vários anos antes, depois do lançamento do meu primeiro livro; posteriormente Ken o lera e entrara em contato comigo. "O seu livro me causou uma forte impressão", disse ele. Eu havia enunciado os fundamentos intelectuais da abordagem de Spedan. Sentindo uma afinidade mútua imediata, Ken e eu iniciamos um diálogo que se estendeu por muitos anos, por meio de telefonemas, e-mails, uma viagem de Ken a Boston e, finalmente, da minha visita a Londres.

As múltiplas facetas da governança

"Encaro a nossa empresa como parte de um movimento", me diz ele. "Somos mais do que apenas uma organização varejista." Ele trabalhara na John Lewis Partnership por mais de 25 anos antes da sua recente aposentadoria. Durante boa parte desse tempo, ele atuou como Conselheiro dos Sócios, responsável por "todos os nossos mecanismos democráticos e os comportamentos decorrentes do fato de sermos uma empresa de propriedade dos funcionários", como diz ele. Embora a maioria das empresas tenha uma única estrutura de comando — com um conselho diretor no topo que supervisiona um CEO, que por sua vez supervisiona os gerentes —, a JLP possui, essencialmente, duas estruturas paralelas: essa estrutura comercial tradicional, aliada a uma segunda estrutura democrática.

A tarefa de Ken era manter o espírito da participação vivo na empresa. A composição fundamental da estrutura democrática que ele supervisionava era uma série de fóruns de funcionários sobrepostos — nos níveis de departamento, de filial, de divisão e da empresa. Existem lugares para a contribuição dos funcionários, compartilhamento de informações e tomada de decisões. No departamento de artigos de cama e mesa, os representantes dos funcionários podem resolver coisas como definir metas ou conceber uma melhor programação. Cada unidade operacional – lojas, depósitos, fábricas – tem um conselho de sucursal, fornecendo informações à administração da unidade. No nível da empresa, o Conselho Societário supervisiona as pensões, as contribuições beneficentes e a Comissão para Assistência Financeira – mencionada por Harry e John – tendo também voz ativa em outras políticas. O presidente Charlie Mayfield aparece formalmente diante do conselho duas vezes por ano, no qual às vezes enfrenta um duro questionamento. O conselho tem o poder formal de demiti-lo, caso ele venha a falhar nas suas obrigações. Imagine só: funcionários com poder de demitir o chefe.

O Conselho Societário atua basicamente como consultor do conselho diretor, que detém grande parte do poder final. O conselho de funcionários escolhe cinco dos 14 membros do conselho diretor. O objetivo desse *design*, como escreveu Spedan, é ter o compartilhamento do poder "até onde parecesse praticável [...] com cuidado suficiente para não ir destrutivamente longe demais".

"Essa estrutura formal precisa definitivamente estar presente", me diz Ken. "Mas a maneira como a estrutura e os ideais são representados no comportamento do dia a dia efetivamente faz a diferença." Para manter vivos todos os dias valores democráticos, a empresa tem uma equipe de mais ou menos 30 "oficiais de registro", dirigidos pelo Conselheiro dos Sócios.

"Temos títulos esquisitos e maravilhosos", diz ele com uma risada. "O equivalente americano mais próximo seria diretor de ética."

"O seu papel parece ser proteger a alma da sociedade", comento.

"De fato", concorda Ken. "A equipe de oficiais de registro tenta manter a dimensão da participação real e clara."

Uma das ferramentas que a empresa desenvolveu em anos recentes para levar adiante a sua missão é uma pesquisa de opinião na empresa. "Temos páginas de metas financeiras, mas estamos nos tornando mais competentes em definir objetivos que envolvam a satisfação e a felicidade", declara Ken. Para avaliar o processo relacionado com esses objetivos, a pesquisa pede aos funcionários que avaliem a sua experiência em dimensões como "Sou tratado da maneira correta pelo meu gerente" e "Eu entendo como os fóruns possibilitarão que eu discuta e resolva as questões que me interessam". A finalidade é fazer com que trabalhar na empresa seja uma experiência satisfatória.

Tomado como um todo, o *design* de propriedade da John Lewis Partnership — a missão da felicidade dos funcionários, o estatuto, os corpos em cascata de representação dos funcionários, o legislativo bicameral, os oficiais de registro — perfaz um dos *designs* mais extraordinários que jamais encontrei. O fato de ele ter dado certo ao longo de muitas décadas, em tão grande escala, demonstra a sua eficácia.

Um pouco elaborado? Talvez. Temos que reconhecer que se trata de uma empresa com mais de 76 mil funcionários, o que é comparável à população de uma cidade pequena, porém de tamanho substancial dentro da sua classificação. No entanto, ela oferece mais possibilidades de entrada de informações do que a democracia desse tipo de cidade proporciona. A empresa se aproxima mais da democracia de uma cidade maior, ou até da de um estado ou país, o que é muita coisa para comprimir dentro de uma companhia.

Ela é modelada na democracia de uma maneira excessivamente autoconsciente? Talvez. Spedan viveu em uma época em que a Rainha Vitória estava sentada no trono — quando a monarquia era a instituição de governo dominante no mundo. Nessa era aristocrática, quando Spedan procurou alternativas para a injustiça que via em ação nas lojas do pai, ele instintivamente buscou as ferramentas da democracia. No entanto, a adaptação não me parece perfeita. Não existe uma correspondência de um para um entre os tipos de arquiteturas sociais adequadas para as nações e para as empresas.

Embora as cidades e os estados forneçam a estrutura para a vida como um todo — a criação e educação das crianças, o comparecimento à igreja, o gozo de férias, a vida do dia a dia —, as empresas são entidades voltadas para uma meta de um tipo predominantemente econômico. Transportar integralmente as ferramentas da democracia para os negócios talvez não seja a abordagem mais eficaz para lidar com o rigor cotidiano de gerir uma empresa. O que Spedan idealizou efetivamente funciona. No entanto, talvez seja um modelo que não será extensamente reproduzido em todos os seus detalhes.

Por outro lado, os seus *padrões de design* mais profundos me parecem extremamente relevantes. O Propósito Vivo é o primeiro deles — o propósito de atender a uma ampla base de necessidades humanas, e não simplesmente os interesses da elite financeira. O segundo é a Afiliação Interna — nesse caso, traçada para abranger os funcionários na qualidade de proprietários. O terceiro padrão de *design* é a Governança Controlada pela Missão, que no caso da JLP está incorporada ao estatuto, aos conselhos eleitos pelos funcionários e à estrutura de oficiais de registro. É a combinação desses padrões que possibilita que a John Lewis Partnership defina ciclos de *feedback* que conseguem modificar, com sucesso, as regras do jogo.

Resolvendo o problema do legado

Da mesma maneira como os limites da afiliação podem ser traçados de várias formas, a Governança Controlada pela Missão também pode assumir uma variedade de formas. Spedan Lewis enunciou bem o seu propósito fundamental: a meta de tornar a ênfase nos valores "permanente, de maneira que não dependa das inclinações de uma pessoa particular".[1]

Há mais de um século, Spedan resolveu o problema do legado. Ele manteve vivo o valor da justiça dentro de uma grande companhia, muito tempo depois de ele, o fundador, ter partido. Entretanto, o seu *design* particular não é a única maneira de resolvê-lo.

Nos Estados Unidos, outro exemplo da Governança Controlada pela Missão é a New York Times Company controlada por uma família, uma instituição cuja missão é de excelência jornalística. Embora a maioria das ações da empresa seja negociada em mercados de capitais públicos e possa ser comprada a qualquer momento, por qualquer pessoa, a família Ochs-Sulzberger possui ações com voto plural, o que lhe permite controlar o conselho diretor. Esse padrão específico protege a empresa da aquisição do controle predatória. O poder do *design* pode ser visto, por exemplo, no fato de Rupert Murdoch não ter conseguido comprar o *New York Times*, embora o seu desejo de fazer isso seja amplamente conhecido, e Murdoch raramente deixa de conseguir o que quer. Mas o *Times* não está à venda. Por nenhum valor. Depois do escândalo no tabloide *News of the World* de Murdoch — cujos repórteres foram apanhados acessando ilegalmente o correio de voz de uma criança assassinada e subornando policiais para obter informações —, estremecemos ao imaginar o que Murdoch faria, caso adquirisse o *New York Times*. O nosso mundo poderia ser um lugar muito diferente.

As ações com voto plural em si não constituem a Governança Controlada pela Missão. O Propósito Vivo também é fundamental. Nas mãos erradas, as ações com voto plural podem ser uma ferramenta para o mal. Observe, por exemplo, o fato de que o próprio Murdoch usa esse tipo de ações para manter o controle da própria empresa. Quando existe um Propósito Vivo, combinado com uma maneira de manter o controle da gestão nas mãos daqueles envolvidos com a missão, é criada a Governança Controlada pela Missão.

O *design* de governança — como a estrutura democrática da JLP ou o conselho diretor do *New York Times* controlado por uma família — é uma maneira de manter viva uma missão generativa em um mundo não raro indiferente à ideia de uma missão social nos negócios. Esses *designs* poderiam ser comparados à maneira como uma sala é mantida aquecida quando o ambiente externo está frio. Impedir que a temperatura caia para a norma do ambiente requer mais do que paredes — mais do que propósitos elegantes colocados no papel ou limites sociais traçados corretamente. É necessário o processo contínuo de garantir que a fornalha esteja funcionando e o termostato ajustado: o processo da governança.

Existem formas fracas e fortes de Governança Controlada pela Missão. A versão fraca poderia, por exemplo, significar ter um único diretor ligado ao interesse público em um conselho. A versão forte envolve entregar, literalmente, o controle legítimo de uma empresa a pessoas voltadas para a missão. As pessoas podem pertencer a uma família, a uma fundação, a um truste, a uma empresa sem fins lucrativos, aos funcionários ou à comunidade.

A Governança Controlada pela Missão não funciona apenas nas corporações. Os trustes de terras comunitárias, por exemplo, são tradicionalmente governados por uma estrutura tripartite, com um terço dos assentos no conselho reservados para aqueles que moram na comunidade, em casas do truste de terras, um terço para aqueles que vivem em casas adjacentes e um terço para representantes do interesse público, que podem incluir um membro da equipe do prefeito ou representantes de empresas sem fins lucrativos.

O Controle da Missão existe de várias formas, no mundo inteiro. Na América Latina, por exemplo, um exemplo é o VIVA Trust, que é proprietário do Grupo Nueva, um consórcio com sede em Santiago, no Chile, com atividades nas indústrias da silvicultura e de materiais de construção. As receitas da companhia são de 1 bilhão de dólares, e os lucros anuais de até 30 milhões de dólares vão para o truste beneficente, em que são usados para a missão de promover uma América Latina sustentável. VIVA corresponde a "visão e valores". Ao criar o VIVA Trust em 2003, o fundador Stephan Schmidheiny — um bilionário suíço que fundara anteriormente o Business Council for Sustainable Development — declarou sua aspiração era promover valores de dignidade humana. O *design* que ele criou, concebido como um modelo para inspirar outras pessoas, se caracteriza pelo *controle do truste*.[2]

Outra abordagem do Controle da Missão é o *controle da fundação* — um modelo encontrado na companhia americana Newman's Own, bem como em muitas empresas do norte da Europa, como a holandesa Ikea, a Bertelsmann da Alemanha e a Novo Nordisk da Dinamarca. Em muitas dessas empresas controladas por uma fundação, confessou para mim, reservadamente, um executivo, "há menos coisas acontecendo do que pode parecer". O controle da fundação só constitui um *design* generativo quando é acompanhado por um autêntico Propósito Vivo.

Embora esses modelos de grandes empresas sejam, de muitas maneiras, inspiradores, eles deixam uma pergunta sem responder: e o impacto ecológico? Mais especificamente, e o crescimento? Esses modelos são melhores do que o das empresas tradicionais nesse ponto? Constato que a John Lewis Partnership está, na verdade, vigorosamente voltada para o crescimento. Ela abriu cerca de

12 novas lojas em um ano recente e tem planos de abrir outras. Temos aqui aquela questão do excesso de consumismo: não está a John Lewis Partnership — que é pela sua própria natureza um empório — empenhada em ajudar todo o mundo a consumir o máximo possível? A resposta parece ser um inevitável sim.

Vou acrescentar que nos anos em que venho observando a JLP, ela intensificou consideravelmente os seus compromissos ambientais. Enquanto as suas vendas em um ano recente aumentaram 11%, as suas emissões de CO_2 cresceram apenas 5%. Isso é um progresso. E a empresa definiu a meta de alcançar 15% de redução *absoluta* nas emissões de dióxido de carbono nas operações até 2020. A companhia também obtém 97% da sua eletricidade de fontes verdes, e está minimizando as emissões da refrigeração e do resfriamento, explorando combustíveis alternativos para o transporte e gerenciando o consumo de água. Ela desviou 81% do desperdício operacional dos depósitos de lixo. Esses são grandes passos na direção certa, embora não seja ainda a economia verdadeiramente generativa de que precisamos.[3]

Faço perguntas a respeito disso a Ken no *pub* Constitution. Como uma rede de lojas de departamentos pode se modificar em uma economia de baixo consumo, sem crescimento? Ele não tem uma resposta. Talvez nenhum de nós a tenha.

"Não consigo imaginar o futuro em que os meus filhos vão viver, assim como os meus pais não conseguiam se imaginar falando em um telefone celular", diz ele. Bastante justo. Ele acrescenta que, ao entrar em um mundo completamente diferente, as empresas terão que ser ágeis, estar preparadas para se adaptar. A propriedade dos funcionários seria útil nesse caso, afirma. Acho que ele está certo. Mas existem outras maneiras pelas quais os *designs* de governança generativa poderiam ajudar na transição para uma economia sustentável?

Simbiose

Para investigar a resposta, existe outra empresa que quero visitar entre as corporações controladas pela missão. Trata-se da Novo Nordisk, o laboratório farmacêutico dinamarquês, de propriedade de uma fundação, com uma receita de 11 bilhões de dólares. Estou perto de Estocolmo, em uma viagem de negócios, e decido dar um pulo em Copenhagen. Lá, alugo um Corsa Diesel e pego a Rodovia 21/23 que passa pelos campos verdejantes da região rural da Dinamarca – guiada pelo meu confiável GPS. (Por alguma razão, descubro que Copenhagen tem falta de três coisas: café descafeinado, leite de soja e mapas da Dinamarca.) O meu destino é a pequena cidade costeira de Kalundborg. Com apenas alguns episódios de "recalculagem", vejo o meu imperturbável acompanhante robô me deixando na porta do Centro Kalundborg de Simbiose Industrial.

Visitantes do mundo inteiro vêm até aqui para estudar o modelo da ecologia industrial da cidade, um dos mais famosos do mundo. A ecologia industrial encara os sistemas industriais como sistemas vivos, mutuamente dependentes do mundo natural. Em uma linguagem objetiva, simbiose industrial significa que produtos residuais de uma empresa são usados por outra. Uma mistura complexa desse programa de soluções vem funcionando em Kalundborg há mais de três décadas. Um dos principais protagonistas é a Novo Nordisk. O fato de ela ser uma corporação controlada pela missão não me parece um acidente.

John Kruger, o diretor do centro, um dinamarquês de olhos azuis, me diz que apresentará um seminário naquela tarde e me convida a acompanhá-lo ao centro de conferências. Quando percorremos a costa de carro, passando por chalés caiados com telhado de terracota, avisto grandes canos verdes que atravessam discretamente a cidade, cerca de 30 centímetros acima do solo, conduzindo vapor da central elétrica local. Essa é a solução de "aquecimento do distrito" que significa que milhares de casas locais não precisam de fornalhas – um dos elementos da simbiose industrial em ação.

Enquanto John e eu nos sentamos em uma mesa de piquenique para conversar, o aroma de outro elemento do programa está no ar. Fazendas de porcos. "Há mais porcos do que pessoas na Dinamarca", me diz ele. As centenas de milhares de toneladas de pasta fluida deixadas pela produção de insulina e enzimas da Novo Nordisk não são jogadas fora; são tratadas e espalhadas nos campos como fertilizante e dadas aos porcos como alimento. John me diz que a fábrica de gesso pela qual eu passei na cidade – com os seus silos altos e brancos sem janelas – é outro protagonista do programa de soluções, fabricando painéis de parede e outros produtos a partir dos resíduos de partículas de cinza incombustível produzidos pela central elétrica. Tudo é tão simples e lógico, exatamente como tudo deveria ser (e como tão pouco efetivamente é na economia extrativa).

Quando volto, passo pelas instalações de produção da Novo Nordisk, onde é produzida 40% da insulina do mundo. Em uma estrada de terra próxima, encosto o carro e salto no ponto em que três grandes canos verdes emergem do chão. Ponho a mão em cada um deles e percebo que o do meio está morno — provavelmente conduzindo calor da central elétrica que será usada pela Novo Nordisk. Nessa visita, quero vivenciar a companhia como o mundo natural o faz, de modo que decido abandonar o ambiente gerencial. Ando pelo caminho de terra que acompanha os canos por cerca de 200 metros, escoltada apenas por um gato preto, que me mostra como a tubulação pode ser usada como uma passagem para atravessar o riacho, transpor as densas sebes e chegar à central elétrica. É um lugar limpo e tranquilo — uma pequena aldeia repleta de enormes prédios redondos de metal onde a levedura está sem dúvida fazendo o seu trabalho, produzindo insulina.

Essa é uma empresa consciente, de uma forma palpável, da sua pegada humanitária e ecológica, e a sua base de propriedade respalda esses dois objetivos. Ela usa a ferramenta das ações com voto plural do Controle da Missão, que estão nas mãos da Novo Nordisk Foundation, para dar a essa empresa sem fins lucrativos o controle dessa companhia de capital aberto. A sua missão é vencer o diabetes, e ela tem uma filosofia declarada de equilibrar as considerações financeiras, sociais e ambientais. A sua reputação entre os especialistas em responsabilidade social corporativa me diz que esse propósito é real. Em um período recente, quando a empresa teve um crescimento de 13% nas vendas, por exemplo, ela reduziu as emissões de CO_2 em impressionantes 35%.[4]

O programa de soluções simbióticas em Kalundborg tomou forma gradualmente ao longo de muitos anos, surgindo das relações humanas estáveis que só são possíveis quando a propriedade também é estável. Quando as empresas se agregam ou mudam de dono — ou vivem debaixo dos olhos implacáveis de fundos *hedge* e de operadores de *day trading* voltados apenas para o momento —, a pressão sobre a direção executiva frequentemente expulsa todas as considerações além do desempenho financeiro imediato. A Governança Controlada pela Missão da Novo Nordisk permite que ela se dê ao luxo de administrar a longo prazo, para um Propósito Vivo. O Controle da Missão possibilita que o capital seja negociado livremente, nos mercados públicos, ao mesmo tempo que ela assegura que essa missão não está à venda.

Quando a minha visita à Dinamarca termina e os meus negócios na Suécia estão concluídos, passo uma última tarde fazendo um *tour* regular de barco pelos portos ao redor de Estocolmo — uma cidade construída em um arquipélago com cerca de 30 mil ilhas. Eu me acomodo confortavelmente no barco e aperto o botão para ouvir as explicações turísticas em inglês. Quando passamos por uma fileira de magníficas residências à beira-mar, a voz diz o seguinte: "Com a elevação do nível do mar devido ao aquecimento global, todas as edificações à beira-mar de Estocolmo talvez tenham que ser abandonadas". Como a sensibilidade europeia é diferente da americana: eles são muito mais francos e abertos a respeito do fato de que a economia do futuro será inimaginavelmente diferente da economia atual.

Estamos ingressando em uma nova era, na qual as realidades do mundo natural estão propensas a desalojar as fantasias do crescimento financeiro infinito, ao redor das quais a nossa economia está auto-organizada. Que modelos de propriedade serão adequados para esse mundo emergente é uma questão que provavelmente pesará, um dia, na consciência do público. Os modelos que estou visitando — controlados pela missão e de propriedade dos funcionários — não representam toda a resposta. Mas eles contêm indícios, vislumbres e elementos de que vamos precisar. E há ainda mais um elemento essencial que preciso compreender — de muitas maneiras, o mais importante: o capital. Como as finanças podem começar a voltar para a realidade? Qual pode ser o papel das finanças em uma economia generativa?

DOZE

As finanças dos *stakeholders*

O capital como amigo

Na nossa conversa no *pub* Constitution, Ken Temple disse uma coisa a respeito da John Lewis Partnership que encontrei depois nas minhas anotações. "Acreditamos que o trabalho deveria empregar o capital, em vez de o capital empregar o trabalho", declarou ele. Reconheci essa formulação. Ela também era encontrada nos textos de David Ellerman, um economista que trabalhou no Banco Mundial e que foi um dos primeiros participantes da Corporation 20/20.

Depois que voltei de Londres, enviei um e-mail para David e descobri que ele estava para vir a Boston. Digo a ele que gostaria que almoçássemos juntos. Vamos para o Mr. Bartley's Gourmet Burgers na Massachusetts Avenue perto de Harvard Square, onde David pede um Ted Kennedy, "uma quantidade generosa de hambúrgueres" com fritas, enquanto eu me contento com um *wrap* de frango. Com o seu cabelo branco e longa barba, David poderia facilmente ser inserido no papel de bruxo ou guru. Ele é um eloquente defensor da propriedade dos funcionários e crítico da propriedade absenteísta que caracteriza a maioria das corporações atuais. Enquanto conversamos a respeito da crise financeira e as suas consequências, ele começa a explicar por que acha que a principal culpada é a tomada de decisões absenteísta.

"O primeiro princípio é a autogovernança", diz ele. "Os mercados só funcionam quando conjugamos a tomada de decisões com as consequências. Assumir a responsabilidade pelas próprias ações é a base de todo nosso sistema jurídico." Quando cometemos um crime — mesmo quando somos contratados para cometê-lo — somos legalmente responsáveis. Arcamos com as consequências. Mas esse princípio imemorial é violado no *design* das corporações de propriedade de pessoas ausentes e de responsabilidade limitada, afirma ele.

Quando uma empresa usa a propriedade ausente e a tomada de decisões ausente — com conselhos representando acionistas que nunca puseram os pés na empresa — esse *design* possibilita que os custos e as consequências sejam atribuídos a outras pessoas. Gerações futuras podem arcar com o custo de um mau gerenciamento do ambiente, diz David. Os funcionários podem arcar com o custo de crescentes exigências de produtividade, separadas do aumento dos salários. Nesse meio-tempo, o capital desfruta os ganhos dos processos de produção nos quais ele desempenha um pequeno papel, ou até mesmo nenhum. As ações e as consequências são desconectadas. Na realidade, todo o objetivo da propriedade extrativa é alcançar essa desconexão, possibilitando que o capital extraia o máximo possível (*maximizar os ganhos*) ao mesmo tempo que não arca com nenhuma das consequências negativas (*minimizar os riscos*).

"Se você arca com os custos e recebe as recompensas da sua atividade, você tem um relacionamento responsável com o seu trabalho", declara David. "Se outra pessoa arca com os custos, você tem um relacionamento irresponsável."

Distanciamento *versus* conexão

O economista John Maynard Keynes fez uma observação semelhante. "Está se acumulando a experiência", escreveu ele, "de que o distanciamento entre a propriedade e a operação é um mal nas relações entre os homens, que provável ou certamente, a longo prazo, formará tensões e inimizades que arruinarão os cálculos financeiros".[1]

O distanciamento surge sutilmente, e por razões aparentemente boas. Quando uma empresa vende ações ou um governo emite títulos, os investidores trocam o seu dinheiro por um documento que lhes dá direito a um fluxo futuro de ganhos. Esse é um investimento produtivo na economia real. Mas, quando surge um mercado secundário na economia financeira, as coisas mudam. Os investidores vendem os seus pedaços de papel para outros investidores, embaralhando a propriedade. Com o tempo, ganhar dinheiro por meio dessa negociação frequentemente se torna a meta. Hoje, bem mais de 95% do que é chamado de investimento são na verdade uma atividade do mercado secundário. O investimento passa a se parecer com o jogo, e fica sujeito aos receios e fantasias do cassino. "Quando o desenvolvimento de capital de um país se torna um subproduto das atividades de um cassino", escreveu Keynes de forma memorável, "é bastante provável que o trabalho seja malfeito."[2]

Os possuidores de investimentos de papel se tornam cada vez mais distantes das verdadeiras empresas. Quando isso acontece através de fronteiras, é pior ainda. Em ocasiões de estresse, torna-se intolerável, afirmou Keynes. "Eu sou irresponsável com relação ao que eu possuo, e aqueles que operam o que eu possuo são irresponsáveis com relação a mim", escreveu ele.[3]

O pensamento sistêmico tem um nome para esse tipo de esquema. Ele se chama *subotimização*: permitir que um subsistema seja beneficiado em detrimento do todo.

Quando as metas de um subsistema dominam e o sistema mais amplo sofre, estamos na presença da subotimização.[4] É o termo do sistema para o problema do 1%. Quando as pessoas 1% mais ricas são donas de estimados 40% da riqueza do mundo, como descobriu uma pesquisa nas Nações Unidas, o terreno está preparado para que esse problema adquira um âmbito global.[5] Quando a riqueza dessas pessoas é em grande medida financializada, deslizando fluidamente pelos mercados de capitais, e quando esses mercados estão organizados para a conveniência e o lucro do investidor, o destino do mundo se torna essencialmente cativo dos mercados de capitais.

Os ativos financeiros, como vimos, se originam como o valor liquefeito do mundo real (casas, empresas, vários fluxos de caixa). Muitas pessoas possuem pequenas porções dessa riqueza. Mas os grandes magnatas são os 1% mais ricos. O valor do mundo real, em grande medida, está nas mãos deles. No entanto, "mãos", hoje em dia, basicamente significa algoritmos em piloto automático. A maneira como tudo isso afeta a vida real — criando empregos, destruindo empregos, renovando o ambiente, danificando o ambiente — não está no algoritmo.

Entretanto, aqui está a parte realmente bizarra. Esse esquema de subotimização nem mesmo torna as pessoas ricas realmente felizes. Tim Kasser, um psicólogo que estuda o bem-estar, diz que, quando as pessoas *organizam a sua vida* em torno da busca da riqueza, elas na realidade corroem o seu bem-estar. As pessoas com fortes valores materialistas sentem mais ansiedade e depressão, usam mais álcool e drogas e têm mais problemas com a intimidade. A sua crescente riqueza não apenas deixa de satisfazê-las mas também as desvia das coisas que as satisfariam. Kasser constata que as nossas necessidades genuínas são segurança, eficiência, conexão, autonomia e autenticidade. No entanto, a busca obcecada de riqueza e *status* afasta as pessoas dessas coisas. Em vez de sentir empatia pelos outros, elas se sentem competitivas. Em vez de se sentir livres, elas se sentem pressionadas e ansiosas. O resultado final é uma vitalidade menor e menos satisfação com a vida.[6]

A felicidade, por outro lado — como observa Christopher Alexander —, surge nos momentos em que nos sentimos mais vivos. Uma parte fundamental disso é ser fiel a nós mesmos e estar no controle do nosso destino. Nos termos de Kasser, diz respeito à autenticidade e autonomia. Nos termos de David Ellerman — e nos termos do *design* da empresa — diz respeito à autogovernança. Em um mundo interdependente, há também a necessidade de conexão.

No *design* generativo, a conexão e a autonomia trabalham juntas livremente para criar um todo que se sente vivo. Em vez de os 1% extraírem a maior parte da riqueza, os 100% se tornam plenamente vivos. A qualidade inominada — esse sentimento de totalidade e autenticidade — tende a aparecer, diz Alexander, "não quando um padrão isolado vive, mas quando todo um sistema de padrões, interdependentes em muitos níveis, está completamente estável e vivo". Uma cidade se torna viva quando todos os padrões dela estão vivos — "quando ela permite que cada pessoa que se encontra nela, cada planta e animal, cada riacho e ponte, cada parede e telhado, cada grupo humano e cada estrada, se torne vivo do seu próprio jeito". Quando isso acontece, prossegue ele, "a cidade inteira" — ou empresa, ou mundo — "alcança esse estado que as pessoas às vezes alcançam individualmente nos seus melhores e mais felizes momentos, quando estão mais livres".[7]

De patrão para amigo

As ideias da subotimização *versus* a totalidade, do 1% *versus* os 100%, e da conexão *versus* o distanciamento são úteis para abordar o assunto das finanças. Elas ajudam a destacar a questão do *design* do capital. Expressando a questão de uma maneira humana, do ponto de vista dos relacionamentos:

> *Como o capital pode se tornar um amigo da empresa*
> *em vez de um patrão?*

Uma maneira de examinar isso, diz David Ellerman, é por meio da questão de quem contrata quem. No *design* de propriedade dominante, o capital contrata o trabalho. O capital é a corporação, o elemento interno, e o trabalho é o elemento externo contratado para fazer o trabalho. Na empresa de propriedade dos funcionários, isso se inverte. Os funcionários são os elementos internos, e eles contratam o capital. Quando os funcionários trazem o capital para dentro da empresa, eles o trazem como amigo, não como patrão.

Essa é a formulação a que Ken Temple estava se referindo, quando disse que a John Lewis Partnership acredita que o trabalho deve empregar o capital. Essa é uma disposição que é real na JLP, onde os funcionários-proprietários trazem o capital principalmente por meio da dívida. Um empréstimo não torna o provedor de capital um proprietário. Mais exatamente, essa parte é um fornecedor, conceitualmente fora do funcionamento diário da empresa, fornecendo algo de que ela precisa. Não é diferente da maneira como uma loja de departamentos pode comprar roupas ou material esportivo dos fornecedores que fabricam esses artigos.

Em épocas recentes, a JLP está tornando o capital seu amigo por meio do título John Lewis Partnership, disponível apenas para clientes e membros da equipe (não está disponível por intermédio de corretores). Ao longo de cinco anos, o título paga 4,5% ao ano, com 2% adicionais em vales de loja. No final de cinco anos, o investimento é integralmente devolvido.[8] Esse é um *design* paradigmático para as Finanças dos *Stakeholders*. É uma abordagem do *design* de capital pessoal e direta, ao contrário dos *designs* anônimos e supercomplicados de Wall Street.

O que a JLP *não* faz é emitir ações ordinárias. Esse é o esquema que cria aquele relacionamento do tipo de proprietário entre os investidores e as empresas de capital aberto. Investir em ações ordinárias significa que um investidor recebe um retorno variável em vez do retorno fixo da dívida. O retorno sobre as ações ordinárias é feito de duas formas: *dividendos* (uma fatia dos lucros é paga diretamente aos investidores) e *ganhos de capital* (o preço crescente da própria empresa, refletido no preço crescente das ações). Como os acionistas só prosperam quando a empresa prospera, eles estão em uma posição semelhante à de proprietários.

Ao se recusar a emitir ações ordinárias para investidores, a John Lewis Partnership está basicamente se recusando a liquidar o valor da empresa. Os bilhões de dólares que ela vale permanecem congelados. A empresa retém rigorosamente um *valor de uso*: o seu valor como um lugar para trabalhar e para fazer compras. O seu valor financeiro — aquela vida invisível ao lado da sua existência material — nunca aparece. Isso é assim não apenas por causa da não emissão de ações ordinárias, mas também (e estreitamente relacionado) porque a empresa tem a política de que *nunca será vendida*.

Em 1999, Ken me disse, houve uma especulação pública no artigo de um jornal a respeito de quanto poderia valer a sociedade se fosse vendida. "Foi muito prejudicial na época", declarou, porque gerou uma conversa entre os sócios a respeito de quanta riqueza financeira cada um poderia hipoteticamente embolsar. A estimativa girou em torno de 100 mil libras por pessoa (156 mil dólares). "Para alguém que trabalha em uma loja, isso é uma riqueza incalculável", disse ele. Mas uma venda nunca ocorrerá na JLP, porque nenhum sócio possui ações individuais na empresa; um truste detém todas as ações. E a disposição do truste proíbe a venda de qualquer ação. "É um *design* rígido para que possamos estar cobertos para consequências a longo prazo", enfatizou Ken.

Este, então, é o último elemento que completa o *design* de propriedade da JLP: o seu *design* do capital. As Finanças dos *Stakeholders* se junta ao Propósito

Vivo, à Afiliação Interna e à Governança Controlada pela Missão para criar um *design* generativo duradouro e bem-sucedido em grande escala.

Poderíamos chamar a abordagem do capital da JLP de *bloqueio do patrimônio líquido*. O valor financeiro da empresa está encarcerado em uma prisão perpétua, e nunca será liquidado e vendido. Existe mais de uma maneira de realizar o bloqueio do patrimônio líquido. Vi isso assumir uma forma ligeiramente diferente na Equal Exchange de Massachusetts, uma empresa de comércio justo de café e chocolate que também é de propriedade dos funcionários. Os seus documentos de gestão estipulam que, se algum dia a empresa for vendida, o produto líquido da transação de venda terá que ser doado para caridade. Esse é outro caminho para impedir a venda de uma empresa. Ou, virando a formulação ao contrário:

> *É um caminho para garantir que a empresa permaneça*
> *uma comunidade viva – que ela nunca seja reduzida*
> *simplesmente a um pedaço de propriedade.*

Todas as empresas têm potencialmente essa identidade dupla – a de sistema vivo e a de propriedade. Como a propriedade é frequentemente um conceito insensibilizador, que encara a empresa como nada mais do que dinheiro no bolso dos investidores, uma missão protetora geralmente significa *proteger a essência viva da empresa das exigências do capital*.

Mas as empresas não precisam ter liquidez zero para realizar isso. Poderíamos pensar em *designs* de missão para o capital situados ao longo de um *continuum*. Em uma das extremidades, temos a liquidez zero, o bloqueio do patrimônio líquido. Na outra extremidade está a plena liquidez, quando as ações são negociadas nos mercados públicos de ações, mas a missão permanece protegida. Esse é o *design* do capital da Novo Nordisk. Nessa indústria farmacêutica de capital aberto, a Governança Controlada pela Missão mantém o controle do conselho diretor na mão de pessoas voltadas para a missão, por meio de ações com voto plural detidas pela fundação.

Liquidez zero

Plena Liquidez

PROTEGENDO A MISSÃO AO LONGO DO *CONTINUUM* DE LIQUIDEZ

As questões de plena liquidez ou liquidez zero são assuntos técnicos, detalhes da engenharia da propriedade. O que está realmente sendo debatido é a questão mais profunda de como equilibrar essa identidade dupla de sistema vivo e propriedade. Enquanto o *design* do capital da John Lewis Partnership garante que a empresa é *apenas* um sistema vivo, muitas companhias não podem ir tão longe. Recursos financeiros podem ser necessários.

Nessas situações, outra maneira de tornar o capital um amigo é criar relacionamentos vivos com investidores locais, investidores socialmente responsáveis ou outros que tenham um interesse na missão da empresa. Isso pode ser feito com a dívida, como faz a JLP, ou com ações ordinárias.

O oposto de absenteísta

Um dos melhores exemplos de *patrimônio dos stakeholders* é encontrado na Minwind, a empresa de desenvolvimento eólico no sul de Minnesota, que decido visitar agora. Estipulo um dia de lindo céu azul para ir até lá de carro. Saio de Minneapolis pelo sul, pego a Rodovia 169 e vejo fileiras de pés de milho balançando à direita e à esquerda como campos altos de veludo cotelê. O meu destino é Luverne, uma cidadezinha com 4.745 habitantes, onde eu me sento para conversar com o CEO da Minwind, Mark Willers.

Mark é agricultor, e a série de complexos eólicos que ele ajudou a criar está situada, em sua maioria, em terras de agricultores — elegantes torres que se erguem em milharais e plantações de soja que eu vou visitar. Quando a maioria dos agricultores coloca turbinas de vento na sua terra, eles arrendam os direitos eólicos para construtores ausentes. Isso pode lhes render uma pequena fração da receita, geralmente de 4 mil a 12 mil dólares por ano. Esse é o caminho familiar da pobreza rural.

A Minwind adotou outra abordagem. Mark e outros agricultores decidiram que queriam ser os donos dos complexos eólicos. Para conseguir os 4 milhões de dólares necessários para levantar as quatro turbinas iniciais, eles venderam ações no local por 5 mil dólares cada. "E 66 investidores abocanharam todas as ações em 12 dias", me conta Mark. Essas turbinas estavam entre as primeiras turbinas de propriedade de agricultores dos Estados Unidos. A Minwind construiu outras. Hoje, existem cerca de 350 proprietários nos complexos da Minwind. A empresa criou uma exigência que diz que ninguém pode possuir mais do que 15% de qualquer complexo. Todos os acionistas têm que ser residentes de Minnesota. E 85% dos investidores precisam ser de comunidades rurais.[9]

Quando uma dessas fazendas de vento gera uma receita de centenas de milhares de dólares, todo dinheiro circula pelas comunidades locais, sendo usado para pagar salários, despesas e retornos para os investidores locais. A riqueza permanece local, por *design*. Mark menciona uma pesquisa do órgão de contabilidade geral do governo norte-americano (GAO) que constatou que, quando os complexos eólicos são de propriedade local, eles geram de três a cinco vezes mais benefício econômico do que os projetos de propriedade absenteísta.[10]

No *design* do controle acionário da Minwind, vemos o oposto da Afiliação Absenteísta e da Governança dos Mercados usadas no *design* extrativo. No caso da Minwind, os que estão no controle não são funcionários mas sim agropecuaristas e membros da comunidade local. Por meio da combinação da Afiliação Interna e das Finanças dos *Stakeholders*, o *design* da Minwind cria benefícios tanto para as comunidades quanto para a biosfera.

Estamos ingressando em uma era de limites ecológicos, "e temos diante de nós algumas duras escolhas", me diz Mark. "Em uma grande escala, nós agora realmente temos que limitar as coisas." Teremos quantidades limitadas de água. Você quer água para cultivar brócolis ou para esfriar uma usina de carvão? Nunca tivemos que fazer essa escolha antes.

"Quando contemplo um hectare de terra, penso que eu poderia plantar milho ou trigo nele, ou levantar painéis solares e turbinas de vento. Posso plantar soja para combustível", diz ele. "O empresário me diz o seguinte: 'Nada disso me interessa; a única coisa que eu quero é ter dinheiro amanhã'. Estamos falando de uma coisa bem diferente." A Minwind está envolvida em manter o controle das escolhas econômicas nas mãos daqueles que estão perto da terra.

"Que forma de energia e que forma de comida nós queremos?", questiona Mark. "As pessoas precisam perguntar, elas querem brócolis, vacas, energia solar, água — o que é que você quer? Então eu direi a você como tudo vai acontecer."

Voltar a radicar o capital e a propriedade em mãos humanas é bem mais do que uma questão técnica. Diz respeito ao tipo de mundo no qual queremos morar, e de quem toma as decisões: os algoritmos dos 1% ou as pessoas reais que se importam com a terra? Mas isso não envolve fazer acusações contra ninguém. Os que fazem parte dos 1% são amigos em potencial no trabalho do *design* generativo. Na verdade, eles frequentemente são líderes. Se lugares como a Minwind e a John Lewis Partnership fazem do capital um amigo por meio do *design* generativo no nível da empresa, os investidores estão desempenhando um papel generativo no outro lado da equação, o lado do capital.

Investidores que permanecem com a terra

Um dos movimentos de investidores mais transformadores é a Slow Money, fruto da imaginação de Woody Tasch, um ex-capitalista de risco que ajudou a lançar uma rede de mais de duas dúzias de grupos de investidores locais nos Estados Unidos (e uma na Suíça). O objetivo deles é "trazer o dinheiro de volta para a terra", como afirma o Princípio 1 da Slow Money. Concebida como uma companheira para o movimento da Slow Food, a Slow Money diz respeito a investir diretamente nos agropecuaristas e empresas que tornam possível a comida saudável, com taxas de retorno relativamente baixas. Em St. Louis, foi feito um empréstimo de 6 mil dólares para uma fazenda urbana. Em Portland, Oregon, um membro da Slow Money emprestou 40 mil dólares para uma nova incubadora agrícola em 32 hectares de terras agrícolas. Na Carolina do Norte, a padeira Lynette tomou emprestados 2 mil dólares para comprar equipamento para assar.[11]

Se isso soa como uma coisa sem importância (um dos grupos da Slow Money se chama No Small Potatoes Investment Club*), não é este o caso. Pode representar as sementes do futuro. As finanças industriais estão morrendo, de acordo com Woody. "A mentalidade insuportavelmente embotada, do tipo compre barato e venda caro, do século XX, está se extinguindo... Os industriais exploradores que inventaram a Riqueza Agora/Filantropia Depois estão nas últimas. Uma coisa mais completa está tentando nascer, e nós estamos entre as suas parteiras", escreveu ele.[12]

O que pode estar morrendo, em particular, é o investimento baseado em múltiplos de lucros. Uma das raras pessoas dispostas a se levantar e falar a respeito disso é Leslie Christian, presidente da Porfolio 21 Investments — aquela que concebeu o modelo de propriedade que inspirou as pessoas da Corporação B. Há muito tempo, Leslie estava no negócio de gerenciar o risco da maneira antiga, na unidade de gerenciamento de *hedge* da Salomon Brothers. Hoje em dia, ela lida com o risco ecológico. À medida que enfrentamos os limites ecológicos, existe uma chance de que possamos enfrentar "um extenso período de retração econômica material", escreveu ela em um blog. "Falando objetivamente, isso significa crescimento zero. Este é o risco a respeito do qual ninguém fala." Quero saber mais a respeito disso, de modo que telefono para ela.

"Não podemos presumir que o crescimento como o conhecemos até agora continuará para sempre", diz ela. "Isso é extremamente óbvio. E no entanto, no mundo financeiro, isso é heresia. Quando você fala a respeito de crescimento zero ou do fim do crescimento com pessoas da área financeira, elas riem de você. Dizem que você é ingênuo, que você simplesmente não sabe das coisas. Elas frequentemente recorrem à inventividade humana, dizendo que nós já conseguimos sair de muita confusão, de modo que sairemos dessa também.

"Mas a verdade é que haverá limites para o crescimento financeiro", continua ela. "Não sei como isso se manifestará. Poderá ser uma insurreição social. Poderá ser outra crise financeira e um calote generalizado, no qual os governos atingirão limites do quanto poderão socorrer os credores. As nossas necessidades de capital já estão desacelerando as coisas.

---

* Literalmente Clube de Batatas Não Pequenas. Em inglês, a expressão "small potatoes" significa uma coisa sem importância, frequentemente (mas não sempre) relacionada com dinheiro. (N.T.)

"Existem muitos pontos nos quais os limites serão alcançados", diz ela. "A coisa vai se desintegrar, o que resultará em muita desordem. O colapso será muito doloroso. É por isso que precisamos projetar todos esses modelos de alternativas. As pessoas precisam de alguma coisa para a qual possam se voltar.

"Uma possível mudança próxima", afirma ela, "é uma modificação repentina ou gradual do índice preço/lucro (P/L) — os múltiplos dos ganhos das empresas que os investidores estão dispostos a pagar hoje porque esperam que os lucros continuem a crescer no futuro. Digamos que estamos hoje em um P/L médio de 15. E se ele cair para 10? Isso representa uma queda de 35%. Se ele cair para uma razão de cinco para um, isso equivale a uma queda de dois terços. A Dow Jones então cairia para 3 mil ou 4 mil [em comparação com 12 mil a 13 mil, que é onde ela estava no início de 2012]. Não posso dizer que isso seja uma possibilidade definida hoje ou amanhã.

"Ainda assim", prossegue ela, "não posso descartar os mercados públicos de ações. Eu quero estar envolvida com empresas que estarão aqui no futuro, fornecendo mercadorias e serviços benéficos." Ela aposta no "crescimento seletivo" — o crescimento em certos setores que atendem a genuínas necessidades humanas. E as coisas podem ocorrer de muitas maneiras diferentes. "Poderá haver uma volta a uma situação na qual os investidores busquem dividendos atuais em vez de futuros ganhos de capital", diz ela. "Eu acho que isso seria realmente benéfico."

Quando começo a tentar entender tudo isso com o meu minúsculo portfólio de aposentadoria, converso com a minha consultora, Donna Clifford, membro da rede Progressive Asset Management de consultores de investimentos socialmente responsáveis. Em um acaso feliz, nós nos encontramos no Equal Exchange Café perto da North Station, e conversamos a respeito da possibilidade de eu investir na própria Equal Exchange. O negócio, ao que se revela, é o tipo de coisa a respeito do qual Leslie falou: não há ganhos de capital, apenas dividendos. Parece semelhante ao tipo de negócio local que Mark Willers montou na Minwind, já que a Equal Exchange é local, situada a cerca de meia hora da minha casa.

Essa empresa de café de comércio justo, de propriedade dos funcionários, está vendendo ações na forma de *ações preferenciais* — ações com menos direito de voto do que as tradicionais ações ordinárias, e que pagam dividendos anuais em torno de 5% (não é garantido, mas historicamente a média dos dividendos foi de 5% ao longo de vinte anos). O valor das ações em si não será valorizado. Aplico 10 mil dólares e concordo, informalmente, com um prazo de três anos. Depois de três anos, se tudo correr bem, recebo de volta os meus 10 mil dólares. Mais os dividendos anuais.

Decido aderir. Preencho um cheque em nome de "Equal Exchange" e o envio para eles pelo correio. Não existe um conjunto impenetrável de intermediários. Mais ou menos dez dias depois, o correio me entrega um envelope remetido por eles. Esse negócio não está se desenvolvendo com a velocidade da luz e sim com a velocidade da vida. O envelope contém o meu certificado de ações. Aqui estou eu, o capital, sendo empregado pelo trabalho. Eles, por sua vez, estão trabalhando em prol de pequenos cafeicultores no mundo em desenvolvimento. "Estamos atualmente preenchendo cheques para colheitas de café na Colômbia e no Peru, de modo que os seus dólares estarão nas mãos de pequenos agricultores em uma questão de semanas", informa a carta que veio junto com o certificado. Lidar de uma maneira justa com essas pessoas é o Propósito Vivo dessa firma de comércio justo. A sua política é pagar preços bons e constantes para os grãos de café — mesmo que os preços do mercado despenquem.

Donna encontra outro negócio semelhante, um título eólico sendo emitido por cerca de doze usinas municipais de luz em Massachusetts, que tomaram emprestados 65 milhões de dólares de residentes do estado como eu para financiar torres de vento. Ela e eu concordamos que existem muitos outros investimentos que são bastante adequados para mim, como a Portfólio 21 (o fundo da Leslie), um fundo de títulos Pax World, o New Alternatives Fund, o Parnassus Equity Income, além de outros fundos de títulos e fundos mútuos, todos socialmente verificados. Sim, estou investindo (não fique boquiaberto) no mercado de ações.

Donna e eu concordamos que tentaremos deslocar 25% do meu portfólio para investimentos de impacto, também chamados de *investimentos comunitários* — aqueles que causam um impacto positivo no mundo, como os da Equal Exchange e os títulos eólicos. Pode ser difícil encontrar esses negócios. "Os meus clientes estão cada vez mais procurando por eles", comenta Donna. "Isso é parte do trabalho que ainda resta para ser feito." Ela acrescenta que em duas grandes crises recentes — a de 2001 a 2002 e a de 2008 — "as categorias dos investimentos comunitários foram as únicas em que algumas pessoas ganharam dinheiro". Penso que talvez, um dia, eu tente aplicar 100% do meu dinheiro em investimentos comunitários. Não poderia ser muito mais arriscado do que o que a Dow Jones vem fazendo.

As minhas jornadas estão quase completas. Tenho uma ideia do que torna uma companhia uma empresa viva e de como várias empresas solucionaram o problema do legado. Tem alguma coisa a ver com a legislação, mas na verdade diz mais respeito à vida, a padrões institucionalizados de justiça, a relacionamentos nos quais todas as partes podem cuidar de si mesmas e ao mesmo tempo trabalhar em conjunto para o bem do todo. No entanto, algumas das melhores empresas que eu vi, como a JLP e a Minwind, são anomalias, casos isolados de *designs* que funcionam mas não foram amplamente reproduzidos. Esta é a peça final que desejo explorar: as redes, esses padrões vivos que se estendem além de empresas individuais para criar sistemas de vida completos. Está claro para mim que esse é o melhor exemplo que existe. É a rede internacional de cooperativas.

Redes éticas

Reforçando valores compartilhados

Saio de Madison na véspera do Dia de Ação de Graças para fazer o percurso de uma hora e meia até a minúscula cidade de La Farge. Sigo um itinerário sinuoso que me leva para o seio das colinas ondulantes de Wisconsin. Passo através de milharais e terras de aluvião que são serenas, pouco habitadas e benéficas para a alma. Morei em Madison quando tinha 30 e poucos anos e estava lançando a revista *Business Ethics*, e eu costumava ir até essas colinas nas tardes estressantes quando eu precisava relaxar e pensar claramente, para afrouxar o aperto das exigências dos negócios e me lembrar de quem eu era e no que consistia a minha vida. É uma terra propícia para sonhos expansivos de possibilidade e criatividade, a terra que gerou o talento de Frank Lloyd Wright, que projetou a majestosa casa e estúdio chamada Taliesin — em galês a palavra significa "testa brilhante" — que se ergue como a testa de um despenhadeiro não muito distante, além de Spring Green. E para lá que o meu carro se dirigia naquelas tardes divagantes décadas atrás, quando eu perambulava pelo terreno de Taliesin, na época praticamente abandonada, para poder respirar a sua normalidade e a sua majestade.

Em uma simetria espiritual, o campo montanhoso de Wisconsin também é a terra que gerou o Organic Valley, a indústria de laticínios com uma receita de mais 700 milhões de dólares, que estou indo visitar hoje.[1] Tenho um encontro com o CEO George Siemon. Quando estaciono na frente da sede da empresa, vejo que no centro do complexo ergue-se um prédio de metal reluzente — vermelho-cereja — cercado por milharais e com a forma de um celeiro de tamanho descomunal: um prédio enganadoramente comum que, como se constata posteriormente, tem uma certificação LEED. O próprio George também é enganadoramente comum, apesar de administrar uma das quatro maiores marcas orgânicas dos Estados Unidos. Com o seu cabelo louro na altura do ombro, calças jeans novas e suéter de algodão com zíper, ele realmente parece o agropecuarista que é. George fala a respeito das suas 2.500 galinhas quando tinha a sua própria fazenda ali perto. E durante o nosso encontro no seu escritório, ele tira o tênis e fica descalço, com os pés debaixo da mesa.

A Organic Valley é hoje de propriedade de mais ou menos 1.700 fazendas orgânicas familiares. Há relativamente poucos anos, ela era de propriedade de 900 fazendas familiares. Para acompanhar a demanda de cogumelos dos consumidores, a empresa ajuda as famílias agricultoras durante o rigoroso processo de três anos necessário para que as fazendas se tornem orgânicas. Cada fazenda, quando é adicionada à comunidade de certificação orgânica, representa hectares adicionais dos quais foram eliminados os produtos químicos, bacias hidrográficas livres dos herbicidas Roundup e Lasso. Isso representa a volta da vida ao solo, mais nutrição no corpo dos consumidores e o advento da saúde financeira para famílias agrícolas anteriormente com problemas. Essa empresa está crescendo rapidamente, mas o crescimento é generativo, não deixando o mundo diminuído e sim aprimorado.

A empresa paga pelo seu leite orgânico um preço que historicamente tem sido tipicamente 60% mais elevado do que o preço de *commodities* que os agropecuaristas recebem pelo leite não orgânico. Isso está na essência de tudo. Quando Jim Hightower, ex-comissário de agricultura do Texas, concluiu há algum tempo uma pesquisa da crise das fazendas nos Estados Unidos, ele observou: "No fim das contas, tudo se reduz a uma palavra. Preço". O esmagador consenso entre os agropecuaristas era de que quase todas as outras preocupações — como a superprodução, a conservação do solo e da água, a falta de crédito, os jovens deixando as fazendas e os custos elevados da indústria — poderiam ser controladas se eles recebessem um preço justo pelos seus produtos.

Pagar um preço justo pelos produtos dos agropecuaristas é o Propósito Vivo dessa empresa. A realidade disso foi demonstrada vários anos atrás, quando o preço médio no país pago pelo leite estava caindo para 11 dólares o galão, mas a Organic Valley naquele ano aumentou o preço que ela pagava de 17 para 22 dólares. Os lucros da empresa naquele ano foram de 1% — a metade de dois anos antes. Essa foi uma decisão deliberada tomada pelo conselho diretor. Os agropecuaristas não apenas compõem a Afiliação Interna dessa empresa, como também são responsáveis pela sua Governança Controlada pela Missão, por intermédio de um conselho formado por agropecuaristas escolhidos diretamente pelos agropecuaristas-proprietários. Esse conselho decidiu aceitar lucros menores para aumentar o preço pago aos seus companheiros agropecuaristas.

Na corporação tradicional de agronegócio, os agropecuaristas estão na base da cadeia de abastecimento. Eles vendem o seu produto em uma Rede de *Commodities*, na qual um galão de leite não é diferente do seguinte. E a empresa paga por essa *commodity* o mínimo possível. Essas são as regras do jogo. A meta é maximizar o lucro. No entanto, temos aqui uma empresa bem-sucedida que coloca o último em primeiro lugar e o primeiro em último. Ela diminui os lucros para que possa pagar mais aos agropecuaristas.

Maximizando a missão

Como eu desejava falar com George a respeito de tudo isso, perguntei se ele poderia me conceder uma hora do seu tempo. Ele leu de antemão textos meus na *Web* e me recebe como coconspirador e amigo, propondo que continuemos a nossa conversa durante o almoço. A minha parceira se junta a nós quando nos dirigimos ao único lugar mais ou menos próximo onde poderíamos comer, situado a 25 quilômetros de distância, onde 17 chifres de veado revestem uma das paredes, oito cabeças de veado emolduradas estão penduradas na parede oposta e um fogão a lenha crepita no canto. Nas mesas à nossa volta, um grupo de caçadores vestindo trajes de segurança laranja bebem cerveja light e refrigerante, comendo amendoim com casca, e jogando a casca no chão. Almoçamos queijo coalho frito e *chile con carne*, e a conta para três pessoas sai por 16 dólares.

"Não estamos tentando maximizar o preço das ações e sim a missão", me diz George. "Quase todos os CEOs se levantam da cama pela manhã, olham para o valor das suas ações e ficam extremamente nervosos e agitados pensando em como aumentar esse valor. Quando você retira todo esse aspecto, você passa a ter um foco mais claro", diz ele. Se não enfatizarmos o valor das ações, não há necessidade de maximizar ganhos que são a base desse valor. A Organic Valley tenta administrar os lucros em vez de maximizá-los. Ela tem como alvo um lucro anual de 2,2%, dentro da variação normal da sua indústria. "Não temos necessidade de ter um lucro muito acima de 2%", declara George. "Nós apenas pagaríamos impostos sobre ele. Preferimos dá-lo aos agropecuaristas."

A Organic Valley frequentemente recebe ofertas de compra do controle acionário das grandes corporações, diz ele. Mas ele e o seu conselho não estão interessados. "Não existe nenhuma estratégia de saída em vista. Os agropecuaristas pensam a longo prazo." Um dos resultados dessa recusa em monetizar o valor da empresa é que George nunca embolsará as dezenas de milhões de opções de ações que ele poderia ter arranjado para si mesmo se tivesse decidido anteriormente abrir o capital da empresa. Ele não parece se importar. Aparentemente, ele prefere as coisas como elas são, tendo um trabalho pelo qual é apaixonado, uma comunidade onde se sente em casa e uma grande renda pessoal.

A relutância de George em se colocar bem acima de todo mundo é fundamental para o que torna a Organic Valley o que ela é. Desde o início, ele faz parte da comunidade de agropecuaristas que se reuniram para comercializar coletivamente o seu leite na tentativa de salvar as fazendas das famílias.

O interesse deles é permanecer na fazenda. Ao ajudá-los a fazer isso, a empresa também visa cultivar comunidades locais, ela cria produtos saudáveis para os consumidores, contribui para a sustentabilidade ambiental, paga um salário saudável aos funcionários e oferece um retorno atrativo para os investidores. "Somos uma cooperativa de agropecuaristas que atende a toda uma comunidade de *stakeholders*", me diz George.

Na qualidade de fundadores da empresa, eles traçaram os limites sociais dela de maneiras apropriadas à sua missão, criando uma cooperativa de propriedade dos fornecedores que produzem o seu leite, queijo, carne e outros produtos. Diferentes tipos de cooperativas traçam os limites para os seus membros de maneiras distintas. Cooperativas de fazendas como a Organic Valley não raro abarcam os produtores. As cooperativas imobiliárias envolvem as pessoas que moram no local. As cooperativas de consumidores abrangem os compradores de estabelecimentos varejistas, enquanto as cooperativas de trabalhadores são compostas por funcionários. Tudo envolve a Afiliação Interna. Isso é fundamental para o modelo cooperativo. Uma cooperativa, por definição, é um negócio privado de propriedade das pessoas que usam os seus produtos ou serviços e é controlado democraticamente por elas.

A Organic Valley é de propriedade de pessoas intimamente ligadas à vida da empresa — pessoas como David e Susan Hardy, que vão regularmente a Nova York para dar palestras sobre agropecuária e a fabricação da manteiga para crianças das cinco primeiras séries do ensino fundamental, que podem nunca ter ido a uma fazenda e nem sabem de onde vem o leite. Outros donos são pessoas como a família Meyer em Hardwick, Vermont, onde os filhos Taylor e Nick administram a fazenda e pediram que os vizinhos fizessem donativos para ajudá-los na sua transição para a agropecuária orgânica. Eles homenagearam os doadores mais generosos dando o nome deles a estábulos de leite e afixando pequenas placas azuis com o nome em cada estábulo.

A Governança no Organic Valley — assim como em todas as cooperativas — também está nas mãos daqueles dedicados ao Propósito Vivo. As cooperativas são geridas democraticamente pelos seus membros. No entanto, em um *design* semelhante ao da John Lewis Partnership,[2] a Organic Valley utiliza não apenas um conselho diretor tradicional mas também uma rede separada de conselhos consultivos de agropecuaristas. Estes últimos são os comitês executivos das coligações de produtores por meio das quais a distribuição é organizada. Eles oferecem um lugar onde os agropecuaristas podem conversar a respeito de assuntos que lhes interessam, como a qualidade do leite que está sendo vendido ou padrões para a pastagem das vacas. Esses comitês também fornecem informações fundamentais para o conselho e equipe de gestão sobre temas como o gerenciamento do abastecimento, o preço de pagamento e políticas sobre as coligações. Eles atuam como o elo de comunicação entre os membros que representam e o conselho. E são a sementeira da futura liderança da cooperativa.

Os produtores estão organizados em coligações regionais como uma maneira de levar leite fresco e outros produtos com mais eficiência para o mercado, sem precisar transportá-los de caminhão através de longas distâncias. Para uma consumidora como eu, isso significa que, quando compro leite Organic Valley em Boston, posso ter certeza de que estou comprando leite da Nova Inglaterra. Quando consumidores de Seattle compram leite Organic Valley, eles estão comprando leite produzido da região Noroeste do Pacífico. Este é o *design* que torna a Organic Valley *nacionalmente local*. Os consumidores conseguem encontrar os seus produtos no país inteiro e, no entanto, podem ficar seguros de que a produção é predominantemente local.

De uma maneira intrigante, esse *design* também incorpora a nova ideia da pessoa econômica a respeito da qual falavam o teólogo John Cobb e o economista Herman Daly, a ideia da pessoa em comunidade. Na antiga noção do *Homo economicus*, todos somos indivíduos isolados determinados a maximizar os nossos rendimentos. Mas a pessoa em comunidade encara o seu próprio bem-estar como integralmente relacionado com o bem-estar dos outros. Vemos isso em ação no caso da Organic Valley, onde os seus membros agropecuaristas desfrutam da força de uma marca nacional — a força de estar em comunidade — mas eles têm a dignidade e a independência de ter a propriedade privada das fazendas das suas famílias.

A Organic Valley também utiliza a abordagem das Finanças dos *Stakeholders*. Assim como a Equal Exchange, ela vende ações preferenciais. Isso fortalece as demonstrações financeiras, porque as ações preferenciais representam investimentos a longo prazo que aparecem no balanço como patrimônio. No entanto, a cooperativa encara isso como dívida. Os investidores recebem um retorno fixo de 6% ao ano, e têm direitos de voto limitados. Entre 2004 e 2010, a Organic Valley levantou dessa maneira mais de 40 milhões de dólares de investidores externos. "Levantamos uma quantia fenomenal em um raio de 100 quilômetros", declara George. A empresa realizou a sua primeira recepção para acionistas preferenciais na Kickapoo County Fair em 2006. Desde então, ela passou a atrair mais de 500 acionistas por ano.

Esses investidores são "um novo grupo de amigos", diz ele. "É o que eles são, amigos." Isso não são Finanças de Cassino, com relacionamentos distantes e especulativos com a empresa baseados exclusivamente em números, e sim Finanças dos *Stakeholders*, com relacionamentos íntimos baseados na comunidade. Não é por acaso que a emissão de ações preferenciais da Organic

Valley têm limites. Eu mesma tentei investir na companhia, mas descobri que a oferta tinha se encerrado. Como a empresa tinha levantado o dinheiro que precisava, não estava mais aceitando novos recursos. Pelo menos por enquanto. (Fui informada de que a cooperativa poderá decidir oferecer novamente as ações em uma época futura.) Fiquei impressionada com a diferença entre essa abordagem e a dos bancos de investimentos que continuaram a montar e vender derivativos hipotecários, muito depois de o processo ter parado de fazer qualquer sentido.

Mantendo todos esses padrões de *design* coesos — as Finanças dos *Stakeholders*, a Governança Controlada pela Missão, a Afiliação Interna, o Propósito Vivo — há um quinto padrão de *design*. Ele está fora dessa empresa, sendo encontrado nas Redes Éticas que se estendem às comunidades sociais e ecológicas das quais essa empresa faz parte. Uma rede contém padrões orgânicos que se originaram no trabalho de pessoas próximas ao solo e que mais tarde foram formalizadas em uma lei federal. Há a rede de consumidores que querem produtos orgânicos, o que possibilita que essa empresa cobre mais pelos seus produtos e, portanto, pague mais aos agropecuaristas. E há a rede de investidores e consultores de investimentos, como a rede da qual Donna faz parte, onde as pessoas procuram se associar a companhias nas quais acreditam.

Talvez o mais importante seja a rede global de cooperativas — uma rede encontrada em muitos países do mundo e que recua no tempo à época da Rochdale Society of Equitable Pioneers, que criou o modelo no século XIX. Do ponto de vista da excelência no *design* de propriedade generativa, a forma da cooperativa é a mais altamente desenvolvida por permanecer concentrada em servir ao bem comum. Uma razão fundamental é que todas as cooperativas operam dentro de uma estrutura explicitamente ética. Este é um conjunto formal de princípios éticos, os Princípios Rochdale. Entre eles estão a afiliação aberta, o controle democrático dos membros, a cooperação entre as cooperativas e o interesse pela comunidade. Por causa desses princípios, da maneira como são incorporados à legislação de muitos estados e países, e do modo como são celebrados pelas cooperativas, a forma da cooperativa se torna elevada além de um *design* de propriedade técnico e jurídico. Ela se torna um *design* ético — um conjunto de padrões que encerra explícitos padrões morais. As próprias cooperativas se tornam uma Rede Ética.

Uma Rede Ética é o padrão que está ausente nas microfinanças e a razão pela qual algumas dessas companhias começaram a se extraviar. O pioneiro original das microfinanças, o Grameen Bank, efetivamente opera de uma maneira deliberadamente ética, mas os seus padrões ainda precisam ser codificados na indústria como um todo. O mesmo poderia ser dito a respeito da propriedade dos funcionários. Muitas empresas de propriedade dos funcionários estão profundamente comprometidas com a justiça, como é o caso da John Lewis Partnership. No entanto, muitas não dão voz ativa aos funcionários na governança. Essas questões são deixadas para a escolha de cada empresa em vez de serem codificadas em padrões.

Sendo benéfico para a vida

Apresentar as cooperativas como emblemáticas da excelência no *design* generativo não significa que todas as empresas deveriam ser cooperativas. O *design* tem os seus inconvenientes — levantar capital com investidores externos, por exemplo, pode ser difícil. Mas significa que outros tipos de modelos de propriedade generativa poderiam se beneficiar criando estruturas mais explicitamente éticas. Podemos pensar nessas estruturas como padrões de *design* ético. Desenvolver esses padrões para as microfinanças, a propriedade dos funcionários, a empresa social, as CDFIs e outros modelos pode ser um importante passo futuro na progressão do *design* generativo.

Devido às numerosas redes de apoio que a cercam, a Organic Valley não está sozinha. Ela é capaz de trabalhar com um *design* completo — *design* cooperativo — e além disso introduzir os seus próprios elementos de excelência (como os conselhos de agropecuaristas e as ações preferenciais). A combinação torna a Organic Valley um modelo de excelência generativa, dos pés à cabeça. Ser benéfica para a vida é a razão da existência da companhia. Esse objetivo vivo está entrelaçado no seu propósito, propriedade, governança e *design* do capital. Também é a maneira pela qual a empresa está conscientemente interligada às comunidades à sua volta. Ela é uma companhia que visa o lucro, mas não visa maximizá-lo. Ela oferece um retorno saudável sobre o capital, mas o seu principal foco é em *retornos vivos.*

A Organic Valley é um sistema vivo, com uma vida como a da floresta ou de um riacho, onde o que é benéfico para uma espécie tende naturalmente a beneficiar outras espécies. Devido ao seu *design* generativo paradigmático, essa empresa viva gera naturalmente as condições de vida — beneficiando a rede de vida com a qual é interdependente. Assim como um carvalho que serve de refúgio aos pássaros, firma o solo, emite oxigênio, alimenta os insetos e abriga os viajantes, essa empresa é um manancial de benefícios. Os agropecuaristas se beneficiam de uma renda saudável. Os funcionários se beneficiam de empregos estáveis e de um trabalho gratificante. Os consumidores se beneficiam de um alimento livre de substâncias químicas. Os investidores se beneficiam de taxas de retorno confiáveis. A biosfera se beneficia da restauração do solo e das bacias hidrográficas. As comunidades agropecuárias se beneficiam do retorno de vitalidade que flui da prosperidade dos agropecuaristas.

Eu sei que dizer todas essas coisas faz com que eu pareça um comercial da Organic Valley. É difícil falar de uma forma poética quando se trata de negócios — é difícil falar a respeito de coisas como "revolução" (a palavra foi completamente cooptada pelos anunciantes). Além disso, é verdade que negócios e investimentos não é o que vem à cabeça da maioria das pessoas quando pensam em revolução social. Mas esta pode ser a resposta: a propriedade e o *design* financeiro como a base de uma economia generativa. Esta pode ser a coisa improvável que temos buscado — encontrada em um lugar onde nunca nem mesmo sonhamos procurar. A direção que precisamos para encontrar o caminho através da bagunça colossal que a nossa civilização está fazendo.

Enquanto permaneço sentada no restaurante com George, com os chifres de veado na parede, toda a noção da propriedade como domínio — a ideia de transformar cada molécula da terra em capital financeiro, usando esse capital para criar mais capital, tentando acumular quantidades ilimitadas de maneira a enaltecer o eu acima de todos os outros —, tudo começou a parecer muito arcaico. Na verdade, absurdo. Uma espécie de resíduo de uma era anterior, ultrapassada. Sentada ali, com as cascas de amendoim no chão, consegui sentir o que poderia seguir. Em uma grande escala, não virá nem rápido nem com facilidade. No entanto, ela já está aqui, surgindo invisivelmente à nossa volta, a economia generativa.

EPÍLOGO

A seguir

É um longo caminho da Bolsa de Valores de Nova York às colinas ondulantes de Wisconsin, muitos quilômetros daquele edifício greco-romano até a sede vermelho-cereja, com certificação LEED, a Organic Valley — ela própria próxima da antiga fazenda de George Siemon. É uma viagem de retorno, eu penso. Ela nos leva de volta aonde começamos — de volta para quando as economias existiam para satisfazer necessidades humanas, não para aumentar irreversivelmente os ganhos por ação, trimestre após trimestre. De volta a um lugar onde há terra debaixo dos nossos pés. Lençóis d'água. Biotoxinas se acumulando (ou não se acumulando) no corpo das criancinhas. O lugar onde vivemos. O planeta Terra.

No início dessas jornadas, a fonte dos nossos problemas parecia ser a bolsa de valores — o lar ancestral dos fundadores da ordem industrial, os industriais exploradores. Se qualquer um de nós um dia conseguir entrar na Bolsa de Valores de Nova York, veremos que ela é agora apenas um pano de fundo para o canal de televisão CNBC. Uma cidade fantasma. A verdadeira ação se mudou para outro lugar, para todos os lugares: fundos *hedge*, bancos de investimento, os planos de aposentadoria 401(k), os planos de pensão de bombeiros como Michael Haroldson, as doações das faculdades e fundações, os balanços dos bancos e nações da Europa com dificuldades.

O problema não está em Wall Street e sim em nós. Ao longo dos últimos cinquenta anos, temos vivido no meio de uma explosão econômica, partindo do princípio de que ela continuará para sempre. Isso não vai acontecer. Nós vivemos no mundo real, não no mundo dos mercados de ações, obrigações de dívida com garantias e balanços patrimoniais. Precisamos viver mais conscientemente neste mundo finito. Quando o crescimento é menor, a maneira como dividimos as coisas se torna mais crítica. Se a renda financeira continua a tentar crescer mais do que a renda de todas as outras pessoas, ela se torna mais extrativa. Os ricos ficam mais ricos extraindo mais do restante de nós.

O problema é que, enquanto o nosso mundo muda rapidamente, na nossa mente ainda estamos tentando jogar o jogo econômico de acordo com as regras que os industriais exploradores nos deixaram. As regras dizem que o capital financeiro é sagrado acima de todas as coisas. Regras que dizem que o capital precisa se expandir a cada trimestre, eternamente. Regras que dizem que aqueles que têm mais propriedades têm o direito de governar.

Se essas regras estão nas nossas ideias, elas também estão — e mais rigidamente — nos *designs* financeiros e de propriedade das corporações e dos mercados de capitais. Elas estão entranhadas nas estruturas do Propósito Financeiro, da Afiliação Absenteísta, da Governança dos Mercados, das Finanças de Cassino e das Redes de *Commodities*.

Existem algumas pessoas hoje que não se deixam intimidar pelos sortilégios rituais dos índices P/L, do retorno sobre o patrimônio e da primazia do acionista. Existem algumas pessoas — na realidade, um bom número delas — que estão se levantando e aventando que talvez a nossa vida não seja avaliada por quanto nós acumulamos para nós mesmos e sim por quanto nós nos sentimos vivos e revigoramos aqueles que estão à nossa volta. Talvez o nosso sucesso não seja medido por quanto nós somos extrativos e sim por quanto somos generativos.

A revolução da propriedade começa no coração humano. Ela começa quando nós nos permitimos ter esperança de que um tipo diferente de economia talvez possa ser possível. A revolução da propriedade se torna uma força quando nos permitimos imaginar que os *designs* generativos poderão um dia deixar de ser meramente um espetáculo secundário e se tornar um norte. Um ideal coletivo.

Ponha de lado por um momento a tarefa de imaginar o mundo inteiro incorporando a economia generativa; o mundo real sempre se afasta dos nossos ideais. A realidade da democracia está longe do ideal — mas, ainda assim, os valores democráticos da liberdade, justiça e igualdade permanecem nossos ideais. Onde estão os ideais corolários no mundo da economia? A abordagem regulatória de interromper isto ou impedir aquilo não diz respeito aos nossos ideais. É por isso que poucas pessoas ardem com um grande entusiasmo pela regulamentação. Nós precisamos de regulamentação; sempre precisaremos dela, bastante. Mas está na hora de ter um sonho mais profundo, o sonho de uma economia que seja construída em torno de ideais como a justiça, a comunidade e a sustentabilidade — uma economia que, no *seu funcionamento normal*, tenda a criar resultados imparciais e justos, beneficie os muitos em vez dos poucos e possibilite uma presença humana duradoura em uma terra florescente.

Esse mundo é possível. Essa é a teoria que os guardiães do templo não desejam que articulemos: *existe uma alternativa*.

Quando começamos a compartilhar uma visão comum, essa visão pode se espalhar se encontrar um solo fértil no coração humano. Ela lança raízes nas coisas com as quais nos importamos, naquilo que valorizamos. Quando os nossos valores mudam — como estão começando a mudar hoje, com crises ecológicas e financeiras cada vez maiores e importantes — a base da legitimidade social muda. Isso torna a mudança possível em uma escala mais ampla. Como o tumultuoso século XX nos ensinou, e a mais recente Primavera Árabe mostrou novamente, até mesmo o mais ditatorial dos regimes se revela fraco em face de um povo animado pelos seus ideais. Nós nos animamos quando o nosso coração é tocado por uma coisa real, uma coisa pela qual ansiamos coletivamente — uma coisa que valorizamos naturalmente no fundo do coração.

À medida que os valores e a legitimidade mudam, a base da ordem social começa a mudar. Ela já fez isso antes e pode fazê-lo de novo. A legitimidade social mudou debaixo da monarquia. Debaixo da escravidão. Debaixo do racismo e do sexismo. Em uma escala não tão grandiosa, vimos a base da legitimidade mudar debaixo da necessidade discernida de comer carne e do atrativo de fumar cigarros. Nós a vimos mudar em direção à reciclagem, à escolha de alimentos orgânicos, à compra de produtos locais. Coisas que começam fora da cultura predominante avançam em direção a esta última. O que um dia é aceito como normal passa a ser percebido como inconveniente, desagradável.

Podemos imaginar a base da legitimidade social mudando debaixo do sistema de valores capitalistas que encara o capital como a meta suprema, o pináculo? Podemos imaginar as pessoas dizendo: "Chega de riqueza financeira — eu escolho a vida"?

Muitas das pessoas que mencionei neste livro já fizeram essa mudança. Com satisfação. Gosto das organizações que elas dirigem, elas não estão interessadas em maximizar a sua riqueza financeira. Elas sabem que é possível ter bastante e reconhecem quando está na hora de parar. Existem outras coisas que elas valorizam mais, como ser felizes, viver de uma maneira autêntica, se sentir vivas. Viver bem em comunidade. Tornar o mundo um lugar melhor.

Se conseguirmos imaginar esses valores se propagando na cultura — se conseguirmos imaginar uma enorme riqueza sendo encarada não como o prêmio supremo mas sim como vagamente desagradável, e se conseguirmos imaginar as pessoas compreendendo que a grande riqueza é, na realidade, uma espécie de demanda implacável, extrativa, colocada nos ombros daqueles menos capazes de suportá-la — então é provável que a mudança aconteça.

Uma vez que os valores e a legitimidade estejam presentes, podemos construir a arquitetura social. Talvez façamos as duas coisas ao mesmo tempo, construindo os valores e a legitimidade ao construirmos a arquitetura. Essas coisas são uma questão de estratégia, políticas e ideias. *Designs* de propriedade.

Duas reações a um furacão

Algumas ideias a respeito da estratégia. Vamos começar com o fato de que existem duas maneiras de reagir a um furacão. A primeira reação é tirar as pessoas da água e dos telhados, e dar a elas comida, abrigo e cobertores. Mas, se só fizermos isso, condenamos o mundo a uma sequência interminável de furacões, que aumentam em frequência e gravidade. A segunda reação a um furacão é enfrentar o desafio do aquecimento global. Essa é uma reação mais a longo prazo que conduz para bem longe dos cobertores. Ela conduz a colocar um preço no carbono, a dirigir e voar menos, a melhorar o isolamento térmico das casas e a morar em casas menores — bem como todas as outras possibilidades que a nossa cultura ainda precisa investigar plenamente. Em última análise, esta última reação a um furacão significa mudar completamente a nossa civilização.

É a mesma coisa no caso de um furacão financeiro. A primeira reação pode ser socorrer os bancos, fortalecer a regulamentação da área financeira, apertar os gastos dos governos que estão enfrentando a sobrecarga de dívida, ajudar as pessoas que estão enfrentando a execução da hipoteca e o desemprego. Mas, se nós só fizermos isso, estaremos condenando o mundo a uma sequência interminável de crises financeiras, cuja frequência e gravidade só farão aumentar. Precisamos começar a dirigir a atenção para uma reação mais a longo prazo, além de tomar providências imediatas. Isso significa enfrentar o fato desagradável de que a nossa economia está construída para fabricar a suposta riqueza, o que na realidade significa uma casa de direitos financeiros que cresce indefinidamente. Precisamos construir uma nova economia concebida para sustentar a vida.

Essa estratégia de prazo mais longo inclui criar maneiras deliberadas de promover a revolução da propriedade, reforçando o movimento nascente, emergente, que temos visto até agora. Essas medidas estão potencialmente entre as estratégias mais transformadoras que podemos seguir, porque a propriedade diz respeito a quem decide tudo o mais em uma economia.

Em última análise, vamos precisar modificar o sistema operacional que existe no âmago das grandes corporações. No entanto, se começarmos por lá, não teremos êxito. Temos que começar com o que é exequível, com o que é estimulante — e com o que aponta para maiores sucessos no futuro. Temos que começar por promover alternativas generativas.

No nível da formulação de políticas, isso pode significar, por exemplo, tomar medidas para promover a propriedade dos funcionários e o desenvolvimento das cooperativas. Pode significar trabalhar não apenas em prol da energia solar mas também da propriedade distribuída da energia solar, não apenas em prol da energia eólica mas também da energia eólica comunitária. Pode significar apoiar com muito mais empenho as instituições financeiras de desenvolvimento comunitário e as corporações de desenvolvimento comunitário.

Poderíamos assimilar a lição da indústria da lagosta no Maine e atacar a questão do poder corporativo, tentando tornar certas áreas da economia zonas proibidas. Poderíamos traçar uma linha muito clara proibindo os modelos de propriedade extrativa de operar em determinados setores, como os da educação e dos cuidados com a saúde. Poderíamos decidir que essas são áreas onde apenas modelos generativos deveriam operar. Precisamos começar a defender a ideia de que é aceitável ter lucro, mas que *maximizar* o lucro é um jogo perigoso. Não é um jogo que pode ser jogado em toda parte.

Quando a próxima crise financeira nos atingir, poderíamos adotar uma abordagem generativa, transferindo ativos para bancos cooperativos e uniões de crédito. Os Estados Unidos poderiam criar mais bancos estatais, e outros países poderiam imitar o Bank of India. Na próxima vez que uma grande corporação precisar de socorro financeiro do governo, deveríamos exigir que ela alterasse o seu estatuto social e se tornasse uma empresa generativa, incluindo nas suas cláusulas que uma maioria de assentos no conselho estaria reservada para diretores e funcionários voltados para o interesse público. Em vez de tentar abolir o banco central americano, o Federal Reserve, como alguns em Ocupar Wall Street sugeriram, poderíamos propor que ele fosse transformado em uma instituição generativa, com assentos para pessoas que não fizessem parte dos bancos.

Mas não precisamos esperar que os estrategistas econômicos federais em Washington ou os líderes da União Europeia em Bruxelas nos mostrem o caminho. No nível individual, poderíamos pensar na possibilidade de transferir o nosso dinheiro para os setores bancários das comunidades e das cooperativas. Podemos transferir os nossos recursos para investimentos responsáveis. Podemos nos filiar ou começar um grupo de Slow Money. Comprar e investir localmente. Ingressar em uma cooperativa de alimentos. Podemos descobrir fundos para empréstimos comunitários e investir o máximo que pudermos.

Poderíamos pensar em alternativas generativas para a aposentadoria. Em vez de fazer de conta que cada família terá imobilizados financeiros para viver com conforto até o fim da vida — um modelo que está se revelando ineficaz para muitos de nós —, poderíamos explorar o sistema da *cohousing*. Em vez fazer hipotecas reversas como uma maneira de extrair dinheiro das nossas casas, talvez possamos criar maneiras de vender a nossa terra para trustes de terras comunitárias, que possibilitam que continuemos a morar na nossa casa, ao mesmo tempo que criamos moradias a um preço acessível para as futuras gerações.

Em última analise, promover alternativas generativas envolve criar os *designs* para os quais o futuro pode fluir. As grandes corporações dos nossos dias parecem eternas, mas, como observou o economista Joseph Schumpeter, a destruição criativa está eternamente presente no capitalismo. Nas nações industrializadas, calcula-se que 15% de empregos sejam destruídos a cada ano, sendo substituídos por novos empregos. Acontece a mesma coisa no caso das empresas.[1] Hipoteticamente, uma economia inteiramente nova pode nascer a cada sete anos. Pense na transformação da indústria de discos de vinil para a de CDs e daí para a digital. Pense na extinção de muitos jornais e no crescimento da Internet. Pense nas reservas de petróleo em declínio e no que isso significará para as empresas automobilísticas e para as companhias petrolíferas, e para o crescimento das energias solar e eólica. Em um prazo não tão longo, tentar recriar os sistemas operacionais das grandes empresas atuais pode ser menos importante do que conduzir a próxima economia aos tipos certos de propriedade. O nosso objetivo precisa ser que 20% da economia seja generativa em dez anos, 30% uma década depois disso e assim por diante. Um belo dia, uma mudança no espírito da época — talvez um levante de cidadãos — poderá tornar o *design* generativo a nova norma.

Talvez o mais importante seja que, em vez de encarar todas essas coisas como aleatórias e desconexas, precisamos reconhecer que elas formam um todo coerente. Fazem parte de um único movimento em prol de uma economia generativa. É quando abraçamos uma visão e uma linguagem comuns que os nossos esforços separados se tornam um único movimento. E esse movimento ganha ímpeto.

Reagir em vez de controlar

As ideias apresentadas aqui não têm nada a ver com um modelo para a redefinição do capitalismo. Elas são gestos, iniciadores de ideias. Transformar a arquitetura social da economia é uma tarefa tão grande quanto lidar com o aquecimento global. Serão necessárias muitas cabeças.

Ao falar de estratégia, é importante não nos iludirmos e pensar que este é um processo sobre o qual temos controle. Antigas maneiras de organizar o nosso mundo estão se fragmentando. Isso não é uma coisa que possamos interromper, mas é algo a que podemos reagir. O nosso maior desafio reside na esfera da imaginação e das ideias. O capitalismo tem sido uma força tão abrangente que deixou pouco espaço — política, econômica e filosoficamente — para que alternativas pudessem tomar forma.

A nossa tarefa é reimaginar a nossa economia. O nosso desafio é sonhar com profundidade suficiente, descendo até a arquitetura social fundamental com a qual a vida civilizada começou, quando os seres humanos deixaram a vida de caçadores-colhedores e se dedicaram à vida estabelecida da agricultura. Essa arquitetura econômica fundamental é a propriedade — a fonte de incontáveis bênçãos e incontáveis danos ao longo de milhares de anos, e hoje, potencialmente, a fonte da renovação e do renascimento.

Muitos eventos inesperados poderão interferir para fazer a mudança avançar. No lado positivo, poderá haver eventos eletrizantes da mídia, semelhantes ao papel que o filme de Al Gore, *Uma Verdade Inconveniente*, desempenhou para mudar as atitudes com relação à mudança do clima. Um possível evento eletrizante com um *design* generativo, por exemplo, foi a declaração das Nações Unidas de que 2012 era o Ano da Cooperativa. Entre outras forças estão os movimentos de propriedade de todos os tipos que estão tomando forma no mundo inteiro. Uniões e fundações comunitárias estão trabalhando com grupos de propriedade de funcionários para propagar o modelo da Evergreen Cooperative Laundry para outras cidades. Iniciativas de empresas sociais estão criando raízes em lugares como Harvard, Yale e Oxford, com financiamento de pessoas como Jeff Skoll, ex-presidente do eBay. Um movimento em prol da economia solidária está tendo lugar em Quebec e na América Latina. E muitos grupos e nações ao redor do mundo estão trabalhando para promover a propriedade dos funcionários.

No lado negativo, poderá haver novas crises financeiras, aumentos repentinos no preço do petróleo, uma intensa temporada de furacões, novas revoltas de cidadãos. Em muitas frentes, as coisas estão propensas a ficar complicadas e ainda mais complicadas. É impossível dizer como tudo poderá se juntar para criar uma profunda mudança. Mas o que mais, além de uma maciça perturbação, poderia mudar o sistema operacional do capitalismo? Podemos evocar um prognóstico feito meio século atrás pelo economista Robert Heilbroner: "O capitalismo inevitavelmente desaparecerá", escreveu ele, "e a longo prazo dará lugar, gradualmente, a um tipo muito diferente de ordem social".[2] A profunda transformação da ordem capitalista talvez não seja um sonho inútil e impraticável. Pode ser uma coisa mais próxima da inevitabilidade.

Não estou querendo dizer que sairemos incólumes. As coisas podem ficar mais difíceis do que achamos que podemos suportar. Mas nós conseguiremos. Isso é algo que eu disse para Leslie Christian na nossa conversa por telefone a respeito dos limites do crescimento financeiro.

"Vai ficar tudo bem", afirmei. "Isso não é uma coisa que eu acho. É uma coisa que eu sei, embora eu não consiga explicar exatamente como eu sei."

"Você precisa escrever isso", disse ela. "As pessoas precisam ouvir isso. *Eu* preciso ouvir."

A minha segurança, em parte, vem do pensamento sistêmico, que nos ensina que a crise é uma parte natural da maneira como os sistemas evoluem. Os sistemas vivos têm a capacidade de dar saltos repentinos e criativos de inovação, reorganizando-se em algo completamente novo. Eles fazem isso quando estão sofrendo um estresse intolerável. Nos pontos críticos de instabilidade, uma nova maneira de organizar as coisas emerge.

Talvez esse seja o *design* generativo: o algo novo que está emergindo — a coisa que precisamos, exatamente no momento que precisamos.

Existe outra coisa que me reconforta: a resiliência da vida. A minha irmã Valerie Kelly, hoje uma hidróloga da US Geological Survey, teve a sorte de visitar o Monte Santa Helena como parte do seu programa de pós-graduação, depois da maciça erupção vulcânica que ocorreu em 1980. O lugar parecia inicialmente uma terra devastada. Cinquenta quilômetros quadrados estavam cobertos por

rochas e lama, com árvores achatadas como palitos de fósforo e florestas resse-
cadas pelo calor em um raio de 27 quilômetros. Nessa paisagem lunar, parecia
que nada poderia ter sobrevivido. No entanto, com o tempo, ecologistas descobriram que alguns animais tinham sobrevivido, encontrando refúgio debaixo de
saliências e em buracos sob a neve.

"Os cientistas esperavam que a vegetação fosse começar lentamente a preen-
cher o local a partir do exterior", me disse Valerie. "No entanto, em vez disso,
eles encontraram microzonas protegidas da erupção, que estavam se alongando
para entrar em contato umas com as outras."

"O Monte Santa Helena se revelou uma história não apenas de devastação
mas também de uma renovação inesperadamente rápida. Ele transformou o
pensamento científico. De acordo com a teoria ecológica anterior à erupção, a
terra deveria ter ficado praticamente estéril. Em vez disso, espécies de sapos, rãs
e salamandras, algumas delas anteriormente em risco de extinção, adquiriram lá
uma vida nova e saudável antes que os seus predadores se recuperassem. A erupção criou mais de 120 novos lagos e lagoas, e de algum modo criaturas amantes
da água atravessaram quilômetros de uma área quase desértica para povoá-los.
A erupção possibilitou uma rápida reação adaptativa conhecida como *liberação
ecológica*. Três décadas depois, o lugar exibe mais variedade e exuberância do
que antes da erupção.[3]

Enquanto eu ouvia as palavras de Valerie e lia textos de outros cientistas que
falavam de *refugia*, dessas formas de refúgio encontradas na crise, dei comigo
pensando no truste de terras comunitárias, na casa metafórica que ainda está de
pé depois da detonação das hipotecas subprime. Pense nos bancos cooperativos,
nos bancos comunitários e nas uniões de crédito que permaneceram saudáveis
enquanto o Northern Rock e o Lehman Brothers sofriam um colapso. Pensei
naquele solitário Bank of North Dakota, que outros estados se apressaram em
imitar. Pense na comunidade de investimentos que ganhou dinheiro durante
dois colapsos financeiros.

Não sabemos de onde, nem quando, virão os próximos distúrbios. Mas talvez possamos encontrar refúgio organizando-nos para atender às necessidades
da vida. Talvez seja assim que — enquanto as coisas se fragmentam — nós damos

seguimento às gerações, uma depois da outra, em um fluxo ininterrupto. A maneira como organizamos a vida na terra não continuará. Mas nós sim.

Uma nova visão de mundo já está emergindo das crescentes crises que enfrentamos, junto com um novo conjunto de valores, como a sustentabilidade, a comunidade, a suficiência e a justiça. Essas são novas formas da busca milenar da felicidade. Quando esses valores estão incorporados em uma forma institucional, em vários tipos de *design* de propriedade generativa, eles se tornam duradouros. Quando uma quantidade suficiente das microzonas de *design* generativo se alongarem para entrar em contato umas com as outras, elas poderão criar, no final, não apenas uma nova economia mas também uma nova ordem social — possivelmente uma era de inclusão, com mais variedade e exuberância do que a era industrial. Talvez estejamos avançando em direção a uma era que não é definida pela natureza das nossas máquinas (por mais verdes que elas se tornem) e sim pela natureza das nossas conexões — uma era na qual possamos encontrar o fim do domínio.

NOTAS

Prólogo

1. Gar Alperovitz, Thad Williamson e Ted Howard, "The Cleveland Model", *Nation*, 1º de março de 2010, www.thenation.com/article/cleveland-model.

2. David MacLeod, "Blowing in the wind", *Alternatives Journal*, inverno de 2004, http://findarticles.com/p/articles/mi_hb6685/is_1_30/ai_n29093635/.

3. Os proprietarios de casas convencionais tinham uma probabildiade dez vezes maior de enfrentar uma execução de hipoteca do que os proprietários de casas dos CLTs no final de 2010 (4,63% no mercado convencional *versus* 0,46% dos proprietários de casas dos CLTs). Emily Thaden, "Stable Home Ownership in a Turbulent Economy," the Housing Fund and Vanderbilt University, www.lincolninst.edu/pubs/1936_Stable-Home-Ownership-in-a--Turbulent-Economy.

4. B Lab, "B Corp Legislation," www.bcorporation.net/publicpolicy.

5. Matthew Brown, Associated Press, "Climate Activists Target States With Lawsuits", 4 de maio de 2011, http://abcnews.go.com/Business/wireStory?id=13524147.

6. Medard Gabel e Henry Bruner, *Global Inc.: An Atlas of the Multinational Corporation* (Nova York: New Press, 2003), pp. 2-8, 31. A esmagadora maioria dessas empresas é de capital aberto.

7. Jeffrey Birnbaum, "The Road to Riches Is Called K Street", *Washington Post*, 22 de junho de 2005.

8. Corporation 20/20, www.Corporation2020.org.

9. Consulte Marjorie Kelly e Shanna Ratner, Keeping Wealth Local: Shared Ownership and Wealth Control for Rural Communities, Tellus Institute e Yellow Wood Associates, novembro de 2009, apoiado pela Wealth Creation in Rural Communities—Building Sustainable Livelihoods Initiative [Criação da Riqueza nas Comunidades Rurais — Iniciativa de Criar um Meio de Vida Sustentável] da Ford Foundation, www.yellowwood.org/Keeping%20Wealth%20Local.pdf. Para mais informações sobre esse assunto, consulte www.CreatingRuralWealth.org.

10. John Tozzi, "America's Most Promising Social Entrepreneurs 2011", *Business Week*, 22 de junho de 2011, www.businessweek.com/smallbiz/content/jun2011/sb20110621_158462. htm.

11. Pesquisa da Social Investment Forum Foundation 2010, Center for Social Philanthropy, http://socialphilanthropy.org/knowledge.php. O governo americano opera um Fundo CDFI que concede subvenções; leia mais em www.cdfifund.gov/who_we_are/about_us.asp.

12. "Catch shares: New hope for fisheries", Environmental Defense Fund [Fundo de Defesa Ambiental], www.edf.org/oceans/catch-shares.

13. "Conserving Land, Water, and a Way of Life," Nature Conservancy, www.nature.org/abou-tus/privatelandsconservation/conservationeasements/index.htm.

14. Community Interest Companies, www.bis.gov.uk/cicregulator/.

15. Americans for Community Development, http://americansforcommunitydevelopment. org/.

16. "Bank of North Dakota", New Rules Project, www.newrules.org/banking/rules/bank-north--dakota. Gar Alperovitz, "Worker-Owners of America, Unite!" *New York Times*, 15 de dezembro de 2011.

17. "Chantie de l'economie sociale" (Quebec), http://fiducieduchantier.qc.ca/?module=do cument&uid=56.

18. Negócios de família voltados para a missão estão catalogados em *Managing for the Long Run: Lessons in Competitive Advantage from Great Family Businesses*, por Danny Miller e Isabelle Le Breton-Miller (Boston: Harvard Business School Publishing, 2005). O termo "corporação controlada pela missão" apareceu pela primeira vez em Marjorie Kelly, "Not Just for Profit", *Strategy+Business*, primavera de 2009, www.strategy-business.com/media/file/ enews-02-26-09.pdf.

19. Marjorie Kelly, "Not Just for Profit", *Strategy+Business*, primavera de 2009, www.strategy-busi-ness.com/media/file/enews-02-26-09.pdf.

20. "Ostrom Wins Nobel Prize in Economics", Universidade Indiana, http://elinorostrom.in-diana.edu/.

21. Uma das primeiras pessoas a usar o termo "economia viva" foi Paul Ekins, que escreveu *The Living Economy: A New Economics in the Making* (Londres: Routledge & Kegan Paul, 1986).

22. Os termos "riqueza viva" e "riqueza fantasma" foram usados pela primeira vez por David Korten.

23. United Nations International Year of Cooperatives [Ano Internacional de Cooperativas das Nacões Unidas], http://social.un.org/coopsyear/.

24. Community Wealth, www.community-wealth.org/strategies/panel/coops/index.html. Stacy Mitchell, "Credit Unions Hang Tough, See Surge in Deposits", NewRules.org, 5 de julho de 2011. "Safe Havens: Credit Unions Earn Some Interest", *Wall Street Journal*, 15 de março de 2009, http://online.wsj.com/article/SB123708535764231521.html.

25. Johnston Birchall, *Rediscovering the Cooperative Advantage* (Genebra: International Labor Or-ganization, 2003), pp. 48-51; citado in Johnston Birchall e Lou Hammond Ketilson, *Resilience of the Cooperative Business Model in Times of Crisis* (Genebra: ILO, 2009), p. 7.

26. O "Mundo Fortificado" é um entre um grupo de possíveis cenários futuros criados em um exercício de modelagem do Tellus Institute. Outro cenário é a "Grande Transição" para um mundo justo e sustentável. Consulte Paul Raskin *et al.*, *Great Transition: The Promise and Lure of the Times Ahead* (Boston: Stockholm Environment Institute, 2002), http://tellus.org/documents/Great_Transition.pdf.

27. Marjorie Kelly, "Redesigning private ownership to create a truly generative economy", *Memo to the Left* (Londres: Policy Network, 2011), www.policynetwork.net/publications_detail.aspx?ID=4002.

28. Margaret J. Wheatley e Deborah Frieze, "Using Emergence to Take Social Innovation to Scale," Berkana Institute, http://margaretwheatley.com/articles/using-emergence.pdf.

29. Christopher Alexander, *The Timeless Way of Building* (Nova York: Oxford University Press, 1979), p. 267.

30. "Physical and social technologies" é a terminologia do economista evolucionário Richard Nelson. Consulte o seu texto de 2003, "Physical and Social Technologies and Their Evolution", Universidade Columbia, trabalho preliminar, disponível por meio de contato com o autor, citado *in* Eric D. Beinhocker, *The Origin of Wealth* (Boston: Harvard Business School Press, 2007), p. 15.

Parte I: A Sobrecarregada Casa de Direitos
Capítulo 1: Dívida, S.A.

1. Alexandra Andrews, ProPublica, "Freddie Mac loan contractor, Ocwen Financial, has spotty record", *Palm Beach Post*, 29 de março de 2009, www.palmbeachpost.com/opinion/content/business/epaper/2009/03/29/sunbiz_ocwen_0329.html. Knight Ridder/Tribune Business News, "Florida-based firm Ocwen Financial Solutions to hire 5,000 in India", 9 de dezembro de 2004.

2. Peter S. Goodman, "Late-Fee Profits May Trump Plan to Modify Loans", *New York Times*, 30 de julho de 2009.

3. *New York Times*, Negócios, "Ocwen Financial Corporation, Company Information",http://topics.nytimes.com/topics/news/business/companies/ocwen-financial-corporation/index.html (acessado em 30 de julho de 2009). No período de 52 semanas que conduziu a 30 de julho de 2009, as ações subiram 139,97%.

4. Donella H. Meadows, *Thinking in Systems: A Primer*, org. Diana Wright (White River Junction, VT: Chelsea Green Publishing, 2008), p. 80. Fritjof Capra, *The Web of Life: A New Scientific Understanding of Living Systems* (Nova York: Anchor Books/Doubleday, 1996). [*A Teia da Vida – Uma Nova Compreensão Científica dos Sistemas Vivos*, publicado pela Editora Cultrix, São Paulo, 1997, p. 119.]

5. Meadows, *Thinking in Systems*, p. 81.

6. No pensamento sistêmico, o termo "arquétipos" geralmente se refere a padrões particulares de ciclos de *feedback*. Consulte, por exemplo, "Appendix 2: System Archetypes" *in* Peter

Senge, *The Fifth Discipline* (Nova York: Currency Doubleday, 1990, pp. 378-90). Uso o termo aqui em um sentido correlato porém mais amplo, para me referir a duas escolas de *design* para a propriedade: o *design* extrativo se caracteriza pelos ciclos de *feedback* reforçadores de maximização dos lucros; o *design* generativo se caracteriza pelos ciclos de *feedback* equilibradores da Afiliação Interna, do Propósito Vivo e de outros padrões.

7. Meadows, *Thinking in Systems*, p. 5.

Capítulo 2: O Banco Comunitário

1. O casal Haroldson tratava com o Community First Bank Loan Services, a divisão de originação de hipotecas do Community First Bank, com sede no Condado de Baltimore, no Estado de Maryland.

2. AllMortgageDetail.com, www.AllMortgageDetail.com.

3. O casal Haroldson tratava com o Community First Bank Loan Services, a divisão de originação de hipotecas do Community First Bank, com sede no Condado de Baltimore, no Estado de Maryland. No final de 2009, ele relatou ter 11 sucursais em sete estados. No final de 2011, a FDIC informou que restava uma sucursal, em Maryland. No final de 2009, o banco informou ativos de 70 milhões de dólares. De acordo com a FDIC, os seus ativos totais com data de 30 de junho de 2010 eram de 58 milhões de dólares, e um ano depois haviam diminuído para 50 milhões. www2.fdic.gov/IDASP/main_bankfind.asp.

4. Fundo CDFI, www.cdfifund.gov/what_we_do/programs_id.asp?programID=9#certified.

5. Jim Wise, "Prudent lender prevails amid crisis", *Durham News*, 16 de agosto de 2008. Robert Kropp, "CDFIs Offer Responsible Alternative to Predatory Lending", Social Funds, 26 de setembro de 2008, www.socialfunds.com.

6. Self-Help, www.self-help.org.

7. "Newsweek's Daniel Gross Calls Subprime Loans 'Risks Worth Taking'", MicroCapital.org, 5 de dezembro de 2008, www.microcapital.org/news-wireunited-states-newsweeks-daniel--gross-calls-subprime-loans-risks-worthtaking/#more-2793.

8. No primeiro trimestre de 2010, a taxa anualizada de eliminacões do ativo para a indústria CDFI foi de 1,23%, em comparação com 2,84% para todas as instituicões bancárias seguradas pela FDIC. "Opportunity Finance Network Market Conditions Report, First Quarter 2010", Opportunity Finance Network, www.opportunityfinance.net/store/downloads/CDFI_Market_Conditions_Q110.pdf.

9. Existem vários tipos de CDFIs, entre eles bancos, uniões de crédito, fundos de esmpréstimos e fundos de capital de risco. A afiliação da Opportunity Finance Network inclui todos os tipos de CDFIs, mas a grande maioria é composta por fundos para empréstimos de desenvolvimento comunitário; por conseguinte, o levantamento delas abrange, em grande medida, o desempenho dos fundos para empréstimos. Fazer uma comparação intersetorial — examinar o desempenho desses fundos para empréstimos (que não têm exigências de divulgação) *versus* o desempenho de bancos — não é uma rígida comparação de coisas da mesma espécie. Portanto, os números apresentados aqui devem ser considerados sugestivos e não definitivos.

10. Connie Bruck, "Angelo's Ashes", *New Yorker*, 29 de junho de 2009.

11. "The CDFI Banking Sector: 2009 Annual Report on Financial and Social Performance", National Community Investment Fund, Chicago, Illinois, www.ncif.org/images/uploads/20100519_2009_NCIFAnnual_Report_FINAL.pdf.

12. Saurabh Nairan, mensagem de e-mail enviada para a autora, 17 de julho de 2010.

13. Mark Maremont, "U.S. Moves to Bail Out Credit Union Network", *New York Times*, 29 de janeiro de 2009. Ralph Nader, "How Credit Unions Survived the Crash", *CounterPunch*, 23 de fevereiro de 2009, http://counterpunch.org/nader02232009.html.

14. David Segal, "We're Dull, Small Banks Say, and Have Profit to Show for It", *New York Times*, 12 de maio de 2009. "Small Banks' Failure Rate Grows, Straining FDIC", *Wall Street Journal*, 11 de outubro de 2009. Estudo da FDIC a respeito de os pequenos bancos permanecerem mais bem capitalizados apresentado por Zachery Kouwe in "Small Banks Move In As Giants Falter", *New York Times*, 2 de novembro de 2009.

15. Eric Bellman, "State Bank of India-Has Cash, Will Lend", *Wall Street Journal*, 30 de março de 2009, C1.

16. *The Ecology of Finance: An Alternative White Paper on Banking and Financial Sector Reform* (Londres: New Economics Foundation, novembro de 2009).

17. Declaração do presidente Jean-Louis Bancel da International Co-operative Banking Association, ICBA, www.icba.coop/news/more-than-everappropriate-and-relevant-icba-chairman-bancel-on-coops-and-the-crisis.html.

18. "Globalisation and Banking Regulation: Challenges and Impacts for Co-operative Banks", discurso de Bancel para a Organization for Economic Development and Cooperation, 17 de março de 2010, www.icba.coop/images/stories/pdf/mondialisation%20et%20regulation%20bancaire%20colloque%20ocde%20march%202010%20english.pdf.

19. *Ibid.*

20. Herman E. Daly e John B. Cobb Jr., *For the Common Good: Redirecting the Economy Toward Community, the Environment, and a Sustainable Future* (Boston: Beacon Press, 1989).

21. Entrevista com a autora, 2009.

22. Bill Howard explicou que o Beverly Cooperative Bank alguns anos antes tinha se transformado em uma propriedade *holding*, o que significava que, tecnicamente, ele não era mais de propriedade dos seus depositantes. No entanto, ele ainda tinha um estatuto de banco mútuo. A sua missão ainda era servir aos interesses dos depositantes, e ele não tinha acionistas cujas exigências tivesse que satisfazer. Os depositantes também mantiveram direitos na liquidação, um direito tradicional de propriedade.

23. O *website* BankInvestor.com (www.bankinvestor.com/) acompanha a transformação dos bancos mútuos em empresas de capital aberto. Em setembro de 2009, havia 788 bancos mútuos; 316 bancos abriram o capital entre 1996 e 2008.

24. O Beverly Cooperative Bank tinha uma avaliação satisfatória da Community Reinvestment Act [Lei de Reinvestimento Comunitário] em novembro de 2011, www.ffiec.gov/craratings/default.aspx.

25. Meadows, *Thinking in Systems*, pp. 25-34.

26. Dalton Conley, "Safe at Home", *New York Times*, 3 de agosto de 2009. Adam Serwer, "Banks as Heroes", *American Prospect*, 10 de agosto de 2009, www.prospect.org/cs/articles?article=banks_as_heroes.

27. Consulte Move Your Money Project, http://moveyourmoneyproject.org.

Capítulo 3: Wall Street

1. No final de 2011, a Bolsa de Valores de Nova York estava quase sendo vendida novamente para o Deutsche Boerse, mas as agências regulatórias europeias cancelaram a transação em fevereiro de 2012.

2. Eric J. Weiner, *What Goes Up: The Uncensored History of Modern Wall Street* (Nova York: Back Bay Books, 2005).

3. Hernando de Soto, *The Mystery of Capital: Why Capitalism Triumphs in the West and Fails Everywhere Else* (Nova York: Basic Books, 2000), pp. 6-8.

4. Homero, *Hino a Hermes*.

5. Joel Covity, "Myth and Money," in James Hillman *et al.*, *Soul and Money* (Dallas, TX: Spring Publications, 1982).

6. In 2007, o JPMorgan Chase teve um lucro líquido de 23,5%, de acordo com a Morningstar, http://quote.morningstar-com/Stock/s.aspx?t=JPM&culture=en-US&region=USA&r=600 634&byrefresh=yes.

7. Entre 2000 e 2009, o índice P/L da JPMorgan Chase variou entre 10 e 45. Em 2007, ele teve uma média de 10. Em 4 de janeiro de 2010, o seu índice P/L era 21, de acordo com a Morningstar.

8. Constatações de Samuelson citadas por John C. Edmunds, "Securities: The New World Wealth Machine", *Foreign Policy* (outono de 1996), p. 126.

9. O índice P/L de dez anos do S&P 500 foi de 20,3 no final de 2009, tendo sido de 13,3 em março de 2009. A média para os últimos 130 anos foi de 16,4, segundo o economista de Yale Robert J. Shiller. Vikas Bajaj, "Heart-Stopping Fall, Breathtaking Rally", *New York Times*, 31 de dezembro de 2009.

10. Lawrence E. Mitchell, *The Speculation Economy: How Finance Triumphed Over Industry* (São Francisco: Berrett-Koehler Publishers, 2007), pp. 1-7.

11. Liz Moyer e Emily Lambert, "Wall Street's New Masters", *Forbes*, 21 de setembro de 2009, p. 41. A fatia de mercado das negociações diárias que passam pela Bolsa de Valores de Nova York acabou declinando; Graham Bowley, "Stock Exchange Shrinks as Rivals Take Over Trades", *New York Times*, 15 de outubro de 2009.

12. Moyer e Lambert, "Wall Street's New Masters", p. 44.

13. Michael Mackenzie, "SEC Runs Eye Over High-Speed Trading", *Financial Times*, 9 de julho de 2009.

14. O Tabb Group estimou que a negociação de alta frequência era responsável por 73% do volume de ações negociadas em 2009; Michael Mackenzie, "SEC Runs Eye Over High-Speed

Trading", *Financial Times*, 29 de julho de 2009. Também uma entrevista com John Katovich, ex-advogado da Nasdaq.

15. O estudo foi da Mercer e do IRRC Institute, citado por Jason Zweig, "Buy-andhold hasn't looked too good lately, but churn-and-burn is no better", *Wall Street Journal*, 13 de fevereiro de 2010.

16. Rainer Maria Rilke, *Duino Elegies*, segunda elegia. De *Duino Elegies and the Sonnets to Orpheus*, traduzido por A. Poulin Jr. (Boston: Houghton Mifflin Co., 1977), p. 17.

17. Robert G. Wilmers, "Small Banks, Big Banks, Giant Differences", Bloomberg.com, 13 de junho de 2011, www.bloomberg.com/news/2011-06-13/small-banksbig-banks-giant-differences-robert-g-wilmers.html.

Capítulo 4: Sobrecarga

1. Richard D. Freedman e Jill Vohr, "Goldman Sachs/Lehman Brothers", Case Series in Finance and Economics, New York University Salomon Center, 1991 (revisto em 1999).

2. Michael Lewis, *The Big Short: Inside the Doomsday Machine* (Nova York: W.W. Norton & Co., 2010), pp. 257-64.

3. Fernand Braudel, *Civilization and Capitalism, 15th–18th Century*, vol. 1, *The Structures of Everyday Life* (Berkeley, CA: University of California Press, 1992), pp. 23-4; vol. 3, *The Wheels of Commerce*, pp. 22-3.

4. A noção da riqueza real na economia real, ou verdadeira riqueza, foi articulada por teóricos como David Korten e Juliet Schor.

5. Charles R. Morris, *The Trillion Dollar Meltdown: Easy Money, High Rollers, and the Great Credit Crash* (Nova York: PublicAffairs/Perseus Books Group, 2008), p. 134. Uma análise do Fundo Monetário Internacional encontrou ativos financeiros mundiais 3,7 vezes maiores do que o PIB mundial no final de 2005. Em 2007, o número tinha, sem dúvida, "aumentado muito mais ainda", escreveu ele.

6. Kevin Phillips, *American Theocracy: The Peril and Politics of Radical Religion, Oil, and Borrowed Money in the 21st Century* (Nova York: Viking Penguin, 2006), p. 268. John Bellamy Foster, "The Financialization of Capitalism," *Monthly Review* 58, nº 11 (abril de 2007), pp. 1-12, http://monthlyreview.org/2007/04/01/the-financialization-of-capitalism.

7. Phillips, *American Theocracy*, pp. 265–68.

8. Nouriel Roubini, *Foreign Policy*, início de 2009, citado na revista *New Yorker*, 29 de junho de 2009, p. 54.

9. No colapso ponto.com, o índice composto Nasdaq declinou 78%, de um máximo de 5.047 em 2000 para 1.114 em 2002. No dia 29 de setembro de 2010, ele estava em 2.369. "Historical Prices", Nasdaq, www.nasdaq.com/quotes/historical-quotes.aspx.

10. Phyllis S. Pierce, org., *The Dow Jones Averages, 1885–1995* (Chicago: Irwin Professional Publishing, 1996). A Média Industrial Dow Jones encerrou 2010 em 11.577.

11. Ben Levisohn *in* "The Decline of the P/E Ratio", *Wall Street Journal*, 30 de agosto de 2010. O índice P/L se aproximou de 30 em vários picos no final da década de 1990 e no início do

milênio. No final de agosto de 2010, ele ficou abaixo de 15. Fonte das informações: Standard & Poor's.

12. James Gleick, *Chaos: Making a New Science* (Nova York: Viking, 1987), pp. 23-4.

13. *Ibid.*

14. Meadows, *Thinking in Systems*, pp. 90-2, 190-91.

15. Richard Riordan, Alexander Rubalcava, "How Pensions Can Get Out of the Red", *New York Times*, 16 de setembro de 2010, www.nytimes.com/2010/09/16/opinion/16riordan. html. "Investor, heal thyself", *Economist*, 16 de setembro de 2010, www.economist.com/ node/17046748.

16. Phillips, *American Theocracy*, pp. 288–97.

17. Robert Freeman, "Why Obama's Economic Plan Will Not Work — And a Better Plan", *Common Dreams*, 17 de janeiro de 2010, www.commondreams.org/view/2010/01/17.

18. Phillips, *American Theocracy*, p. 328.

19. Charles R. Morris, *The Trillion Dollar Meltdown: Easy Money, High Rollers, and the Great Credit Crash* (Nova York: Public Affairs/Perseus Books Group, 2008), p. 134. O número de dez vezes o PIB representa o *valor nocional* dos derivativos, que se refere ao valor dos contratos básicos se eles fossem exercidos integralmente. Quando tenho uma opção para vender 1.000 dólares de ações do Google em novembro, o valor nocional desse derivativo é 1.000 dólares.

20. Floyd Norris, "Naked Truth on Default Swaps", *New York Times*, 20 de maio de 2010, www. nytimes.com/2010/05/21/business/economy/21norris.html.

21. Citado *in* Louise Story e Edmund Andrews, "Life After Lehman Brothers", *New York Times*, 16 de setembro de 2008, www.nytimes.com/2008/09/16/business/16lehman.html?scp= 1&sq="Life%20After%20Lehman%20Brothers"&st=cse.

Capítulo 5: O Colapso

1. Morris, *The Trillion Dollar Meltdown*, p. 70. Depoimento de Julia Gordon, Center for Responsible Lending, diante do Committee on Financial Services Subcommittee on Financial Institutions and Consumer Credit [Subcomissão sobre Instituições Financeiras e Crédito ao Consumidor da Comissão sobre Serviços Financeiros] da Câmara dos Representantes dos Estados Unidos, 11 de março de 2009.

2. Morris, *The Trillion-Dollar Meltdown*, pp. 146-47.

3. "The Rich and the Rest", *Economist*, 20 de janeiro de 2011, www.economist.com/ node/17959590.

4. Robert Buchele *et al.*, "Show Me the Money: Does Shared Capitalism Share the Wealth?", *in Shared Capitalism at Work: Employee Ownership, Profit and Gain Sharing, and Broad-Based Stock Options*, org. Douglas L. Kruse, Richard B. Freeman e Joseph R. Blasi (Chicago: University of Chicago Press, 2010), p. 351.

5. Leslie Parrish, "Overdraft Explosion", relatório do Center for Responsible Lending, 6 de outubro de 2009, www.responsiblelending.org/overdraft-loans/research-analysis/crl-overdraft- -explosion.pdf.

6. Jessica Fargen, "Spike in Hub Burglaries", *Boston Herald*, 14 de março de 2011.

7. Segundo o US Bureau of Labor Statistics [Departamento de Estatísticas do Trabalho dos Estados Unidos], em fevereiro de 2010, o "subemprego" se encontrava em 16,8%.

8. Bob Herbert, "An Uneasy Feeling", *New York Times*, 5 de janeiro de 2010, www.nytimes.com/2010/01/05/opinion/05herbert.html.

9. Robert Reich, *Aftershock: The Next Economy and America's Future* (Nova York: Alfred A. Knopf, 2010), p. 19.

10. Lawrence Mishel e Heidi Shierholz, "The sad but true story of wages in America", Economic Policy Institute, 15 de março de 2011, www.epi.org/publication/the_sad_but_true_story_of_wages_in_america/.

11. Reich, *Aftershock*, pp. 3-4, 7-8.

12. Andrew Sum e Joseph McLaughlin do Centro para Estudos do Mercado de Trabalho da Universidade Northeastern examinaram o segundo trimestre de 2009 e o primeiro trimestre de 2010, descobrindo que os lucros corporativos antes dos impostos cresceram 388 bilhões de dólares enquanto os salários aumentaram 68 bilhões. Harold Meyerson, "Business Is Booming", *American Prospect*, março de 2011, p. 14.

13. C. S. Holling, Lance H. Gunderson e Donald Ludwig, "In Quest of a Theory of Adaptive Change", in *Panarchy: Understanding Transformations in Human and Natural Systems*, orgs. Lance H. Gunderson e C. S. Holling (Washington, DC: Island Press, 2002), pp. 3-22. Fikret Berkes, "Understanding uncertainty and reducing vulnerability: Lessons from resilience thinking", *Natural Hazards* 41 (2007), pp. 283-95.

14. Herman Daly, *Beyond Growth* (Boston: Beacon Press, 1996), p. 37

Parte II: O Retorno à Terra
Capítulo 6: O Despertar

1. Kelly e Ratner, *Keeping Wealth Local*.

2. Luis Ubiñas, presidente da Ford Foundation, "At Global Climate Change Talks, an Answer Grows Right Outside", *Huffington Post*, 29 de novembro de 2010, www.huffingtonpost.com/luis-ubi/at-global-climate-change-_b_788256.html. Elisabeth Malkin, "Growing a Forest, and Harvesting Jobs", *New York Times*, 22 de novembro de 2010, www.nytimes.com/2010/11/23/world/americas/23mexico.html.

3. The Nature Conservancy, "Conserving Easements: Conserving Land, Water and a Way of Life", www.nature.org/aboutus/privatelandsconservation/conservationeasements/conserving_a_way_of_life.pdf.

4. "Catch shares: New hope for fisheries", www.edf.org/page.cfm?tagID=69. "How catch shares work: A promising solution", www.edf.org/oceans/how-catch-shares-work-promising-solution.

5. Kelly e Ratner, *Keeping Wealth Local*, pp. 15-6.

6. Paul Gipe, Wind-Works.org, www.wind-works.org. Bertrand d'Armagnac, "Lesson in wind power", *Guardian Weekly* (Reino Unido), 13 de agosto de 2010, p. 31. "Cooperatives – a local and democratic ownership to wind turbines", Danish Wind Turbine Owners' Association, www.dkvind.dk/eng/faq/cooperatives.pdf.

7. Entre outras pessoas nos Estados Unidos que estão trabalhando em prol da energia eólica comunitária estão Lisa Daniels da Windustry, www.windustry.org, e David Morris, do New Rules Project no Institute for Local Self-Reliance, www.newrules.org/.

8. Em 2007, a Dominion gastou 5,8 bilhões de dólares recomprando as próprias ações. www.dom.com/investors/annual2010/domannual.pdf.

9. As recompras de ações são manobras contábeis que removem ações de circulação para aumentar o valor das remanescentes. Voltarei a tratar dessa transação no próximo capítulo.

10. Jim Motavalli, "Hull Wind: A Renewable Energy 'Cash Cow'", revista *E*, 28 de fevereiro de 2005, www.emagazine.com/archive/2345. Consulte também Hull Wind, "History of Hull's wind project", www.hullwind.org/history.php.

11. Ele estava fazendo uma citação livre de *A Sand County Almanac* de Aldo Leopold: "Uma coisa está certa quando tende a preservar a integridade, a estabilidade e a beleza da comunidade biótica. Está errada quando tende a fazer outra coisa". Aldo Leopold, *A Sand County Almanac* (Nova York: Oxford University Press, 1966).

12. Fritjof Capra, *The Web of Life: A New Scientific Understanding of Living Systems* (Nova York: Anchor Books/Doubleday, 1996), p. 5. [*A teia da vida – Uma nova compreensão científica dos sistemas vivos*, publicado pela Editora Cultrix, São Paulo, 1997, p. 24.]

13. Ervin Laszlo, *The Systems View of the World: A Holistic Vision for Our Time* (Cresskill, NJ: Hampton Press, 1996), pp. 61-3.

14. Capra, *The Web of Life*, 6. [*Op. cit.*, p. 25.]

15. *Ibid.*

16. "Sole and despotic dominion" de *Commentaries on the Laws of England* de William Blackstone. Consulte o Capítulo 3 de Kelly, *The Divine Right of Capital: Dethroning the Corporate Aristocracy* (Berrett-Koehler Publishers, 2001).

17. Citado in Fritjof Capra, *The Hidden Connections: A Science for Sustainable Living* (Nova York: Anchor Books/Random House, 2002), pp. 5-7. [*As conexões ocultas – Ciência para uma vida sustentável*, publicado pela Editora Cultrix, São Paulo, 2002, p. 23.]

18. American Farmland Trust, www.farmland.org.

Capítulo 7: A Ilha

1. Os padrões LEED são um conjunto de critérios de *design* para prédios ambientalmente responsáveis. O nível platina é o nível mais elevado de excelência.

2. John Abrams, *Companies We Keep: Employee Ownership and the Business of Community and Place* (White River Junction, VT: Chelsea Green Publishing Co., 2008); edição revista de *The Company We Keep*, 2005. Citações de ambas as edições.

3. Thomas Princen, *The Logic of Sufficiency* (Cambridge, MA: MIT Press, 2005), p. 6.

4. Comentário de Fritjof Capra em uma aula que ele e eu ministramos em conjunto no Schumacher College na Inglaterra, em julho de 2004, "Business and Sustainability: From Complexity to Responsability"[Negócios e Sustentabilidade: Da Complexidade à Responsabilidade].

5. Angus Maddison, *The World Economy: A Millennial Perspective* (Paris: Organization for Economic Co-operation and Development [OECD], 2001); Maddison, *The World Economy: Historical Statistics* (Paris: Development Centre of the OECD, 2003); Maddison, *Contours of the World Economy, 1–2030 AD* (Nova York: Oxford University Press, 2007), p. 379. A produção é o Produto Interno Bruto real (ajustado pela inflação), medido em dólares de 1990 ajustados pela paridade do poder aquisitivo.

6. John Stutz, *The Tellus Scenarios in Historical Perspective* (Boston: Tellus Institute, 2007).

7. Números de Maddison reformulados por Andrew Mold, chefe do setor financeiro, unidade de desenvolvimento, da Organização para Cooperação e Desenvolvimento Econômico (OCDE), "What Will the World Look Like in 2030? Maddison's Forecasts Revisited," 24 de outubro de 2010, www.voxeu.org/index.php?q=node/5708. Mold alterou para baixo as estimativas de crescimento para os países ricos em consequência da crise financeira e também modificou as estimativas para a Ásia, a América Latina e a África. Cálculos de Kelly realizados com a assistência de John Stutz.

8. Island Cohousing, Guiding Principles, http://islandcohousing.org/about#tabs-panels-tabs--About-2.

9. Jewish National Fund [Fundo Nacional Judeu], "Our History", www.jnf.org/about-jnf/history/.

10. Robert Swann *et al.*, *The Community Land Trust: A Guide to a New Model for Land Tenure in America* (Cambridge, MA: Center for Community Economic Development, 1972), p. xiii, essays/swann/robert/the-community-land-trust-a-guide-to-a-new-modelfor-land-tenure-in--america. http://neweconomicsinstitute.org/publications/

11. Karl Polanyi, *The Great Transformation: The Political and Economic Origins of Our Time* (Boston: Beacon Press, 1960; publicado originalmente em 1944).

12. Capra, *The Web of Life*, pp. 31-3. [*Op. cit.*, p. 47.]

Capítulo 8: A Geração de um Mundo

1. Comunicação da autora por e-mail e por telefone com Hugh Cowperthwaite da Coastal Enterprises, Inc. Consulte também www.ceimaine.org/Fisheries.

2. Coastal Enterprises, Inc., "Fishtag Program," www.ceimaine.org/Resources/Documents/FISHTAG.pdf.

3. Coastal Enterprises, Inc., www.ceimaine.org/.

4. Ted Ames, entrevista com a autora no Bowdoin College, 30 de março de 2011.

5. James Acheson, *Capturing the Commons: Devising Institutions to Manage the Maine Lobster Industry* (Lebanon, NH: University Press of New England, 2003), p. 8. Acheson também escreveu *The Lobster Gangs of Maine* (Hanover, NH: University Press of New England, 1988).

6. Garrett Hardin, "The Tragedy of the Commons", *Science* 162 (1968), pp. 1243-248, www.sciencemag.org/site/feature/misc/webfeat/sotp/commons.xhtml.

7. Elinor Ostrom, *Governing the Commons: The Evolution of Institutions for Collective Action* (Nova York: Cambridge University Press, 1990), p. 14; Ostrom, "Beyond Markets and States", discurso na cerimônia do Prêmio Nobel, 9 de dezembro de 2009.

8. Sou grata a Heerad Sabet por essa noção de um "ecossistema" de instituições apoiadoras. Consulte o texto "The Emerging Fourth Sector", Fourth Sector, www.FourthSector.net/learn/fourth-sector/.

9. Acheson, *Capturing the Commons*, p. 105.

10. *Ibid.*, p. 119.

11. *Ibid.*, p. 105.

12. *Ibid.*, p. 24.

13. *Ibid.*, pp. 41, 221, 224.

14. Fritjof Capra, *The Hidden Connections: A Science for Sustainable Living* (Nova York: Anchor Books/Random House, 2002), p. 14. [*Op. cit.*, p. 31.]

15. Marjorie Kelly, "Not Just for Profit," *Strategy+Business*, número 54 (primavera de 2009), pp. 48-57.

16. Margaret J. Wheatley e Deborah Frieze, "Lifecycle of Emergence: Using Emergence to Take Social Innovation to Scale", Berkana Institute, 2006, www.berkana.org/articles/lifecycle.htm.

17. Amy R. Poteete, Marco A. Janssen, Elinor Ostrom, *Working Together: Collective Action, the Commons, and Multiple Methods in Practice* (Princeton, NJ: Princeton University Press, 2010), p. 48.

18. Muhammad Yunus, "Sacrificing Microcredit for Megaprofits", *New York Times*, 14 de janeiro de 2011, www.nytimes.com/2011/01/15/opinion/15yunus.html.

19. Community Wealth, Democracy Collaborative, www.community-wealth.org/strategies/panel/coops/index.html.

20. John Restakis, *Humanizing the Economy: Co-operatives in the Age of Capital* (Gabriola Island, BC, Canadá: New Society Publishers, 2010).

21. Nações Unidas, International Year of Cooperatives [Ano Internacional de Cooperativas] 2012, http://social.un.org/coopsyear/. Algumas informações são do Fact Sheet *Cooperatives and Rural Employment* [As Cooperativas e o Emprego Rural] da International Labour Organization [Organização Internacional do Trabalho], e da International Cooperative Alliance [Aliança Internacional de Cooperativas], www.ica.coop.

22. European Federation of Share Ownership, *Economic Survey of Employee Ownership in European Countries in 2010*, 4 de maio de 2011, www.efesonline.org/Annual%20Economic%20Survey/2010/Presentation.htm.

23. Corey Rosen, National Center for Employee Ownership, carta ao editor no *Wall Street Journal*, 11 e 12 de setembro de 2010.

24. Erik Olsen, University of Missouri–Kansas City, "Majority Employee Owned Enterprises in the U.S.: A Profile," texto preliminar, 22 de fevereiro de 2011.

25. Capra, *The Hidden Connections*, pp. 33-54. [*Op. cit.*, p. 52.]
26. Penobscot East Research Center, www.penobscoteast.org/research_ted_ames.asp (acessado em 13 de julho de 2011).
27. Ted Ames, "Multispecies Coastal Shelf Recovery Plan: A Collaborative, Ecosystem-Based Approach", *Marine and Coastal Fisheries: Dynamics, Management, and Ecosystem Science* 2 (2010), pp. 217-31, www.penobscoteast.org/documents/C09-052.1GOMplan_000.pdf.

Parte III: Criando Empresas Vivas

1. Sou imensamente grata ao arquiteto Christopher Alexander pelas suas constatações fundamentais a respeito do *design* e da linguagem de padrões em *The Timeless Way of Building*, a partir do qual eu parafraseio.

Capítulo 9: O Propósito Vivo

1. Christopher Alexander, *The Timeless Way of Building* (Nova York: Oxford University Press, 1979), pp. ix-x.
2. *Ibid.*, pp. 25-7.
3. *Ibid.*, pp. 38-9.
4. Meadows, *Thinking in Systems*, pp. 1-15, 188.
5. Alexander, *The Timeless Way of Building*, pp. 51, 36.
6. Lynn Stout, *The Shareholder Value Myth: How Putting Shareholders First Harms Investors, Corporations, and the Public* (São Francisco: Berrett-Koehler Publishers, 2012). Citações de uma versão preliminar do original.
7. B Lab, www.bcorporation.net/.
8. Upstream 21, "How We're Different," www.upstream21.com/?page_id=64.
9. Fourth Sector, "For-Benefit Corporations," www.fourthsector.net/learn/for-benefit-corporations.
10. B Lab, "Benefit Corp Legislation," www.bcorporation.net/publicpolicy.
11. A *Business Ethics* promoveu um encontro sobre "O Problema do Legado" em outubro de 2003. A edição do verão de 2003 da *Business Ethics* publicou uma seção especial sobre "The Legacy Problem".
12. *Spheres of Influence*, 2007 Seventh Generation Corporate Consciousness Report, www.seventhgeneration.com/files/assets/pdf/2007_SevGen_Corporate-Consciousness.pdf.
13. B Lab, "About Seventh Generation", www.bcorporation.net/seventhgeneration.
14. A revista *Inc.* criou uma lista das "Cem Empresas Que Crescem Mais Rápido nos Estados Unidos", e conheci certa vez um CEO que uma dia tinha feito parte dessa lista e compareceu à reunião dos CEOs vencedores. Ele me disse o seguinte: "Nunca estive em uma sala com 100 pessoas mais infelizes em toda a minha vida".

15. Conversas por telefone e e-mail com Jeffrey Hollender. Consulte também Marc Gunther, "Seventh Generation sweeps out its founder", 1º de novembro de 2010, www.marcgunther.com/2010/11/01/seventh-generation-sweeps-out-its-founder/.

16. Jen Boynton, "Jeffrey Hollender Shares Four Reasons He Got Fired from Seventh Generation", TriplePundit, 9 de junho de 2011, www.triplepundit.com/2011/06/jeffrey-hollender--seventh-generation-fired/.

17. Essa abordagem evolucionária está acontecendo com planos de propriedade de ações dos funcionários (ESOPs), para os quais o Congresso Americano estabeleceu níveis deliberadamente baixos, sem nenhuma exigência de que os funcionários tivessem voz ativa na governança; no entanto, existe agora um movimento para que esse passo seja uma melhor prática. Como me disse Chris Mackin da Ownership Associates, se as ESOPs tivessem começado com padrões mais rigorosos, haveria bem menos ESOPs hoje. Os padrões de governança podem fazer parte do que virá a seguir para a corporações de benefícios. Com a legislação da Corporação B, alguns estados já exigem um diretor de interesse público na conselho.

18. Meadows, *Thinking in Systems*, p. 76.

19. B Lab, "Why B Corps Matter," www.bcorporation.net/why.

20. Alexander, *The Timeless Way of Building*, p. 246.

Capítulo 10: A Afiliação Interna

1. John Lewis Partnership, "Financials", www.johnlewispartnership.co.uk/financials.html. Lista da Fortune 500 das Maiores Corporações dos Estados Unidos em 2011 de acordo com a receita.

2. Alexander, *The Timeless Way of Building*, pp. 288-92.

3. "John Lewis Chief Hits the Pay Jackpot", This is Money, 21 de abril de 2011, www.thisismoney.co.uk/money/markets/article-1720836/John-Lewis-chief-hitsthe-pay-jackpot.html. AFL--CIO Executive PayWatch, 2011, www.aflcio.org/corporatewatch/paywatch/.

4. Os dados da pesquisa abrangeram o período entre 1970 e 1989, comparando a JLP com empresas como a Sainsbury, a Tesco e a Marks and Spencer. Keith Bradley e Simon Taylor, *Business Performance in the Retail Sector: The Experience of the John Lewis Partnership* (Oxford: Clarendon Press, 1992).

5. Francis Green, *Demanding Work – The Paradox of Job Quality in the Affluent Economy* (Princeton, NJ: Princeton University Press, 2007).

6. Art Kleiner, "The Thought Leader Interview: Meg Wheatley", *Strategy+Business*, número 65 (inverno de 2011), pp. 80-90.

7. Os "Oficiais de Registro" da JLP têm como objetivo manter o seu espírito democrático em foco; mais detalhes sobre essa estrutura de gestão são encontrados no Capítulo 11.

8. John Lewis Partnership, "Our history", www.johnlewispartnership.co.uk/about/our-history/our-history-text-version.html. Também entrevistas da autora com Ken Temple da JLP.

9. John Spedan Lewis, *Fairer Shares: A Possible Advance in Civilization and Perhaps the Only Alternative to Communism* (Londres: Staples Press Limited, 1954), pp. 1-5.

10. Martha Nussbaum, *Frontiers of Justice: Disability, Nationality, Species Membership* (Cambridge, MA: Belknap Press of Harvard University Press, 2006), pp. 9-95.

11. Lewis, *Fairer Shares*, pp. 12-3.

12. Citações de Marjorie Kelly, *The Divine Right of Capital: Dethroning the Corporate Aristocracy* (São Francisco: Berrett-Koehler Publishers, 2001), p. 110.

13. Barbara Taylor, "Are Baby-Boomers Ready to Exit Their Businesses?" *New York Times*, 10 de fevereiro de 2011. White Horse Advisors, Exit Planning Research & Resource Center, "2008 Survey of Closely Held Business Owners", http://exitplanningresearch.com/.

14. Loren Rodgers, "The Employee Ownership Update", National Center for Employee Ownership (NCEO), 16 de maio de 2011, www.nceo.org/main/column.php/id/393.

Capítulo 11: A Governança Controlada pela Missão

1. Lewis, *Fairer Shares*, p. 10.

2. VIVA Trust, www.vivatrust.com/creation/. Tatiana Serafin, "The Bill Gates of Switzerland", *Forbes*, 18 de setembro de 2009.

3. *John Lewis Partnership Corporate Social Responsibility Report 2011*, www.johnlewispartnership. co.uk/csr/our-progress-and-reports/csr-reports/latestreports.html.

4. *Novo Nordisk Annual Report 2010*, "Environmental", http://annualreport2010.novonordisk. com/environmental/environmental.aspx.

Capítulo 12: As Finanças dos *Stakeholders*

1. John Maynard Keynes, "National Self-Sufficiency", *Yale Review* 22, nº 4 (junho de 1933), pp. 755-69.

2. Citado *in* Nicholas Shaxson, *Treasure Islands: Uncovering the Damage of Offshore Banking and Tax Havens* (Nova York: Vintage, 2011), p. 53.

3. John Maynard Keynes, *The General Theory of Employment, Interest and Money* (Nova York: Harcourt, Brace & World, 1965).

4. Meadows, *Thinking in Systems*, p. 85.

5. Pesquisa realizada pelo World Institute for Development Economics Research [Instituto Mundial para o Desenvolvimento de Pesquisas Econômicas] das Nações Unidas, relatado por James Randerson, "World's Richest 1% Own 40% of All Wealth, UN Report Discovers", *Guardian*, 6 de dezembro de 2006, www.guardian.co.uk/money/2006/dec/06/business.internationalnews.

6. Tim Kasser, *The High Price of Materialism* (Cambridge, MA: MIT Press, 2002).

7. Alexander, *The Timeless Way of Building*, p. 136.

8. Simon Lambert, "John Lewis 6.5% bond: Should you invest?" 7 de março de 2011, www. thisismoney.co.uk/money/investing/article-1714414/John-Lewis-65-bond-should-you-invest. html.

9. Kelly e Ratner, *Keeping Wealth Local*, pp. 8-9.

10. Pesquisa do Government Accountability Office de 2004, *Wind Power's Contribution to Electric Power Generation and Impact on Farms and Rural Communities*, citado por Lisa Daniels da Windustry, www.windustry.org/.
11. Slow Money, "Local Groups", www.slowmoney.org/local-groups.
12. Slow Money, www.slowmoney.org.

Capítulo 13: Redes Éticas

1. "Take Stock", boletim informativo da CROPP Cooperative, primeiro trimestre de 2011, www.organic valley.coop/fileadmin/pdf/TAKE_STOCK_Q1-11.pdf.
2. A JLP não consta do seu alvará como uma cooperativa. Algumas empresas de propriedade de funcionários são cooperativas e outras não.

Epílogo: A Seguir

1. Pierre Cahuc e André Zylberberg, *The Natural Survival of Work: Job Creation and Job Destruction in a Growing Economy* (Cambridge, MA: MIT Press, 2006).
2. Robert Heilbroner, *The Limits of American Capitalism* (Nova York: Harper & Row, 1965).
3. Charles Goodrich et al., orgs., *In the Blast Zone: Catastrophe and Renewal on Mount St. Helens* (Corvallis: Oregon State University Press, 2008). Richard Lovett, "Mount St. Helens, Revisited," *Science* 288 (2 de junho de 2000), pp. 1.578-579.

AGRADECIMENTOS

Todas as pessoas que participaram da Corporation 20/20 ao longo dos anos são as primeiras da minha lista de profundos agradecimentos. Este livro é tanto seu quanto meu, e eu gostaria de ter podido incluir um número maior de vocês na narrativa. Você estão todos aqui em espírito. O livro não teria sido escrito sem vocês.

Quero também agradecer especialmente às pessoas do Tellus Institute, em particular a John Stutz, que generosamente financiou parte das primeiras dessas ideias, que foram publicadas em um trabalho que escrevi para o Toda Institute. É impossível agradecer o suficiente a Allan White, o meu parceiro de longa data no *design* corporativo e diretor da Corporation 20/20. Eu simplesmente não estaria fazendo este trabalho não fosse por ele. Eu também não o estaria fazendo sem Paul Raskin e Rich Rosen, que, junto com John Stutz, influenciaram as minhas ideias com as suas pesquisas e visão de uma Grande Transição para uma nova ordem social. Também sou grata a Paul pelas lições que transmitiu a respeito do pensamento sistêmico. Sou grata por ser colega de todos esses homens.

Sou imensamente grata a todas as pessoas que entrevistei neste livro pelo seu tempo e sabedoria. Leslie Christian e John Katovich são amigos particularmente queridos e parceiros na área do *design* de empresas, bem como na minha vida. Muito obrigada a Orion Kriegman por compartilhar a sua história e participar da minha jornada. Sou grata de uma maneira especial e muito pessoal a "Helen e Michael Haroldson" por terem aberto cortesmente a sua casa para mim e compartilhado a sua história. A minha esperança é de que eles consigam resolver a sua situação e alcançar estabilidade e tranquilidade.

Sou grata àqueles que se prontificaram generosamente a ler versões deste livro e oferecer *feedback*, entre eles Karen Kahn, Carrie Rich, Robert Ellman, Kristen Moussalli, Jill Swenson, Neva Goodwin, David Korten, Valerie Kelly, Ben Linder e Alex Lamb. Alex também sugeriu o título do livro: um tributo de honra para você (eu lhe devo uma garrafa de champanhe). Muito obrigada a Robert Ellman por me ajudar a encontrar o casal Haroldson e possibilitar que a jornada chegasse ao fim. Ben Linder fez uma leitura particularmente detalhada e ajudou a reformular vários pontos fundamentais de *design*, entre eles a definição das Redes Éticas.

Sou extremamente grata pelo trabalho de longa data e liderança de pensamento de Gar Alperovitz ao promover a importância da propriedade; eu o considero um dos principais defensores e teóricos dessa área. Sou grata a Fritjof Capra, com quem aprendi muito a respeito do pensamento sistêmico. Foi de Mike Thomas que ouvi pela primeira vez a expressão "arquitetura social". Heerad Sabeti fez mais do que posso descrever para aprofundar e ampliar as minhas ideias, e as ideias de todos nós, em questões de linguagem do *design* da empresa social e da corporação de benefícios. Ele é um verdadeiro pioneiro. Outros líderes de pensamento no *design* de propriedade a quem sou grata são Mary Ann Beyster, Susan MacCormac, Kent Greenfield e Todd Johnson.

O meu trabalho com a Ford Foundation, embora separado deste livro, inspirou a minha pesquisa de maneiras valiosas. Sou grata a Wayne Fawbush e Frank DeGiovanni pela sua liderança do Wealth Creation in Rural Communities – Building Sustainable Livelihoods Initiative, e a Shanna Ratner da Yellow Wood Associates por me incentivar a pesquisar a propriedade em áreas rurais.

O corretor Scott Edelstein ajudou imensamente a fazer este livro decolar, de muitas maneiras. Johanna Vondeling me ofereceu uma brilhante orientação inicial na configuração deste livro como uma obra de narrativa de não ficção; o livro é dela, de maneiras impossíveis de enumerar. Como sempre, é encantador trabalhar com Steve Piersanti e o restante da equipe da Berrett-Koehler. A equipe de produção, formada pela editora Elissa Rabellino, a *designer* Laura Lind, e as coordenadoras Linda Júpiter e Dianne Platner, conferiu ao livro um polimento e elegância editoriais e gráficos finais pelos quais sou imensamente grata. Tenho orgulho de ser uma *stakeholder* da Berrett-Koehler, a editora mais generativa que conheço.

Finalmente, e o mais importante, sou grata à minha esposa, Shelley Alpern, pelo seu discernimento, apoio e paciência enquanto dediquei a minha vida (e os meus fins de semana) a este livro durante vários anos. Ela ouviu mais conversas a respeito do *design* de propriedade do que qualquer ser humano jamais deveria ter que suportar (e o fez com benevolência, embora não totalmente sem reclamar). Foi Shelley, mais do que qualquer outra pessoa que, de inúmeras maneiras, tornou este livro possível.

Impresso por :

gráfica e editora

Tel.:11 2769-9056